医事法丛书

社会变迁中的医疗纠纷：
从治理纠纷到守护健康

SHEHUI BIANQIAN ZHONG DE YILIAO JIUFEN:
CONG ZHILI JIUFEN DAO SHOUHU JIANKANG

李晓堰　廖　娟——著

知识产权出版社
全国百佳图书出版单位
—北京—

图书在版编目（CIP）数据

社会变迁中的医疗纠纷：从治理纠纷到守护健康 / 李晓堰，廖娟著 . — 北京：知识产权出版社，2024.6.（医事法丛书）. — ISBN 978-7-5130-9429-0

Ⅰ . D922.164

中国国家版本馆 CIP 数据核字第 202448Z26Z 号

责任编辑：雷春丽　　　　　　　　　　责任校对：王　岩
封面设计：乾达文化　　　　　　　　　责任印制：孙婷婷

社会变迁中的医疗纠纷：从治理纠纷到守护健康
SHEHUI BIANQIAN ZHONG DE YILIAO JIUFEN: CONG ZHILI JIUFEN DAO SHOUHU JIANKANG

李晓堰　廖　娟　著

出版发行	知识产权出版社 有限责任公司	网　　址	http://www.ipph.cn
社　　址	北京市海淀区气象路50号院	邮　　编	100081
责编电话	010-82000860转8004	责编邮箱	leichunli@cnipr.com
发行电话	010-82000860转8101/8102	发行传真	010-82000893 / 82005070 / 82000270
印　　刷	北京九州迅驰传媒文化有限公司	经　　销	新华书店、各大网上书店及相关专业书店
开　　本	880mm×1230mm　1/32	印　　张	9.25
版　　次	2024年6月第1版	印　　次	2024年6月第1次印刷
字　　数	222千字	定　　价	78.00元

ISBN 978-7-5130-9429-0

出版权专有　侵权必究
如有印装质量问题，本社负责调换。

序

从古至今,医学作为护卫健康的科学,对人类社会发展起到了十分重要的作用,在历史的长河中,也形成了一种特殊的人与人之间的关系——医患关系。这种关系之所以特殊,是因为其背后有沉甸甸的四个字——人命关天。虽然在大多数时候,医患之间是一种陌生人的关系,但"人命关天"对医患之间这种陌生关系提出了更高的要求。孙思邈云:"凡大医治病,必当安神定志,无欲无求,先发大慈恻隐之心,誓愿普救含灵之苦。"[1]这道明了医者之真谛,即救含灵之苦,背病人过河。对患者而言,也需要"杏林春暖",向苍生大医致敬。故作为对抗疾病的共同体,医患双方应同舟共济、共同守护生命的价值和尊严,医者救死扶伤,患者敬重医者,医患之间和谐相处。

由于"人命至重",以医患关系的非正常状态出现的医疗纠纷,经常成为社会关注的热点。一旦出现医疗纠纷,医患双方往往恶言

---

[1] 孙思邈.千金方[M].北京:中国言实出版社,2012.

相向，甚至对簿公堂。为了破解"医疗纠纷"难题，理论界和实务界从不同层面对此进行不同面向的考察和研究，对预防和解决医疗纠纷发挥了重要作用。

应当看到，存在医疗纠纷是社会常态，只是不同时期的医疗纠纷会呈现出不同样貌。采用历史观察方法研究医疗纠纷，在社会变迁的背景中考察不同时期医疗纠纷的特点，发现医疗纠纷的发生原因，建立医疗纠纷的解决机制，是很好的研究视角。在社会文化背景和社会变迁的过程中进行考察，对医疗纠纷能窥其全貌而有透彻的观察和理解。

健康是生命的基石，随着社会的发展，人民群众对幸福生活有更高的期待，包括对健康的期待。《中华人民共和国基本医疗卫生与健康促进法》回应了这种期待——每个人都是自己健康的第一责任人。人民群众对医疗行业也有更高的需求，希望能帮助自己拥有健康、保持健康而非单纯地治疗疾病。这对医疗行业提出了更高要求，医疗卫生领域应当从"以治病为中心"转向"以人民健康为中心"，使医疗卫生事业回归公益性轨道，回归医疗"治病救人"的初心，因而对医疗纠纷的研究不能单纯地停留于纠纷层面，更应该正视和适应这种转向，将研究的视角放置于守护健康的立场。

本书的两位作者长期在医科大学工作，于医疗卫生法律领域深耕近二十载，在长期与医务管理人员、医务人员、患者、医疗纠纷解决相关人员的交往中，对医学、医疗纠纷有了独到认知。她们结合大量的理论和实证研究，完成了这本著作。这既是两位作者理性思考的结果，也是大量实践经验的总结，从一个新的视角和较长时间的跨度研究医疗纠纷，在社会变迁中理解医疗纠纷发生的深层原因，思考医疗纠纷的解决机制。两位作者虽然都是法学背景出身，但长期在医疗行业工作的背景，使他们对医学、健康也有了更深的思考，不仅是一种"书斋中"的思考，更是一种长期设身处地观察研究、亲身实践的结果。故本书提出的一些认识和解决医疗纠纷的看法，对解决医疗纠纷有较强的理论和现实意义。同时，她们从法学研究者的角度叙述了对医学与健康的理解，展现了患者、医生及其他社会成员对疾病、治疗和保持健康观念的不同。政府、社会和个人应各负其责，重视与健康有关的影响因素，全面防控重大疾病，全方位、全周期地保障身心健康。这是一种新的研究路径，相信读者能从中获得新的知识。

正如本书作者在书中所言，愿天下无病，人间无痛！虽然这种愿望不可能在一朝一夕实现，但在健康中国战略的背景下，在全社会的共同努力下，相信医患双方可以向着"但愿世上无疾苦，宁可架上药生尘"的愿景而努力。

是为序。

杨立新

2024 年 5 月 20 日

凡　例

本书中法律、法规、规章以及规范性文件名称中"中华人民共和国"省略，其余一般不省略。例如，《中华人民共和国民法典》简称为《民法典》，《中华人民共和国药品管理法》简称为《药品管理法》。

目　录

第一章　医疗纠纷的历史和现实 ·········· 1
　　第一节　1949—1986 年的医疗纠纷 ·········· 1
　　第二节　1987—2009 年的医疗纠纷 ·········· 18
　　第三节　2010—2015 年的医疗纠纷 ·········· 48
　　第四节　2016—2021 年的医疗纠纷 ·········· 61

第二章　医疗纠纷发生的原因 ·········· 78
　　第一节　政策与制度因素对医疗纠纷的影响 ·········· 78
　　第二节　社会因素对医疗纠纷的影响 ·········· 106
　　第三节　医学的模式和特点对医疗纠纷的影响 ·········· 121
　　第四节　医患双方的因素对医疗纠纷的影响 ·········· 132

第三章　社会变迁中的医疗纠纷处理机制 ·········· 152
　　第一节　1949—1986 年的医疗纠纷处理机制 ·········· 152
　　第二节　1987—2009 年的医疗纠纷处理机制 ·········· 170
　　第三节　2010—2015 年的医疗纠纷处理机制 ·········· 205
　　第四节　2016 年至今的医疗纠纷处理机制 ·········· 215

第四章　一切为了健康 227
第一节　以人民健康为中心，将健康融入各项政策 228
第二节　不断健全健康服务体系 233
第三节　持续优化健康保障体系 256

结　语 275

参考文献 278

第一章　医疗纠纷的历史和现实

第一节　1949—1986 年的医疗纠纷

一、历史时期的划分依据

1949—1986 年是一段很长的时间维度，要系统论述这段时间的医疗纠纷是很困难的事情，但仍以这段时间跨度来分类主要有三个原因：第一，新中国的第一次医疗改革始于 1985 年，此后由于卫生政策发生了较大变化，使医疗纠纷呈现出很大的不同。1985 年以前，卫生政策相对变化不大。第二，1987 年，国务院出台了第一部处理医疗纠纷的规范，即《医疗事故处理办法》，自此以后直至 2002 年的十几年间，一直沿用该办法处理医疗纠纷。该办法确立的一些原则，对之后的医患关系、医疗纠纷产生了重要影响。第三，另外一部重要的规范——《民法通则》于 1987 年 1 月 1 日生效实施。《民法通则》是民事领域最重要的立法之一，在我国没有制定民法典之前，实际上发挥了民法典的作用，是一部具有深远影响意义的立法。20世纪90年代后期,司法实践中主要采用该部立法的规定并配合《医疗事故处理办法》来解决医疗纠纷。基于上述原因,我们将1949—1986年的医疗纠纷作为一种分类进行论述。

二、1949—1986年的卫生状况和卫生政策

(一) 1949—1986年的卫生状况

1949年新中国成立时,国家面临的卫生状况是婴儿死亡率为20%,产妇死亡率为1.5%,在死亡人口中,41.1%死于可预防和可控制的疾病。中国人的平均寿命仅为35岁,每年约有上千万人死亡。[1] 新中国成立之初,我国的医疗卫生事业落后,医务人员严重不足,百姓缺医少药,为数极少的医疗机构和医务人员基本集中在城镇,农村地区基本得不到医疗卫生保障。根据卫生行政部门的统计年鉴:1949年,全国共有各级各类医疗卫生机构3670个,其中医院2600所、门诊部769个、妇幼保健院9个、专科疾病防治院11所,共有卫生人员541240名,其中卫生技术人员505040名〔含执业(助理)医师363400名(其中执业医师314000名)、注册护士32800名、药师3357名〕、管理人员11877名、工勤技能人员24323名。[2]

经过三十余年的发展,我国卫生事业取得长足进步。1986年,

---

[1] 张大萍、甄橙:《中外医学史纲要》,中国协和医科大学出版社,2007,第224页。

[2] 国家卫生健康委员会:《2013中国卫生统计年鉴》,http://www.nhc.gov.cn/mohwsbwstjxxzx/tjtjnj/202106/61cd8c0fb4a24f51bd1b80533e25c004.shtml,访问日期:2022年1月16日。

全国共有各级各类医疗卫生机构999102个，其中医院12442所（含综合医院9363所、中医医院1646所、专科医院1030个）、乡镇卫生院46967所、门诊部127575所、村卫生室795963个、妇幼保健院3059个、专科疾病防治院1635个、疾病预防控制中心3475个。卫生人员5725854名，其中卫生技术人员3506517名[含执业（助理）医师1444150名（其中执业医师745592名）、注册护士680583名、药师372760名、检验师150132名]、乡村医生和卫生员1279935名、其他技术人员50957名、管理人员370056名、工勤技能人员518389名。① 我国1949—1986年医疗和人民健康具体状况如表1-1、表1-2所示。

表1-1 1949—1986年我国医疗状况

年度	医疗卫生机构/个	卫生人员/名	医疗机构床位数/万张	卫生总费用/亿元	医院诊疗人次数/亿次	乡镇卫生院诊疗人次数/亿次
1949	3670	541240	8.46			
1950	8915	611240	11.91			
1951						
1952						
1953						
1954						
1955	67725	1052787	36.28			
1956						

---

① 国家卫生健康委员会：《2020中国卫生健康统计年鉴》，http://www.nhc.gov.cn/mohwsbwstjxxzx/tjtjnj/202112/dcd39654d66c4e6abf4d7b1389becd01.shtml，访问日期：2023年5月1日。

续表

年度	医疗卫生机构/个	卫生人员/名	医疗机构床位数/万张	卫生总费用/亿元	医院诊疗人次数/亿次	乡镇卫生院诊疗人次数/亿次
1957						
1958						
1959						
1960	261195	1769205	97.68			
1961						
1962						
1963						
1964						
1965	224266	1872300	103.33			
1966						
1967						
1968						
1969						
1970	149823	6571795	126.15			
1971						
1972						
1973						
1974						
1975	151733	7435212	176.43			
1976						
1977						
1978	169732			110.21		
1979				126.19		
1980	180553	7355483	218.44	143.23	10.53	
1981	800205			160.12	11.37	14.38

续表

年度	医疗卫生机构/个	卫生人员/名	医疗机构床位数/万张	卫生总费用/亿元	医院诊疗人次数/亿次	乡镇卫生院诊疗人次数/亿次
1982	801869			177.53	12.23	14.19
1983	870686			207.42	12.47	13.65
1984	905424			242.07	12.53	12.65
1985	978540	5606105	248.71	279.00	12.55	11.00
1986	999102		256.25	315.90	13.02	11.18

资料来源：中华人民共和国卫生部：《2003 中国卫生统计年鉴》，中国协和医科大学出版社，2003；国家卫生健康委员会：《2020 中国卫生健康统计年鉴》，http://www.nhc.gov.cn/mohwsbwstjxxzx/tjtjnj/202112/dcd39654d66c4e6abf4d7b1389becd01.shtml，访问日期：2022 年 3 月 16 日。

注：1. 表中空白单元格表示数据无法获得。
　　2. 1983 年以前的乡镇卫生院诊疗人次数系推算数。

表 1-2　1949—1986 年我国人民健康状况

年度	出生率/‰	死亡率/‰	甲乙类法定报告传染病发病率（1/10 万）	甲乙类法定报告传染病死亡率（1/10 万）	城乡居民人均医疗保健支出/元 城镇	农村
1949						
1950			163.37	6.70		
1951						
1952	37.00	17.00				
1953						
1954						
1955	32.60	12.28	2139.69	18.43		
1956						
1957						
1958						

续表

年度	出生率/‰	死亡率/‰	甲乙类法定报告传染病发病率（1/10万）	甲乙类法定报告传染病死亡率（1/10万）	城乡居民人均医疗保健支出/元 城镇	农村
1959						
1960	20.86	25.43	2448.35	7.47		
1961						
1962						
1963						
1964						
1965	37.88	9.50	3501.36	18.71		
1966						
1967						
1968						
1969						
1970	33.43	7.60	7061.86	7.73		
1971						
1972						
1973						
1974						
1975	23.01	7.32	5070.27	7.40		
1976	19.91	7.25	3254.00	6.29		
1977	18.93	6.87	3816.78	6.51		
1978	18.25	6.25	2373.07	4.86		
1979	17.82	6.21	2067.38	4.39		
1980	18.21	6.34	2079.79	3.76		
1981	20.91	6.36	1884.43	3.51		
1982	22.28	6.60	1532.85	3.16		

续表

年度	出生率/‰	死亡率/‰	甲乙类法定报告传染病发病率（1/10万）	甲乙类法定报告传染病死亡率（1/10万）	城乡居民人均医疗保健支出/元	
					城镇	农村
1983	20.19	6.90	1302.95	2.68		
1984	19.90	6.82	1043.22	2.59		
1985	21.04	6.78	874.82	2.41	16.7	3.9
1986	22.43	6.86	725.91	1.97		

资料来源：中华人民共和国卫生部：《2003 中国卫生统计年鉴》，中国协和医科大学出版社，2003；国家卫生健康委员会：《2020 中国卫生健康统计年鉴》，http://www.nhc.gov.cn/mohwsbwstjxxzx/tjtjnj/202112/dcd39654d66c4e6abf4d7b1389becd01.shtml，访问日期：2023 年 4 月 12 日。

注：表中空白单元格表示数据无法获得。

（二）1949—1986 年的卫生政策

为了迅速改善新中国成立后卫生事业面临的严峻局面，1949年 11 月，中央人民政府卫生部正式成立。1950 年 8 月，卫生部主持召开了第一届全国卫生会议，确定了以"面向工农兵""预防为主""团结中西医"为指导的新中国卫生工作的三大方针。[①] 实际上，这三大方针都是针对当时我国的卫生状况而制定的。鉴于新中国成立初期各个行业处于百废待兴的局面，国家经济实力匮乏，城镇和农村的卫生事业发展不平衡，各自面临的卫生问题有很大区别，全国不可能实行统一的、无差别的医疗卫生制度。因此，当时具体城

---

① 《中央卫生部李德全部长在政务院第四十九次政务会议上关于卫生会议的报告》，《山西政报》1950 年第 5 期；《中央人民政府卫生部贺诚副部长在第一届全国卫生会议上的总结报告》，《山东政报》1950 年第 3 期，第 55-60 页。

镇和农村的医疗卫生制度既有相同之处，又有不同之处。相同之处在于，由于新中国成立时主要的疾病威胁来源于传染病，预防是应对传染病的最好措施，因而城乡都开展了轰轰烈烈的群众性卫生运动。爱国卫生运动始于1952年，是毛泽东同志等老一辈革命家倡导的群众性卫生运动。1953年，中央爱国卫生运动委员会正式成立，[①]在该机构的领导下，全国掀起了为消灭传染病防治源的"除四害"、清除垃圾、填平污水坑塘等改变脏乱卫生面貌的运动。在全国人民的积极参与下，环境卫生得到了很大的改善，为消除传染病的传播起到了十分重要的作用。1966年后，爱国卫生运动一度中断，导致全国范围内传染病疫情开始回升，在周恩来总理的多次指示下，开展了"管水、管粪，改水井、改厕所、改畜圈、改炉灶、改造环境"的"两管五改"爱国卫生运动，使全国的环境卫生得到了很大的改善，有效降低了传染病的发病概率。爱国卫生运动作为一项行之有效的卫生政策一直延续至今，全国的爱国卫生领导机构针对不同时期卫生工作所面临的问题开展了不同的卫生活动。与此同时，根据当时城乡卫生问题的不同特点，新中国成立后中央政府在城市和农村实行了不同的卫生政策。

1965年，毛泽东同志作出"把医疗卫生工作的重点放到农村去"的指示，随后各地农村通过短期培训的方式，为农村培养了大批的"赤脚医生"。[②]1966年以后，大批城镇医务人员、医疗器械和设备被下放到农村，客观上促进了农村卫生事业的发展。1978年，第五届全国人大第一次会议把合作医疗制度写入《宪法》，以

[①] 张怡民主编：《中国卫生五十年历程》，中医古籍出版社，1999，第20页。

[②] 张怡民主编：《中国卫生五十年历程》，中医古籍出版社，1999，第24页。

国家根本法的形式肯定了农村合作医疗制度。1979年，卫生部、农业部、财政部等几部委联合下发了《农村合作医疗章程（试行草案）》，规定了农村合作医疗是人民公社社员依靠集体力量，在自愿互助的基础上建立起来的一种社会主义性质的医疗制度，是社员群众的集体福利事业。该章程通过对农村合作医疗任务等内容的规定对农村合作医疗进行规范。这些法律、法规的规定，使全国农村合作医疗制度得到了很大发展，到20世纪70年代后期，全国农村90%以上的行政村都建立了合作医疗制度。这一制度的实行，使国家以相对较少的投入取得了比较明显的收益，世界银行和世界卫生组织称赞我国的农村合作医疗制度为"发展中国家解决卫生经费的唯一范例"。[1] 但随着20世纪80年代农村经济体制改革的开始，"人民公社"制度被取消，家庭联产承包责任制实行，以集体经济为依托的农村合作医疗制度没有了存在的基础，农村合作医疗制度名存实亡。到1985年前后，全国农村实行合作医疗制度的行政村数量开始迅速下降。尽管如此，合作医疗制度、赤脚医生制度和农村基层卫生制度为促进新中国成立后我国农村卫生事业的发展起到了极大的作用。

纵观新中国成立后实行的上述各项卫生政策，尽管对我国卫生事业的发展起到了十分重要的保障作用，但毕竟起点低，导致卫生政策在运行中不可避免地出现一些问题：第一，大量的卫生人员只经过短期培训就上岗，医疗技术水平低，基本上只能起到最基本的预防作用，而在具体的诊疗中，误诊率、错诊率较高。第二，高达

---

[1] 吴菊仙：《发展新型农村合作医疗 构建和谐新农村》，http://www.npc.gov.cn/npc/c2/c185/c202/201905/t20190522_32574.html，访问日期：2023年8月20日。

70%的卫生资源在城市，而占人口数量85%的广大农村仍长期处于缺医少药的状态。第三，公费医疗制度后期，财政不堪负担，出现"看病难、看病贵"的状况。而在农村地区，实行家庭联产承包责任制后，合作医疗制度逐渐解体。

三、1949—1986年医疗纠纷概览

由于1949—1986年医疗纠纷鉴定工作基本都是由法医完成的，因而我们收集到的该段时间的医疗纠纷案例主要来自法医的案例报道，同时，在相关的文献和著作中也收集到一些医疗纠纷案例报道。

刘明俊教授收集了自1953年9月至1957年2月发生在西安的医疗纠纷70例。经鉴定，有40例医务人员存在过错，另外30例医务人员不存在过错。有24例发生在大型医院，其中存在过失的16例，不存在过失的8例；中型医院12例，其中存在医疗过失的5例，不存在过失的7例；县卫生机构10例，其中存在过失的6例，不存在过失的4例；诊疗所15例，其中存在过失的8例，不存在过失的7例；私人诊所6例，其中存在过失的2例，不存在过失的4例；游医3例，3例均存在过失。发生医疗纠纷的科室分别为：外科25例，其中存在过失的20例，不存在过失的5例；内科13例，其中存在过失的6例，不存在过失的7例；儿科24例，其中存在过失的7例，不存在过失的17例；产科3例，均存在过失；针灸科4例，其中存在过失的3例，不存在过失的1例；中医科1例，存在过失。经鉴定，存在医疗过失的案件中，发生原因为误诊的9例、技术不当的6例、不适当处置的5例、手术时不注意的4例、手续急慢的4例、消毒不严密的2例、处方有误的3例、不遵

守常规的 4 例、非法行医的 3 例。非医疗过失发生纠纷的原因和案件数为：死亡与医疗措施相偶合的 12 例；治疗无效的 12 例；就医不满意的 6 例。[①] 彭才万等撰写的《针刺不当所致医疗事故的分析》一文分析了 23 例因针灸不当引发的医疗事故，其中损伤情况和案件数为：气胸及血气胸 17 例、心脏破裂致死 2 例、延脑出血致死 1 例、脾破裂 1 例、肾损伤 1 例、血管损伤 1 例。[②]

1953—1955 年，天津市市立医院责任事故的情况大致为：1953 年 183 件，1954 年 334 件，1955 年 483 件。其间，天津市市立医院参加病房工作的医师共有 739 人，出现医疗事故的医师为 336 人；共有护理人员 1476 人，出现医疗事故的护理人员为 220 人。总的来说，医护工作人员共 2215 名，其中出现医疗事故的人员为 556 名。出现医疗事故较多的科室依次为：外科 300 例、内科 181 例、妇产科 121 例、儿科 60 例、脑系科 52 例、技术科 47 例、牙科 41 例、耳科 31 例、眼科 26 例。[③]

1955—1977 年，西安各级各类医疗机构发生的医疗纠纷案件鉴定情况为：1955—1959 年，院级鉴定委员会鉴定的案件为 11 例；地市级鉴定委员会鉴定的案件为 10 例；省级鉴定委员会鉴定的案件为 2 例；法医机构鉴定的案件为 48 例；未鉴定的案件为 22 例。1960—1977 年，院级鉴定委员会鉴定的案件为 0 例；地市级鉴定委员会鉴

---

① 刘明俊：《70 例医疗纠纷案例之分析》，《法医工作简报》1959 年第 1 期，第 55—60 页。

② 彭才万、黄馥卿、孙明：《针刺不当所致医疗事故的分析》，《中医杂志》1962 年第 8 期，第 21 页。

③ 杨振亚、万福恩：《消灭医疗工作中的责任事故》，《中华医学杂志》1956 年第 8 期，第 779—784 页。

定的案件为1例;省级鉴定委员会鉴定的案件为0例;法医机构鉴定的案件为2例;未鉴定的案件为1例。①1977—1981年,上海某医院共处理医疗纠纷48例,其中技术事故5例、严重医疗差错19例、一般性差错7例、家属不理解17例。出现严重医疗事故导致医疗纠纷的原因主要有:误诊漏诊5例、开刀开错部位或检查时位置搞错4例、技术水平差或使用新仪器不熟练3例、打错针6例、配错血2例、观察病情不严密3例、查对不严1例。②

1952—1985年,某医院共发生医疗事故322例,其中属责任事故和技术事故的307例。这307例中,责任事故170例,技术事故137例。发生医疗事故的科室分布情况为:外科麻醉152例,内科42例,妇产科39例,五官科15例,血库15例,护理9例,精神科9例,儿科9例,药剂7例,中医皮肤科6例,放射病理科4例。对医疗事故的处理,在上述307例案件中,医务人员承担法律责任的2例;受行政纪律处分的12例;科室内部检讨或者全院通报的117例,没有处分记录或者没有处理的176例。③

---

① 刘新社、刘明俊、张秦初:《171例医疗纠纷案例分析》,《中国医院管理》1995年第6期,第26页。

② 王者宛:《加强医院管理,减少医疗纠纷——附48例医疗纠纷处理情况分析》,载上海第一医学院科技情报研究室:《医学科研资料管理科学论文汇编》1982年第3期,第53-54页。

③ 肖启亨、刘世沧:《某医院三十三年医疗事故的初步分析》,《华西医讯》1986年第1期,第29-30页。

四、1949—1986 年的医疗纠纷特点

（一）医疗技术水平薄弱，医疗纠纷中过失案例比重较大

新中国成立后，我国卫生事业虽然得到了很大发展，但总体而言，基础仍十分薄弱，为了迅速改善卫生状况，国家对医务人员采取了短期培训的措施。短期看，这一措施使全国各地的医务从业人员迅速得到补充，对疾病的预防起到了十分重要的作用，但对疾病的诊疗则存在一些问题。从上述收集的案例可以发现，大医院的医疗纠纷比小医院多，在这些纠纷中，甚至存在一些比较"低级"的错误，如开错刀、配错血、打错针等。当然，这并不能说明当时小医院的医疗水平更高，而是因为急、危、重病人都集中在大医院诊疗。但即使是大医院，医疗水平都是如此，可以想见当时其他医疗机构的水平。[①] 与此同时，其他类型的医疗纠纷也有报道，特别是关于江湖"游医"的案例。作为不具备医师资质的人员，游医在当时仍有生存的土壤，由于历史传统的延续，游医仍被人们认可，同时也是人们在医疗资源十分缺乏情况下的无奈选择。

（二）随着采用中医诊疗方式治疗的人员增多，相关医疗纠纷增多

在我们收集到的案例中，也有中医诊疗方式导致的医疗纠纷。

[①] 彭才万等学者还报道了几例因针刺不当导致的纠纷，其中包括隔衣进针刺破心室，针刺过深刺入脾等，参见彭才万、黄馥卿、孙明：《针刺不当所致医疗事故的分析》，《中医杂志》1962 年第 8 期，第 20 页。

出现这种情况的原因是新中国成立后的一段时期内，基于党和政府对中医的重视，中医事业取得了较大发展。1950年召开的第一届全国卫生会议提出了"团结中西医"的方针。1952年卫生部设立中医科，1954年卫生部设立中医司，主管全国中医药卫生事业。在此基础上，1955年，中医研究院在北京成立。1956年，四所中医学院在成都、上海、北京、广州成立。以上措施极大地促进了中医药卫生事业的发展。与此同时，中医技术人员在临床诊疗中所占比例有所扩大。在广大农村，许多"赤脚医生"是由原来稍懂中医的人员转化而来，他们在诊疗过程中也会采用中医的方式。由于采取中医诊疗方式治疗疾病的人员基数增多，医务人员出现差错的概率也随之升高，医疗纠纷的数量自然也就增多。正如前文所分析的，这些人员大多接受培训的时间较短，自身的技术水平不高，出现问题的可能性随之增加。

（三）医疗纠纷发生频率不算低，但总体医患关系和谐

这一时期医疗纠纷的发生频率是比较高的。例如，1977—1981年，上海某医院共处理医疗纠纷48例，年均医疗纠纷10例左右。[1]1952—1985年，某医院共发生医疗事故322例，年均医疗纠纷数量近10例。[2]这两家医院都是当时相对水平较高、在全国有知

---

[1] 王者宛：《加强医院管理，减少医疗纠纷——附48例医疗纠纷处理情况分析》，载上海第一医学院科技情报研究室：《医学科研资料管理科学论文汇编》1982年第3期，第53-54页。

[2] 肖启亨、刘世沧：《某医院三十三年医疗事故的初步分析》，《华西医讯》1986年第1期，第29-30页。

名度的医院。由此推知，当时全国的医疗机构每年发生医疗纠纷的数量不少。但一个非常值得注意的现象是，新中国成立后到1980年之前，医患关系相对来说处于较为和谐的状态，这体现在：首先，患者因医疗非过失行为和医院发生纠纷的比例在我们收集到的案例中只占较少的一部分。其次，从我们通过数据库、图书馆、档案馆等方式收集到的这一时段有关医患关系的新闻报道来看，基本上没有太多关于医疗纠纷中医患直接冲突或者其他负面报道，多数报道是关于医疗机构如何采取措施提高医疗质量、改善医患关系的。产生这一现象最主要的原因是，新中国成立后很长一段时间我国都处于国民经济恢复时期，卫生工作的任务是医治旧社会遗留给人民健康上的创伤，防治危害较大的急性传染病，提高人民的健康水平。那时的人们从旧社会缺医少药的创伤中走出来，得到基本的医疗服务，即使出现损害后果也往往不会怀疑医务人员存在过失，这一特点在广大农村地区表现得更为突出。同时，由于当时实行的是公费医疗和合作医疗，医生的工资是财政全额拨款，广大医务人员十分珍视自己的身份荣誉。更重要的是，公费医疗使个人负担较轻。1980年以后，随着社会经济的发展，卫生工作秩序逐渐恢复正常，关于医疗纠纷的报道略多于以往。

（四）鉴定工作主要由卫生部门下设的鉴定机构承担

新中国成立初期，部分省、市就建立了医疗事故研究委员会，随后，省、市、县基本都在卫生局下设相关技术部门从事医疗事故的鉴定工作。到20世纪80年代中期左右，部分省、市成立了由卫生局领导的专门技术鉴定部门从事鉴定工作。值得注意的是，这一时期法医在医疗纠纷鉴定中起到了十分重要的作用，尤其是各个高校从事法医工作的专业技术人员在医疗纠纷鉴定中起到了十分重要的作用，特别是在出现患者死亡的案件中，尸体解剖主要由医学院校的解剖教研室承担。

（五）专门处理医疗纠纷的法律法规较少

新中国成立后，我国陆续制定了一些关于医院管理的法律、法规，对各种诊疗行为进行规范，典型的有：1951年1月19日经政务院批准，1951年3月15日由卫生部公布的《医院诊所管理暂行条例》；1951年4月18日经政务院批准，1951年5月1日由卫生部公布的《医师暂行条例》《中医师暂行条例》等。其中，有两条对医疗纠纷的处理最为重要，其内容分别是：《医院诊所管理暂行条例》第25条规定，凡违反本条例者，依情节轻重，得分别予以警告、停业、撤销开业执照、撤销证书等处分；其情节严重者送交司法机关处理。《医师暂行条例》第27条规定，医师依法执行业务时，应受法律之充分保障。但违反本条例及犯有业务过失者，依情节轻重，得分别予以警告、停业、撤销开业执照或证书等行政处分；情节严重者，应受法律处分。这两条明确规定了医师诊疗行为违反规定时应受到行政处罚。最高人民法院于1964年1月18日发布的《最高人民法院关于处理医疗事故案件不应判给经济补偿问题的批复》认为：法院在处理医疗事故案件时，不宜判决医疗部门给予经济补偿，可以采取其他的方式进行补偿。

从这些规定可以看出，在这段时期医疗事故的处理中，如果医师的行为构成违法，最严重的是承担刑事责任，一般是承担行政责任或院内责任,并未对有关责任作进一步划分。直至1978年卫生部制定了《关于预防和处理医疗事故的暂行规定(草案)》,其中将医疗事故分为医疗事故和技术事故,又根据对患者造成的损害程度将医疗事故分为三级。1979年卫生部重新发布施行《解剖尸体规则》。此后,部分省市制定了一些医疗纠纷处理的地方政府规章,如上海市1985年3月8日发布的《上海市医疗事故处理暂行规定》及10月15日发布的《上海市医疗事故处理暂行规定实施细则》,山西省1985年11月27日发布的《山西省医疗事故鉴定处理试行办法》等。

(六)出现了关于医疗事故和纠纷的分类

在本书收集的文献中,最早出现关于医疗纠纷的分类在天津市卫生局杨振亚、万福恩于1956年撰写的《消灭医疗工作中的责任事故》一文中,该文将医疗事故分为责任事故、技术事故和医疗纠纷。其中,责任事故是医务人员确有过失的情形,存在主观过失;技术事故则排除人为因素,是客观因素,是因技术水平和诊疗手段等客观情形导致损害的出现;而医疗纠纷是指医疗机构和医务人员主客观均无过错,但因患者及其家属对治疗过程和结果不满意而导致的纠纷。可见,这里是将"医疗纠纷"和"医疗事故"严格区别开来。同时,该文还将医疗事故分为四级。[1]

---

[1] 杨振亚、万福恩:《消灭医疗工作中的责任事故》,《中华医学杂志》1956年第8期,第780页。

第二节　1987—2009 年的医疗纠纷

一、历史时期的划分依据

以 1987—2009 年这段时间跨度来分类的主要原因是：第一，1987 年第一部专门处理医疗事故的行政法规《医疗事故处理办法》出台，自此到 2002 年《医疗事故处理条例》颁布，一直沿用这部行政法规处理医疗事故。第二，2009 年，《侵权责任法》颁布，其第七章专门规定了医疗损害责任。由于《侵权责任法》属于上位法，法律效力高于《医疗事故处理条例》，所以原则上当两者的规定不一致时，应当依据《侵权责任法》的相关规定来处理医疗纠纷，但实践中出现了医疗纠纷解决的案由、鉴定、赔偿的"二元化"。为了分析的需要，本书将 2010 年以前依据行政法规解决医疗纠纷的阶段划分为一个时期。第三，本时期一个重要的历史背景是，改革开放后我国的卫生政策处于转型探索期，始自 1985 年的医改政策在本时期呈现了新的特点。

二、1987—2009 年的卫生状况和卫生政策

（一）1987—2009 年的卫生状况

1987 年，全国共有各级各类医疗卫生机构 1012804 个，其中

医院 12962 所（含综合医院 9657 所、中医医院 1790 所、专科医院 1097 所）、乡镇卫生院 47177 所、门诊部 128459 所、村卫生室 807844 个、妇幼保健院 3082 个、专科疾病防治院 1697 个、疾病预防控制中心 3512 个。卫生人员 5842621 名，其中卫生技术人员 3608618 名〔含执业（助理）医师 1481754 名（其中执业医师 777333 名）、注册护士 717596 名、药师 382121 名、检验师 156878 名〕、乡村医生和卫生员 1278499 名、其他技术人员 57255 名、管理人员 371167 名、工勤技能人员 527082 名。1987 年，全国医疗卫生机构共有床位数 268.50 万张。1993 年，调查地区总住院率为 35.6%，而到 2008 年调查地区的总住院率则上升到 68.4%。二十余年来，我国医疗卫生条件持续改善。从有统计数据的年份来看，传染病已不是导致我国城乡居民死亡的主要疾病。[1]

2008 年，我国城市居民死亡率排名前五的主要疾病分别为：恶性肿瘤（27.12%）、心脏病（19.65%）、脑血管病（19.62%）、呼吸系统疾病（11.86%）、损伤和中毒外部原因（5.08%），而传染病（不含呼吸道结核）所占比率为 0.77%，排在死亡率的第 11 位。农村居民死亡率排名前五的主要疾病分别为：恶性肿瘤（25.39%）、脑血管病（21.73%）、呼吸系统疾病（16.88%）、心脏病（14.11%）、损伤和中毒外部原因（8.59%）。[2] 2009 年，城市居民死亡率排名前五的主要疾病分别为：恶性肿瘤（27.01%）、心脏病（20.77%）、脑血管病（20.36%）、呼吸系统疾病（10.54%）、损伤和

---

[1] 国家卫生健康委员会：《2013 中国卫生统计年鉴》，http://www.nhc.gov.cn/mohwsbwstjxxzx/tjtjnj/202106/61cd8c0fb4a24f51bd1b80533e25c004.shtml，访问日期：2024 年 5 月 16 日。

[2] 中华人民共和国卫生部：《2009 中国卫生统计年鉴》，中国协和医科大学出版社，2009，第 268 页、第 307 页。

中毒外部原因（5.59%）。而传染病（不含呼吸道结核）所占比率为0.71%，排在死亡率的第11位。2009年，开展新型农村合作医疗制度（以下简称新农合）的县（市、区）共有2716个，参加新农合人数为8.33亿人，参合率为94.19%，人均筹资113.36元。补偿受益人次7.59亿次。2009年，城镇居民基本医保参保人数1.82亿人次，城镇职工基本医保参保人员2.19亿人次，城镇职工基本医保基金支出2797.4亿元。[①] 我国1987—2009年医疗和人民健康具体状况如表1-3、表1-4所示。我国2005—2009年新农合情况、城镇居民和职工基本医疗保险情况如表1-5、表1-6所示。

表1-3　1987—2009年我国医疗状况

年度	医疗卫生机构/个	卫生人员/名	医疗机构床位数/万张	卫生总费用/亿元	医院诊疗人次数/亿次	乡镇卫生院诊疗人次数/亿次
1987	1012804		268.50		14.80	11.30
1988	1012485		279.49		14.63	11.36
1989	1027522		286.70		14.43	10.60
1990	1012690	6137711	292.54	747.39	14.94	10.65
1991	1003769	6278458	299.19	893.49	15.33	10.82
1992	1001310	6409307	304.94	1096.86	15.35	10.34
1993	1000531	6540522	309.90	1377.78	13.07	8.98
1994	1005271	6630710	313.40	1761.24	12.69	9.73
1995	994409	6704395	314.06	2155.13	12.52	9.38
1996	1078131	6735097	309.96	2709.42	12.81	9.44

---

① 中华人民共和国卫生部：《2010中国卫生统计年鉴》，中国协和医科大学出版社，2010，第276页、第349-350页。

续表

年度	医疗卫生机构/个	卫生人员/名	医疗机构床位数/万张	卫生总费用/亿元	医院诊疗人次数/亿次	乡镇卫生院诊疗人次数/亿次
1997	1048657	6833962	313.45	3196.71	12.27	9.16
1998	1042885	6863315	314.30	3678.72	12.39	8.74
1999	1017673	6894985	315.90	4047.50	12.31	8.38
2000	1034229	6910383	317.70	4586.63	12.86	8.24
2001	1029314	6874527	320.12	5025.93	12.50	8.24
2002	1005004	6528674	313.61	5790.03	12.43	7.10
2003	806243	6216971	316.40	6584.10	12.13	6.91
2004	849140	6332739	326.84	7590.29	13.05	6.81
2005	882206	6447246	336.75	8659.91	13.87	6.79
2006	918097	6681184	351.18	9843.34	14.71	7.01
2007	912263	6964389	370.11	11573.97	16.38	7.59
2008	891480	7251803	403.87	14535.40	17.82	8.27
2009	916571	7781448	441.66	17541.92	19.22	8.77

资料来源：中华人民共和国卫生部：《2003 中国卫生统计年鉴》，中国协和医科大学出版社，2003；国家卫生健康委员会：《2020 中国卫生健康统计年鉴》，http://www.nhc.gov.cn/mohwsbwstjxxzx/tjtjnj/202112/dcd39654d66c4e6abf4d7b1389becd01.shtml，访问日期：2024 年 5 月 16 日。

注：1. 表中空白单元格表示数据无法获得。

2. 1993 年以前的乡镇卫生院的诊疗人次数系推算数。

表 1-4　1987—2009 年我国人民健康状况

年度	出生率/‰	死亡率/‰	甲乙类法定报告传染病发病率（1/10 万）	甲乙类法定报告传染病死亡率（1/10 万）	城乡居民人均医疗保健支出/元	
					城镇	农村
1987	23.33	6.72	558.74	1.83		
1988	22.87	6.64	465.89	1.49		
1989	21.58	6.54	339.26	1.26		

续表

年度	出生率/‰	死亡率/‰	甲乙类法定报告传染病发病率（1/10万）	甲乙类法定报告传染病死亡率（1/10万）	城乡居民人均医疗保健支出/元 城镇	城乡居民人均医疗保健支出/元 农村
1990	21.06	6.67	297.24	1.17	25.7	5.1
1991	19.68	6.70	284.50	0.87		
1992	18.24	6.64	235.91	0.55		
1993	18.09	6.64	189.49	0.47		
1994	17.70	6.49	196.12	0.46		
1995	17.12	6.57	176.37	0.34	110.1	4.9
1996	16.98	6.56	166.10	0.33		
1997	16.57	6.51	199.29	0.43		
1998	15.64	6.50	204.39	0.41	205.2	68.1
1999	14.64	6.46	204.44	0.41	245.6	69.8
2000	14.03	6.45	192.59	0.36	318.1	87.6
2001	13.38	6.43	191.09	0.36	343.3	96.6
2002	12.86	6.41	182.25	0.39	430.1	103.9
2003	12.41	6.40	192.18	0.48		
2004	12.29	6.42	244.66	0.55		
2005	12.40	6.51	268.31	0.76	600.9	168.1
2006	12.09	6.81	266.83	0.81		
2007	12.10	6.93	272.39	0.99		
2008	12.14	7.06	268.01	0.94		
2009	11.95	7.08	263.52	1.12		
备注	2005年起，流行性和地方性斑疹伤寒、黑热病调整为丙类传染病；2009年甲型H1N1流感纳入乙类传染病					

资料来源：中华人民共和国卫生部：《2003中国卫生统计年鉴》，中国协和医科大学出版社，2003；国家卫生健康委员会：《2020中国卫生健康统计年鉴》，http://www.nhc.gov.cn/mohwsbwstjxxzx/tjtjnj/202112/dcd39654d66c4e6abf4d7b1389becd01.shtml，访问日期：2024年5月16日。

注：表中空白单元格表示数据无法获得。

表 1-5　2005—2009 年新农合情况

年度	开展新农合县（市、区）/个	参加新农合人数/亿人	参合率/%	人均筹资/元	当年基金支出/亿元	补偿受益人次/亿人次
2005	678	1.79	75.66	42.10	61.75	1.22
2008	2729	8.15	91.53	96.30	662.31	5.85
2009	2716	8.33	94.19	113.36	922.92	7.59

资料来源：国家卫生健康委员会：《2013 中国卫生统计年鉴》，http://www.nhc.gov.cn/mohwsbwstjxxzx/tjtjnj/202106/61cd8c0fb4a24f51bd1b80533e25c004.shtml，访问日期：2024 年 5 月 16 日。

表 1-6　2005—2009 年城镇居民和职工基本医疗保险情况

年度	参保人数/万人 合计	城镇居民基本医保	城镇职工基本医保	城镇职工基本医保收支/亿元 基金收入	基金支出	累计结存
2005			13783	6969.0	5401.0	6066.0
2008	31822	11826	19996	2885.5	2019.7	3303.6
2009	40147	18210	21937	3671.9	2797.4	4275.9

资料来源：国家卫生健康委员会：《2013 中国卫生统计年鉴》，http://www.nhc.gov.cn/mohwsbwstjxxzx/tjtjnj/202106/61cd8c0fb4a24f51bd1b80533e25c004.shtml，访问日期：2024 年 5 月 16 日。

注：表中空白单元格表示数据无法获得。

（二）1987—2009 年的卫生政策

1988 年，国务院通过卫生部"定职能、定机构、定编制"的方案，对直属企业事业单位的管理方式由此发生转变，即由直接管理转向间接管理。同年，《卫生部、财政部、人事部、国家物价局、国家税务局关于扩大医疗卫生服务有关问题的意见》发布，该文件指出：调整医疗卫生服务收费标准，卫生防疫、妇幼保健、药品检验等单位开展有偿服务，卫生事业单位实行"以副补主"。1989年，卫生部正式开始实施医院分级管理，医院按照不同功能和任务分为三级十等。然而，到1990年，国家卫生投入只有卫生总费用的1/4，[①]这对此前建立的三级医疗服务网产生较大影响。这些情况的出现，影响了我国卫生事业的发展。1992年，国务院发布了《关于深化卫生医疗体制改革的几点意见》，根据该文件精神，卫生部允许医疗机构"以工助医、以副补主"，允许医院通过合法途径创收，以弥补医院收入的不足。

1997年发布的《中共中央、国务院关于卫生改革与发展的决定》指出，新时期卫生工作的方针是：以农村为重点，预防为主，中西医并重，依靠科技与教育，动员全社会参与，为人民健康服务，为社会主义现代化建设服务。在城镇，推行个人账户和社会统筹的城镇职工社会医疗保险制度。在农村，实行合作医疗制度。社会力量和个人办医，实行自主经营、自负盈亏。2000年，国务院体改办、卫生部等部门发布《关于城镇医药卫生体制改革的指导意见》，明确提出了医药卫生体制改革的具体目标和任务。以拍卖为主的公立医院产权制度改革也提上了试点的日程，为此，卫生部和

---

① 根据《2013 中国卫生统计年鉴》第 91 页 "4-1-1 卫生总费用" 的记载，1990年我国卫生总费用为 747.39 亿元，其中政府支出为 187.28 亿元，仅占 1/4。国家卫生健康委员会：《2013 中国卫生统计年鉴》，http://www.nhc.gov.cn/mohwsbwstjxxzx/tjtjnj/202106/61cd8c0fb4a24f51bd1b80533e25c004.shtml，访问日期：2024 年 1 月 16 日。

有关部门陆续出台了 14 个相关配套规定。① 2003 年，财政部、国家计委、卫生部下发的《关于农村卫生事业补助政策的若干意见》中明确，医疗服务原则上通过医疗服务收入进行补偿，对乡镇卫生院开展基本医疗服务所需的必要经费，由县级财政根据医疗服务工作需要予以核定。但出于种种原因，这些必要的经费在大多数地区未能得到落实。2005 年，国务院发展研究中心负责的医改研究报告不无尖锐地指出：中国的医疗卫生体制改革基本上是不成功的。②

2006 年是我国医疗卫生体制改革历史上一个非常重要的年份，在医疗领域出现了许多引人关注的案件。这一年，新一轮医改正式启动。还是在这一年，确立了此后医改的基调，即由政府承担基本的医疗，强化政府在提供公共卫生和基本医疗服务中的责任。在当年的"两会"上，医疗改革成为一个热点问题，同年 6 月，国务院初步确定了深化医药卫生体制改革的总体思路和政策措施。2006 年 10 月 11 日，党的第十六届中央委员会第六次全体会议通过的《中共中央关于构建社会主义和谐社会若干重大问题的决定》明确提出

---

① 这些配套规定包括：《关于城镇医药卫生体制改革的指导意见》《关于城镇医疗机构分类管理的实施意见》《关于卫生事业补助政策的意见》《医院药品收支两条线管理暂行办法》《关于医疗卫生机构有关税收政策的通知》《关于改革药品价格管理的意见》《关于改革医疗服务价格管理的意见》《医疗机构药品集中招标采购试点工作若干规定》《药品招标代理机构资格认定及监督管理办法》《关于实行病人选择医生促进医疗机构内部改革的意见》《关于开展区域卫生规划工作的指导意见》《关于发展城市社区卫生服务的若干意见》《关于卫生监督体制改革的意见》《关于深化卫生事业单位人事制度改革的实施意见》。

② 王俊秀：《国务院研究机构最新报告说"中国医改不成功"》，中国青年报，http://zqb.cyol.com/content/2005-07/29/content_1150962.htm，访问日期：2020 年 5 月 16 日。

"坚持公共医疗卫生的公益性质"。[①]

三、1987—2009 年的医疗纠纷概览

这一时期,医疗纠纷数量总体呈现上升趋势。由于这一时期大多数年份全国医疗纠纷发生的数量并没有官方公布的整体数据,所以我们只能收集这一阶段相关文献和新闻报道中的一些数据。通过对能够收集到的数据进行分析,仍能呈现出这一阶段医疗纠纷的总体特点。

(一)1987—2007 年到卫生部反映医疗纠纷的情况

1987—2007 年到卫生部反映医疗纠纷的情况如表 1-7、表 1-8、表 1-9 所示。

表 1-7　1987—2007 年到卫生部反映医疗纠纷的批次

医疗纠纷发生年份	批次
1987	78
1988	33
1989	38
1990	140
1991	28
1992	24
1993	167

[①] 2006 年 10 月 11 日,中国共产党第十六届中央委员会第六次全体会议通过的《中共中央关于构建社会主义和谐社会若干重大问题的决定》指出:加强医疗卫生服务,提高人民健康水平。坚持公共医疗卫生的公益性质,深化医疗卫生体制改革,强化政府责任,严格监督管理,建设覆盖城乡居民的基本卫生保健制度,为群众提供安全、有效、方便、价廉的公共卫生和基本医疗服务。完善城镇职工基本医疗保险,建立以大病统筹为主的城镇居民医疗保险。加快推进新型农村合作医疗。

续表

医疗纠纷发生年份	批次
1994	80
1995	93
1996	148
1997	251
1998	503
1999	399
2000	501
2001	567
2002	987
2003	699
2004	776
2005	763
2006	411
2007	146
合计	6832

资料来源：蒙泓惠：《2001—2007年到卫生部上访反映医疗纠纷问题的分析》，硕士学位论文，北京中医药大学社会医学与卫生事业管理专业，2008，第17-18页。

表 1-8 2001—2007年各省到卫生部反映医疗纠纷的批次

省份	年份							合计
	2001	2002	2003	2004	2005	2006	2007	
北京	5	68	73	84	125	182	245	782
天津	3	12	31	48	54	90	65	303
河北	5	78	62	87	98	137	165	632
山西	3	21	16	45	40	73	77	275
内蒙古	0	22	32	31	42	112	129	368
辽宁	19	123	104	196	207	304	473	1426
吉林	1	22	19	36	57	114	253	502

续表

省份	2001	2002	2003	2004	2005	2006	2007	合计
黑龙江	11	57	46	89	75	121	133	532
上海	0	14	7	22	44	85	53	225
江苏	1	19	7	15	33	90	45	210
浙江	0	10	16	25	33	30	33	147
安徽	0	14	18	23	35	28	20	138
福建	1	3	6	10	9	14	77	120
江西	2	6	14	18	16	20	47	123
山东	1	26	27	46	53	89	176	418
河南	3	45	31	51	75	69	120	394
湖北	1	12	19	37	43	35	40	187
湖南	2	8	20	24	36	27	35	152
广东	0	10	7	8	13	7	17	62
广西	0	1	9	1	3	14	4	32
海南	0	0	0	1	1	1	1	4
重庆	0	2	3	7	18	15	26	71
四川	0	12	9	30	34	35	34	154
贵州	0	3	6	6	12	9	22	58
云南	0	6	6	11	16	11	8	58
西藏	0	0	0	0	0	1	0	1
陕西	3	17	9	18	16	28	22	113
甘肃	0	5	16	10	14	8	15	68
青海	0	8	2	8	12	24	4	58
宁夏	0	3	2	4	4	6	5	24
新疆	0	14	8	29	50	34	35	170
合计	61	641	625	1020	1268	1813	2379	7807

资料来源：蒙泓惠：《2001—2007年到卫生部上访反映医疗纠纷问题的分析》，硕士学位论文，北京中医药大学社会医学与卫生事业管理专业，2008，第22页。

表 1-9　2001—2007 年到卫生部反映医疗纠纷处理的原因

序号	影响因素	批次
1	对市级鉴定不服	2775
2	对省级鉴定不服	1852
3	对中华医学会鉴定不服	32
4	认为出于医方原因导致无法鉴定	338
5	申请鉴定后当地未作答复或及时鉴定	350
6	签订调解协议后反悔	579
7	当地调解未果	416
8	对法院判决不服	1219
9	怀疑当事医师行医资格	398
10	对经济赔偿不满意	487
11	认为病历造假或缺失	1428
12	质疑鉴定程序	211
13	质疑技术鉴定委员会人员资格	150
14	对现场实物封存或尸检有异议	81
15	要求中华医学会鉴定	270
16	其他	423

资料来源：蒙泓惠：《2001—2007 年到卫生部上访反映医疗纠纷问题的分析》，硕士学位论文，北京中医药大学社会医学与卫生事业管理专业，2008，第 26 页。

（二）北京市医疗纠纷发生情况

在北京市海淀区人民法院承担的 2007 年最高人民法院重点调研课题"关于医疗纠纷法律适用问题的调研"中，统计了该院 1999—2007 年审理的医疗纠纷诉讼案件数据。1999 年海淀法院审理的医疗纠纷案件仅有 9 件，此后，该院医疗纠纷诉讼案件数量以年均 48% 的速度上升，尤其是 2002 年《医疗事故处理条例》和《最高人民法院关于民事诉讼证据的若干规定》实施当年，案件数量比 2001 年增长了 150%，如表 1-10 所示。

表 1-10　1999—2007 年北京市海淀区法院受理医疗纠纷案件情况

年度	受理医疗纠纷案件数量 / 件	较上一年增长率 /%
1999	9	
2000	13	44.4
2001	22	69.2
2002	55	150
2003	89	61.8
2004	103	15.7
2005	124	20.4
2006	138	11.3
2007	160	15.9

资料来源：北京市海淀区人民法院课题组：《关于医疗纠纷案件法律适用情况的调研报告》，《法律适用》2008 年第 7 期，第 62-67 页。

北京市高级人民法院统计了全市 2006—2008 年医疗纠纷的受理情况，如表 1-11 所示，从受理案件的数量与总体结案率可以看出，这三年内北京市法院受理的一审医疗损害赔偿案件数量逐年增加，尤其是 2008 年较上一年有明显增加，但结案率却逐年下降。

表 1-11　2006—2008 年北京市法院医疗纠纷案件情况

年份	受理 / 件	审结 / 件	结案率 /%	判决 / 件	判决率 /%	撤诉 / 件	撤诉率 /%	调解 / 件	调解率 /%	裁驳 / 件	其他 / 件
2006	428	417	97.43	210	50.40	121	29.02	64	15.35	18	4
2007	468	335	71.58	165	49.25	72	21.49	81	24.18	13	4
2008	715	483	67.55	236	48.86	118	24.43	106	21.95	14	9

资料来源：刘鑫：《最新医疗侵权诉讼规则理解与案例实操》，中国法制出版社，2018，第 11 页。

（三）上海市部分地区医疗纠纷发生情况

1. 2005—2007 年上海市徐汇区卫生监督信访情况

2005—2007 年上海市徐汇区卫生监督信访情况如表 1-12、表 1-13 所示。

表 1-12　2005—2007 年上海市徐汇区被信访对象分布情况

分类	2005/件	2006/件	2007/件	合计/件
医疗机构	78	86	55	219
无证行医点	48	44	42	134

资料来源：刘俊芳、张克虹、魏澄敏等：《2005—2007 年上海市徐汇区卫生监督信访情况浅析》，《中国卫生监督杂志》2008 年第 5 期，第 361 页。

表 1-13　2005—2007 年上海市徐汇区与医疗有关的信访内容案件分布情况

分类	2005/件	2006/件	2007/件	合计/件
医托	28	45	2	75
超诊疗范围	4	7	2	13
出租承包科室	6	3	1	10
虚假广告	1	1	7	9
乱收费、开大处方	4	0	6	10
医疗纠纷	12	23	15	50

资料来源：刘俊芳、张克虹、魏澄敏等：《2005—2007 年上海市徐汇区卫生监督信访情况浅析》，《中国卫生监督杂志》2008 年第 5 期，第 362 页。

2. 1985—1999 年上海市 5 所医院医疗事故鉴定情况

1985—1999 年上海市 5 所医院医疗事故鉴定情况如表 1-14 所示。

表 1-14　1985—1999 年上海市 5 所医院医疗事故鉴定情况

年度	一级鉴定数 / 例	二级鉴定数 / 例	定性为事故的数量 / 例
1985	2	1	1
1986	12	1	0
1987	9	2	3
1988	21	2	3
1989	14	1	2
1990	23	6	4
1991	29	5	4
1992	10	4	2
1993	14	4	3
1994	12	4	0
1995	24	7	1
1996	34	10	0
1997	32	8	1
1998	29	20	2
1999	30	19	1

资料来源：王菊芳、范关荣：《上海 5 所医院医疗事故鉴定情况分析》，《中华医院管理杂志》2001 年第 10 期，第 604 页。

注：一级鉴定数是指 1985—1999 年一级医疗事故鉴定委员会（上海医学院校级）受理的有关该 5 所医院的医疗事故申请鉴定数；二级鉴定数是指 1985—1999 年二级医疗事故鉴定委员会（上海市级）受理的该 5 所医院经一级医疗事故鉴定委员会鉴定后的上诉数及被定为事故数。

(四)广东省部分地区医疗纠纷发生情况

1. 2003—2006年广东省江门市医学会24例农村卫生院医疗纠纷鉴定情况

2003—2006年广东省江门市医学会24例农村卫生院医疗纠纷鉴定情况如表1-15所示。

表1-15　2003—2006年广东省江门市医学会24例农村卫生院医疗纠纷鉴定情况

申诉原因	数量/例	鉴定结果	
		构成医疗事故/例	不构成医疗事故/例
治疗效果不理想	9	23	1
门诊用药死亡	6		
住院死亡	6		
误诊	1		
沟通不畅	2		

资料来源:罗小燕、廖勇彬、吴素云等:《广东江门市农村卫生院24例医疗纠纷调查分析》,《中国农村卫生事业管理》2008年第2期,第142页。

2. 1997年1月—2002年8月广东省医疗事故技术鉴定委员会申请重新鉴定被鉴定为医疗事故的案件发生医院类别分布情况

1997年1月—2002年8月广东省医疗事故技术鉴定委员会申请重新鉴定被鉴定为医疗事故的案件发生医院类别分布情况如表1-16所示。

表1-16　1997年1月—2002年8月广东省医疗事故技术鉴定委员会申请重新鉴定被鉴定为医疗事故的案件发生医院类别分布情况

医院类别	年度					
	1997/例	1998/例	1999/例	2000/例	2001/例	2002/例
地级市医院		2	3			2
区医院		2		2	1	1
卫生院			1	1	1	1
专科医院	1					3

续表

医院类别	1997/例	1998/例	1999/例	2000/例	2001/例	2002/例
职工医院	1			1		1
县级医院					1	2
医学院附属医院				2		1

资料来源：孙淑卿、张伟：《广东省30例医疗事故分析》，《中国基层医药》2004年第4期，第410-411页。

注：1.1997年1月—2002年8月，向广东省医疗事故技术鉴定委员会申请重新鉴定的共有448例，其中被鉴定为医疗事故的有30例，上述30例为分布情况。

2.表中空白单元格表示无相关数据。

（五）浙江省部分地区医疗纠纷发生情况

1.1989年浙江省黄岩市乡村医生发生医疗事故情况

魏纯钼、王红峰统计了1989年浙江省黄岩市乡村医生发生医疗纠纷的情况，从其原因来看，医疗纠纷的发生主要是由消毒不严等导致，如表1-17所示。以现在的视角来看，这些纠纷原本是可以避免的，但在当时，部分乡村医生是由赤脚医生转化而来，医疗水平在一定程度上是欠缺的。

表1-17　1989年浙江省黄岩市乡村医生发生医疗纠纷的情况

医疗纠纷原因	数量/例
肌注针灸等消毒不严	10
流产消毒不严	1
肌注部位不当	1
骨折固定欠佳	1
误注杀灭菊酯	1
青霉素未做皮试	1
针灸发生肌肉断针	1
医疗意外（静注ATP发生过敏性休克死亡、静滴庆大霉素导致过敏性休克死亡）	2

资料来源：魏纯钼、王红峰：《1989年黄岩乡村医生医疗事故纠纷18例分析》，《中国乡村医生杂志》1990年第10期，第46页。

2. 1996—1998 年绍兴县卫生局参与调处的医疗投诉和纠纷事件情况

1996—1998 年绍兴县卫生局参与调处的医疗投诉和纠纷事件情况如表 1-18 所示。

表 1-18　1996—1998 年绍兴县卫生局参与调处的医疗投诉和纠纷事件情况

医疗机构类别	纠纷发生数量/例	纠纷发生科室			
		外科	产科	内科	其他
县属医院	37 例	占 1/3 左右	占 1/4 左右	占 1/5 左右	—
镇（乡）医院	33 例
村卫生室和个体医院	4 例

资料来源：蒋茂荣、张奎水：《74 起医疗纠纷剖析》，《中国卫生质量管理》2000 年第 6 期，第 32 页。

（六）江苏省医疗纠纷发生情况

1.《医疗事故处理条例》颁布两年来泰州市医疗纠纷发生情况

《医疗事故处理条例》颁布两年来泰州市医疗纠纷发生情况如表 1-19 所示。

表 1-19　《医疗事故处理条例》颁布两年来泰州市医疗纠纷发生情况

纠纷数量/例	医疗机构类别			患者损害后果				纠纷处理方式			泰州市医学会鉴定结果	
	二级医院	一级医院	个体诊室	死亡	残疾	增加痛苦	无后果	双方协商	法院判决或法庭调解	卫生行政部门调解	构成医疗事故	不构成医疗事故
	31	52	2	18	6	25	36	66	10	9	1	15

资料来源：吴剑、高义明：《"条例"颁布两年来医疗纠纷处理回顾》，《江苏卫生事业管理》2005 年第 3 期，第 19 页。

2. 1993—1995 年江苏省医疗纠纷发生情况

1993—1995 年江苏省医疗纠纷发生情况如表 1-20 所示。

表 1-20　1993—1995 年江苏省医疗纠纷发生情况

医院类别	纠纷数量	事故类型及数量	医疗纠纷解决方式及数量
三级医院	578 起	医疗事故，128 起（其中，责任事故 21 起，技术事故 107 起）医疗差错，405 起 医疗意外，341 起 普通医疗纠纷，702 起 其他，46 起	诉讼，17 起 协商解决，1000 起 调解解决，188 起 其他，417 起
二级医院	381 起	^	^
一级医疗卫生机构	511 起	^	^
其他医疗卫生机构	152 起	^	^

资料来源：张寄宁：《医疗纠纷的社会因素浅析——对 93 至 95 年 1621 起医疗纠纷情况的探讨》，《中国卫生法制》1996 年第 5 期，第 19-24 页。

注：江苏省卫生厅对全省卫生系统的医疗机构 1993—1995 年医疗纠纷状况分三个步骤进行调查：一是由各省辖市卫生局进行统计；二是由卫生厅联合调查组开展实地调查，其中调查了 6 个省辖市、1 个县和 1 个区的 11 所三级医院、3 所二级医院及 50 所一级医疗卫生机构；三是查阅了有关市、县（区）医院三年医疗纠纷相关的档案资料。

3. 2004—2006 年苏南地区三所妇幼保健院医疗纠纷发生情况

2004—2006 年苏南地区三所妇幼保健院医疗纠纷发生情况如表 1-21 所示。

表 1-21　2004—2006 年苏南地区三所妇幼保健院医疗纠纷发生情况

引发医疗纠纷的直接原因		医疗纠纷中暴力行为发生情况			医疗纠纷的解决方式	
后果情况	纠纷数量/例	年份	纠纷数量/例	暴力行为/例	解决方式	数量/例
死亡	31	2004	64	7	医患直接沟通	173
残疾	18	2005	73	11	公安机关调解	29
躯体痛苦	117	2006	84	11	司法诉讼	11
无严重后果	55				卫生机关调解	8

资料来源：黄炳忠、过伟华、虞永麟：《苏南地区妇幼保健院医疗纠纷特征与对策（附 221 例分析）》，《中外医疗》2007 年第 22 期，第 6-8 页。

四、1987—2009 年的医疗纠纷特点

（一）医疗卫生政策对医疗纠纷的发生产生直接影响

这一时期，医疗卫生政策的制定处在不断摸索和实践的过程中，卫生服务由市场主导还是由政府主导的争论一直存在，伴随着这种争论，出现了医疗机构"重效益、轻公益"的倾向，"看病难、看病贵"的情况显现。在这一阶段还出现了居民有病不就医、应住院不住院的情形，但实际并非不愿就医，而是无法就医，并非不愿住院，而是无法住院。这一时期，政府对卫生公共费用投入不足，医疗服务出现不公平的现象，医疗资源分布不均衡，部分患者的利益被忽视。作为患者个人，只能将矛盾对准具体提供医疗服务的医疗机构和医务人员。一旦在就医过程中遇到障碍，即使是很小的问题也会引起很大的纠纷。例如，因为医疗机构医务人员的服务态度问题而产生纠纷，甚至造成严重的后果。笔者就收集到这样一起医疗纠纷案例：患者系在校学习的高中三年级学生，因为左小指意外受伤到医疗机构就医，医疗机构为其行"残端修整手术"，后患者因伤口发炎未愈合而被截肢，并经司法鉴定机构鉴定为伤残十级。患者家属和医疗机构为此产生纠纷，患者家属认为，患者在诊疗过程中手指上的鲜血不慎滴到医生的办公桌上，当时为其治疗的医生便产生"心理不平衡、故意错误治疗"的想法，因此给患者造成了巨大的损害。由于患者一直在治疗，为此还复读一年，于是要求医疗机构承担各项损失近十万元，其中精神损害赔偿 3 万元。尽管经过鉴定，患者的伤残与医疗机构的诊疗行为之间被认为存在直接的因果关系，并且医疗机构应当负主要责任，法院最终判决医疗机构

赔偿3万余元，但在整个纠纷过程中，患者对医疗机构和当事医生产生了怒火，认为整个事故的发生是由医生的报复所致。我们无法分析当事医生的心理，但是这个案件充分暴露出医患不信任达到一定程度。这一切当然不仅是由医患双方个人关系导致的，还叠加了其他相关因素。

（二）医疗纠纷发生的数量较多且部分纠纷演化为医疗暴力事件

在这一阶段的各级各类医院，医疗纠纷较为频发。特别是2005年以后，"医闹"事件逐渐进入大家的视野。[1] 全国医疗纠纷中涉及的恶性事件，2002年有5000多件，2004年有8000多件[2]，2006年有10248件[3]。在2006年这一年中，全国因医疗暴力事件而受到伤害的医务人员数量达5519人，数量惊人，并且这些事件还给全国各级各类医疗机构造成直接或间接财产损失达二亿多元。[4] 据卫生部的统计，全国医疗暴力案件从2006年到2010年上升了

---

[1] 2023年12月14日，笔者以"医闹"为关键词在中国知网、万方等数据库检索，发现相关报纸在2005年有5篇报道、2006年有89篇报道、2007年有253篇报道，在2005年之前则检索不到相关报道。

[2] 柴会群：《〈医疗事故处理条例〉当休矣》，http://www.infzm.com/content/49104，访问日期：2021年6月3日。

[3] 高胜科：《中国医患冲突逐年递增"暴力维权"难题仍待解》，http://news.sohu.com/20120411/n340288273.shtml，访问日期：2021年6月3日。

[4] 曾利明：《中国06年发生万起医闹事件 打伤5000医务人员》，http://news.sina.com.cn/c/2007-04-18/201812810796.shtml，访问日期：2021年6月3日。

70%。[1]虽然这些案件的出现不乏一些专门从事"医闹"的违法分子的推动,但仍从一个侧面反映了一段时间内医患矛盾相对突出。

(三)医疗纠纷类型出现新的变化

由于诊疗行为的多样化,这一时期医疗纠纷的类型发生了新的变化,出现了一些新型医疗纠纷。

1. 因整形美容而产生的医疗纠纷

新中国成立以后,很长一段时期,医疗卫生的突出矛盾是人民群众的基本医疗需求和医疗卫生服务之间的差距。医疗卫生服务还没有广泛扩展到诸如美容整形等非传统医疗领域。随着社会经济的发展,人民群众对医疗的需求逐渐扩展到更广泛的领域,因美容整形而产生的纠纷也应运而生。这些医疗美容纠纷分为:(1)因美容整形达不到心理预期而产生的医疗纠纷;(2)因医疗机构在美容整形过程中存在过错致接受整形者损害而产生的医疗纠纷;(3)因美容整形机构未经自然人同意使用其照片而侵犯其肖像权、名誉权等的纠纷。

2. 因一些特殊传染病诊疗而产生的医疗纠纷

这类医疗纠纷是指患者本来患有某些疾病,在诊疗过程中医务人员对其不愿诊治或者即便有诊疗的行为,但因言语上存在不当而产生的纠纷。例如,在笔者收集到的某例案件中,患者是艾滋病病毒携带者,因为意外受伤到医院接受诊疗,当医务人员得知其为艾

---

[1] 周婷玉、沈洋、王海鹰:《为何仅10%的患者信任医生——代表委员"会诊"医患矛盾》,http://www.xinhuanet.com/2013lh/2013-03/08/c_114954451.htm,访问日期:2021年6月3日。

滋病病毒携带者时拒绝诊疗。后经家属求情，医务人员对其进行了诊疗，但在诊疗过程中，患者认为医务人员仍然存在歧视性语言，因此和医疗机构产生纠纷。

3. 因医疗机构开展的一些新型医疗服务而产生的医疗纠纷

自1992年医疗改革后，医院的医疗服务形式更加多样，如特需门诊、全面健康体检等，①因开展这些医疗服务而产生的纠纷在本阶段也随之出现。例如，在一案例中，患者到某三甲医院体检，但医院没有体检出其系癌症早期，三个月后，患者在另外一家医院确诊。患者因此认为三个月前为其提供体检服务的医院存在过错，且该过错使其错失了最佳的治疗机会，于是和该三甲医院产生了纠纷。鉴定机构认为，按照患者病情的发展情况，患者进行体检时，医院应当检出而未检出，存在一定过错。据此，医院对患者进行了赔偿。又如，医院开展的专家点名手术、特需门诊等服务，一般须多支付诊疗费用，而一旦产生纠纷，患者和医疗机构的冲突就更加激烈。

4. 因疫苗接种而产生的医疗纠纷

疫苗接种是一种有效、经济的公共卫生干预措施，但没有一种疫苗的接种是100%安全的。当接种疫苗后，被接种者出现损害时就会产生相应的纠纷。随着国家预防接种制度的实施，疫苗接种不再是一种个人可以选择的行为，每个健康的适龄儿童都有接种免疫规划疫苗的义务。当然，成年人也可以自愿进行疫苗接种。由于接种疫苗的对象和范围比历史上扩大了，出现纠纷的概率也相对

---

① 2000年，由上海国际医学交流中心主办并经上海市卫生局批准成立了大陆首家以健康者为体检对象的专业健康体检中心（20世纪80年代，台湾已有健康体检中心）。此后，专门从事体检业务的专业机构呈几何倍数增长。

增高。

5. 因患者在医疗机构出现意外而产生的医疗纠纷

例如，因患者在医疗机构内发生摔伤等意外情况、患者在住院期间财物被盗、患者隐私权受到侵害等引发的医疗纠纷数量增多。

6. 因患者拖欠医疗费而产生的医疗纠纷

在实行公费医疗的年代，几乎不会出现因拖欠医疗费而产生纠纷的情形，但随着公费医疗的取消，患者拖欠医疗费的案例也逐渐增多。这种新型医疗纠纷，区别于一般的医患纠纷，通常由医院主动向法院提起诉讼，要求患者支付医疗费用。

7. 因新疾病的出现，且病情发展较快而产生的医疗纠纷

自20世纪80年代以来，人类已知从动物那里感染了多种疾病，并且这些病毒在人体内往往会发生变异。同时，随着人们生活方式的不断变化，新型的疾病也在不断出现。然而，人类对病毒、疾病的认识又总是滞后的，所以当出现新的疾病时，一开始，医疗机构应对往往是乏力的，较易造成患者损伤。可见，新型疾病的出现，进一步扩大了医患纠纷的范围。

8. 因滥用药物，如滥用抗生素而产生的医疗纠纷

这一时期，抗生素的使用较多，个别医疗机构和医务人员甚至滥用抗生素。其间，卫生费用不断攀升，患者的负担日益沉重，其中一个重要原因就是滥用药物。滥用药物带来的危害之一就是使医患关系更加紧张，出现医疗纠纷。

9. 因知情同意权保障不充分而产生的医疗纠纷

随着患者权利意识的增长和实践中一些典型案件的推动，知情同意权成为讨论医患关系的热点话题，然而实践中，知情同意与相应的医务人员说明义务却又很难客观衡量。当患者无法证明诊疗行

为存在其他过错时,医务人员未尽到说明义务就是一个最好的理由。医疗机构为了证明自己确实尽到说明义务不得不采取防御措施,如曾经出现的"手术公证",当患者要接受手术时,医务人员不是在积极准备手术方案,而是积极准备和患者去进行公证。在这样的背景下,使医患关系更加紧张,引发医疗纠纷。

（四）部分医疗机构管理混乱,医务人员的医疗水平参差不齐

1987年,全国共有各级各类医疗卫生机构1012804个,从1996年开始,《中国卫生统计年鉴》开始将私人诊所计入卫生机构,当年私人诊所达13万所。[①] 至2009年,全国共有医疗机构907249个,其中非营利性552089个,营利性216820个,不详138340个。[②] 自2002年后,卫生年鉴统计时卫生机构数不再包括高中等医学院校的院本部、药检机构、国境卫生检疫所和非卫生部门举办的计划生育指导站。但即使这样,这一阶段我国医疗机构数量在多数年间仍是有所增长的。同时,根据经济类型划分的医疗机构数量,2003年的卫生部统计年鉴显示：2002年国有97172个、集体55690个、联营2367个、私营140094个、其他10715个。[③] 1998年发布的《执业医师法》首次从法律上确立了医师执业资格考试与

[①] 中华人民共和国卫生部：《2009中国卫生统计年鉴》,中国协和医科大学出版社,2009,第1页。

[②] 中华人民共和国卫生部：《2010中国卫生统计年鉴》,中国协和医科大学出版社,2010,第10页。

[③] 中华人民共和国卫生部：《2003中国卫生统计年鉴》,中国协和医科大学出版社,2003,第6页。

注册登记制度，规范了医师执业的准入门槛。而此前，由于没有专门的法律法规，医师管理不规范，影响了医师的整体素质。例如，1987—1989 年，我国医师总数从 777333 人猛增到了 1257668 人，[1]两年内净增长接近五十万人，远远超出了同期医学教育的培养能力。医疗机构社会办医、个人办医的增多带来许多问题，如监督困难，部分医疗机构管理混乱，医务人员水平参差不齐；此外，部分医疗机构滥发广告、夸大疗效、价高质差，这些都成为医患矛盾升级的推手。

（五）医疗纠纷的法律规定不统一

1987 年 6 月 29 日，国务院发布《医疗事故处理办法》，该办法是国务院发布的关于医疗纠纷处理的第一部规范。该规范对医疗事故进行了界定，规定了不属于医疗事故的情形，以及医疗事故的分类与等级、医疗事故的处理程序、医疗事故的鉴定、医疗事故的处理。总的来说，这部规范的出台，使医疗事故的处理第一次有了明确的依据。但是这仅是一部处理"医疗事故"，而非"医疗纠纷"的规范。医疗事故这个概念不能完全等同于医疗纠纷，除了医疗事

---

[1] 中华人民共和国卫生部：《2003 中国卫生统计年鉴》，中国协和医科大学出版社，2003，第 19 页。

故，医疗纠纷实际上还包含很多情形，①所以除了《医疗事故处理办法》，还可能依据其他规范解决医疗纠纷。这些规范主要包括以下五部。

1.《民法通则》

1986年4月12日，第六届全国人民代表大会第四次会议通过了《民法通则》。该通则是我国第一部调整民事关系的基本法律。在《民法通则》中关于民事责任的规定，被视为解决侵权责任的相关法律依据。《民法通则》中规定的赔偿标准计算方式与《医疗事故处理办法》规定的不完全一致，随着社会经济的发展，由于《医疗事故处理办法》规定的赔偿标准已经不适应实践的发展，所以后期医疗纠纷逐渐转向适用《民法通则》的相关规定来计算损害赔偿。

2.《经济合同法》《合同法》

1999年10月之前，调整经济合同关系的法律是《经济合同法》，其中规定了十类经济合同，尽管这十类经济合同并不包括医疗服务合同，但医疗服务合同显然也是由其来调整的，特别是第四章关于违反经济合同的责任的规定也可以适用于因医疗服务合同而

---

① 医疗纠纷的界定不单纯指法律上的概念，不能仅将纠纷限定在出现损害的情形中，也不宜将纠纷扩大到医患之间产生的所有纠纷。医疗纠纷是在诊疗过程中发生的医患纠纷，从广义上来说，它不仅涵盖造成患者损害引发的医疗纠纷，也涵盖未造成患者损害的医疗纠纷。前者既包括因诊疗行为过错导致的患者人身和精神受损，也包括造成患者财产受损的情形。此外，有些情形中，尽管医方出现过错，但未造成患者人身、精神、财产受到损害，而由于医患双方沟通等问题，患者仍然与医方发生纠纷。

引发医疗纠纷的情形。① 1999 年 10 月以后,《合同法》开始实施,医疗服务合同作为合同的一种则由该法进行调整。

3.《最高人民法院关于确定民事侵权精神损害赔偿责任若干问题的解释》

2001 年 3 月 10 日,《最高人民法院关于确定民事侵权精神损害赔偿责任若干问题的解释》施行,其中对侵权造成的精神损害赔偿进行了明确的规定,被视为精神损害赔偿立法的一个里程碑。实践中,因侵权造成的精神损害就依据其进行计算,医疗侵权中造成精神损害的也按这个司法解释的规定计算赔偿数额。

4.《医疗事故处理条例》

《医疗事故处理办法》实施十几年后,其中的一些规定已经不能适应实践的需要,国务院于 2002 年 4 月 4 日以国务院第 351 号令颁布了《医疗事故处理条例》,并于同年 9 月 1 日起实施。该条例包括总则、医疗事故的预防与处置、医疗事故的技术鉴定、医疗事故的行政处理与监督、医疗事故的赔偿和罚则等内容。与《医疗事故处理办法》相比,《医疗事故处理条例》扩大了医疗事故的范围、放宽了医疗事故的认定标准、使鉴定机构和人员相对中立、大幅提高了赔偿标准。但《医疗事故处理条例》没有对除医疗事故之外的一般医疗侵权损害作出规定,而且《医疗事故处理条例》是行政法规,效力位阶低于作为法律的《民法通则》。因此,最高人民法院于 2003 年 1 月 6 日发布了《最高人民法院关于参照〈医疗事

---

① 《经济合同法》第 29 条规定:"由于当事人一方的过错,造成经济合同不能履行或者不能完全履行,由有过错的一方承担违约责任;如属双方的过错,根据实际情况,由双方分别承担各自应负的违约责任。对由于失职、渎职或其它违法行为造成重大事故或严重损失的直接责任者个人,应追究经济、行政责任直至刑事责任。"

故处理条例〉审理医疗纠纷民事案件的通知》（法〔2003〕20号），该通知规定：《医疗事故处理条例》施行后发生的因医疗事故引起的医疗赔偿纠纷，诉到法院的，参照《医疗事故处理条例》的有关规定办理；因医疗事故以外的原因引起的其他医疗赔偿纠纷，适用《民法通则》的规定。人民法院在民事审判中，根据当事人的申请或者依职权决定进行医疗事故鉴定的，交由《医疗事故处理条例》所规定的医学会组织鉴定。因医疗事故以外的原因引起的其他医疗赔偿纠纷需要进行司法鉴定的，按照《人民法院对外委托司法鉴定管理规定》组织鉴定。从《医疗事故处理办法》生效到2002年的这一时期，医疗侵权的举证责任一直由患者来承担，直到2001年12月21日，最高人民法院发布的《最高人民法院关于民事诉讼证据的若干规定》（法释〔2001〕33号）明确规定：因医疗行为引起的侵权诉讼，由医疗机构就医疗行为与损害结果之间不存在因果关系及不存在医疗过错承担举证责任。这一规定，被视为医疗损害责任中实行举证责任倒置的开始。

《医疗事故处理条例》相比《医疗事故处理办法》有了一些进步，但《医疗事故处理条例》的规定也存在相应的问题，具体来说，就是导致医疗损害责任的三个"二元化"，即医疗损害案由的二元化、医疗损害鉴定的二元化和医疗损害赔偿的二元化。在这一时期，医疗纠纷由不同的法律法规进行调整，但是法律法规的规定差距较大，给司法实践造成了一定困惑，也为纠纷的解决带来障碍。

（六）医疗纠纷的鉴定对纠纷的解决产生关键性影响

《医疗事故处理办法》第四章规定了医疗事故的鉴定，规定成立省、地区、县三级医疗事故技术鉴定委员会。此后，医疗纠纷的鉴定主要由该三级医疗事故技术鉴定委员会负责。医疗事故技术鉴定委员会的人员主要由临床一线的专家和卫生行政机关的管理者构成，法医并不是司法鉴定的主体，但如果涉及患者死亡的，就需要法医进行病理学解剖。《医疗事故处理条例》延续了医疗事故鉴定的做法，但鉴定的主体变化为医学会，并且分为两级鉴定机构，人员上仍主要由临床专家承担鉴定工作，法医只涉及病理鉴定和伤残鉴定。2005年，全国人民代表大会常务委员会通过了《全国人民代表大会常务委员会关于司法鉴定管理问题的决定》，规定了侦查机关设立的司法鉴定机构不得面向社会进行司法鉴定工作，人民法院和司法行政机构也不能设立司法鉴定机构。由此，在民事案件中的司法鉴定则由人民法院委托社会上中立的司法鉴定机构进行。医疗纠纷案件也不例外，如果医患双方选择司法鉴定的，就由司法鉴定机构进行。法医作为司法鉴定机构主要的鉴定人员，在医疗纠纷的司法鉴定中发挥了主要作用。由于医学信息的专业性，普通大众难以知晓医疗机构的医务人员在诊疗活动中是否存在过失，即使是作为法律专家的法官也是这样，因而法官对过错的认定不得不依靠同样作为专业人员的鉴定人员。法院的判决对鉴定的依赖程度较高。

第三节　2010—2015 年的医疗纠纷

一、历史时期的划分依据

以 2010—2015 年这段时间跨度来分类的主要原因是：第一，2010 年 7 月，《侵权责任法》正式实施，该法第一次以单行法专章的形式规定了医疗损害责任。第二，在本阶段，医疗纠纷的解决方式发生了较大的变化，2011 年开始施行的《人民调解法》规定了通过调解的方式解决民间纠纷，而医疗纠纷人民调解也是一种民间纠纷的解决方式。2010 年，司法部、卫生部和保监会颁布了《关于加强医疗纠纷人民调解工作的意见》，要求原则上在县（市、区）设立医疗纠纷人民调解委员会。截至 2014 年 5 月，全国共建立医疗纠纷人民调解组织 3396 个，人民调解员 2.5 万多人，55% 的医疗纠纷人民调解委员会得到了政府财政支持。2013 年共调解医疗纠纷 6.3 万件，调解成功率达 88%。[1] 随后，全国各地纷纷建立了医疗纠纷人民调解机构，还涌现出医疗纠纷人民调解的"宁波模式""江西模式"等。医疗纠纷人民调解，加上医疗纠纷发生后的院内调解、法院审理前的诉前调解构成了调解的主要方式。

---

[1] 陈王涛、刘毅俊、李俊、陶思宇、方鹏骞、乐虹：《2008—2016 年医疗纠纷第三方调解相关研究的回顾性分析》，《中国卫生事业管理》2017 年第 1 期，第 40 页。

二、2010—2015 年的卫生状况和卫生政策

（一）2010—2015 年的卫生状况

各年度《中国卫生健康统计年鉴》的数据显示，本阶段我国医疗卫生机构持续稳步增长，从 2010 年的 93.69 万个增长到 2015 年的 98.35 万个，增长率为 4.97%。卫生人员六年间增长了约 248.64 万人，增长率为 30.29%，如表 1-22 所示。随着我国政府财政对卫生事业投入的加大，这一阶段我国卫生状况有所改善。孕妇人均分娩率城乡均接近 100%，出生率由 2010 年的 11.90‰ 上升到 2015 年的 12.07‰，如表 1-23 所示。

表 1-22　2010—2015 年我国医疗状况

年度	医疗卫生机构/个	卫生人员/名	医疗机构床位数/万张	卫生总费用/亿元	医院诊疗人次数/亿次	乡镇卫生院诊疗人次数/亿次
2010	936927	8207502	478.68	19980.39	20.40	8.74
2011	954389	8616040	515.99	24345.91	22.59	8.66
2012	950297	9115705	572.48	28119.00	25.42	9.68
2013	974398	9790483	618.19	31668.95	27.42	10.07
2014	981432	10234213	660.12	35312.40	29.72	10.29
2015	983528	10693881	701.52	40974.64	30.84	10.55
备注	2013 年以后卫生人员数包括卫生计生部门主管的计划生育技术服务机构人员数					

资料来源：国家卫生健康委员会：《2020 中国卫生健康统计年鉴》，http://www.nhc.gov.cn/mohwsbwstjxxzx/tjtjnj/202112/dcd39654d66c4e6abf4d7b1389becd01.shtml，访问日期：2023 年 5 月 2 日。

表 1-23 2010—2015 年我国人民健康状况

年度	出生率 /‰	死亡率 /‰	甲乙类法定报告传染病发病率（1/10 万）	甲乙类法定报告传染病死亡率（1/10 万）
2010	11.90	7.11	238.69	1.07
2011	11.93	7.14	241.44	1.14
2012	12.10	7.15	238.76	1.24
2013	12.08	7.16	225.80	1.20
2014	12.37	7.16	226.98	1.19
2015	12.07	7.11	223.60	1.22

资料来源：国家卫生健康委员会：《2020 中国卫生健康统计年鉴》，http://www.nhc.gov.cn/mohwsbwstjxxzx/tjtjnj/202112/dcd39654d66c4e6abf4d7b1389becd01.shtml，访问日期：2023 年 5 月 2 日。

　　这一阶段，参加新农合的人数总体呈下降趋势，但人均筹资数量明显增加，如表 1-24 所示。城镇居民和职工基本医疗保险的参保人数及收支情况均明显上升，如表 1-25 所示。2014—2015 年，城乡居民基本医保筹资总额及人均筹资均有上升，如表 1-26 所示。

表 1-24 2010—2015 年新农合情况

年度	开展新农合县（市、区）/个	参加新农合人数/亿人	参合率/%	人均筹资/元	当年基金支出/亿元	补偿受益人次/亿人次
2010	2678	8.36	96.00	156.57	1187.84	10.87
2011	2637	8.32	97.48	246.21	1710.19	13.15
2012	2566	8.05	98.26	308.50	2408.00	17.45
2013		8.02	98.70	370.59	2909.20	19.42
2014		7.36	98.90	410.89	2890.40	16.52
2015		6.70	98.80	490.30	2933.41	16.53

资料来源：国家卫生健康委员会：《2016 中国卫生统计年鉴》，http://www.nhc.gov.cn/mohwsbwstjxxzx/tjtjnj/202106/41c5f4fff9f448868bc03a1e2f4c28a9/files/a3f9b855d55c480b86657be9661e1e23.pdf，访问日期：2024 年 1 月 16 日。

　　注：2013—2015 年我国开展新农合县（市、区）的数量，官方公布的统计年鉴中未有说明。

表 1-25　2010—2015 年城镇居民和职工基本医疗保险情况

年度	参保人数 / 万人			城镇职工基本医保收支 / 亿元		
	合计	城镇居民基本医保	城镇职工基本医保	基金收入	基金支出	累计结存
2010	43263	19528	23735	3955.4	3271.6	4741.2
2011	47343	22116	25227	5539.2	4431.4	6180.0
2012	53641	27156	26486	6061.9	4868.5	6884.2
2013	57073	29629	27443	7061.6	5829.9	8129.3
2014	59747	31451	28296	8037.9	6696.6	9449.8
2015	66582	37689	28893	9083.5	7531.5	10997.1

资料来源：国家卫生健康委员会：《2017 中国卫生和计划生育统计年鉴》，http://www.nhc.gov.cn/mohwsbwstjxxzx/tjtjnj/202106/bb81a4c32259405189689e6f7cfe5b8f.shtml，访问日期：2023 年 6 月 1 日；国家卫生健康委员会：《2016 中国卫生和计划生育统计年鉴》，http://www.nhc.gov.cn/mohwsbwstjxxzx/tjtjnj/202106/41c5f4fff9f448868bc03a1e2f4c28a9/files/a3f9b855d55c480b86657be9661e1e23.pdf，访问日期：2024 年 1 月 18 日。

表 1-26　2014—2015 年城乡居民基本医保筹资

年度	筹资总额 / 亿元			人均筹资 / 元		
	城镇居民医保	城乡居民医保	新农合	城镇居民医保	城乡居民医保	新农合
2014	1494.5		3074.90	453.3		417.20
2015	2085.1		3197.50	530.7		483.60

资料来源：国家卫生健康委员会：《2020 中国卫生健康统计年鉴》，http://www.nhc.gov.cn/mohwsbwstjxxzx/tjtjnj/202112/dcd39654d66c4e6abf4d7b1389becd01.shtml，访问日期：2023 年 6 月 1 日。

注：表中空白单元格表示数据无法获得。

（二）2010—2015 年的卫生政策

2009 年,《中共中央 国务院关于深化医药卫生体制改革的意见》的颁布意味着中国医改再次启航。本次医改力图改变原来过度市场化的做法，把基本医疗卫生制度作为公共产品向全民提供，这在中国历史上尚属首次。这一时期，随着社会经济生活的发展，疾病病种也发生了较大变化，健康问题的形势依然严峻，群众面临慢性病的负担加重。疾病谱发生变化、药物滥用等问题给医疗环境带来一些挑战，医疗服务的费用不断上涨，居民个人的医疗负担相对沉重。基于此，本阶段相继出台了一些卫生政策，主要致力于提升基层医疗服务水平，加快基本医疗保障制度建设，建立基本药物制度，减轻老百姓的就医负担，实现"保基本、强基层、建机制"的目标。2012 年,《国务院关于印发"十二五"期间深化医药卫生体制改革规划暨实施方案的通知》（国发〔2012〕11 号）颁布，明确了这一时期医疗改革的总体要求和主要目标，特别是要加快健全全民医保体系、巩固完善基本药物制度和基层医疗卫生机构运行新机制、积极推进公立医院改革、统筹推进相关领域改革和建立强有力的实施保障机制。

三、2010—2015 年医疗纠纷概览

原国家卫生和计划生育委员会的统计数据显示，这一阶段我国医疗纠纷数量总体呈下降趋势。2013—2015 年，全国医疗卫生机构总诊疗人次从 2013 年的 73.1 亿人上升到 2015 年的 76.9 亿

人，[1]但 2013 年全国医疗纠纷总量累计下降 20.1%，涉医案件累计下降 41.1%。[2] 2013—2015 年，我国医疗纠纷的数量分别为：12.5 万件（2013 年）、12.4 万件（2014 年）、11.8 万件（2015 年），涉医案件数量分别为 6600 件（2013 年）、6000 件（2014 年）及 4700 件（2015 年）。[3] 2013 年，全国医疗纠纷调解组织共调解医疗纠纷 6.3 万件。[4] 2014 年，人民调解组织共调解医疗纠纷 6.6 万起。[5] 2015 年，通过人民调解解决医疗纠纷 7.1 万起。[6]

（一）全国法院受理和审理医疗损害责任纠纷案件情况

这一阶段全国法院受理和审理医疗损害责任纠纷案件的情况如

---

[1] 2013 年全国医疗卫生机构总诊疗人次数为 731401.0 万人，2015 年为 769342.5 万人。国家卫生健康委员会：《2016 中国卫生和计划生育统计年鉴》，http://www.nhc.gov.cn/mohwsbwstjxxzx/tjtjnj/202106/41c5f4fff9f448868bc03a1e2f4c28a9/files/a3f9b855d55c480b86657be9661e1e23.pdf，访问日期：2024 年 1 月 6 日。

[2] 国家卫生健康委员会：《卫生健康委召开发布会介绍〈医疗纠纷预防和处理条例〉并答问》，http://www.gov.cn/xinwen/2018-09/07/content_5320152.htm，访问日期：2023 年 6 月 10 日。

[3] 夏娜：《不要一味等待！毛群安谈医患关系》，https://www.cn-healthcare.com/articlewm/20161220/content-1009234.html，访问日期：2023 年 6 月 10 日。

[4] 国家卫生健康委员会：《全国医疗纠纷人民调解工作现场会在天津召开》，http://www.nhc.gov.cn/yzygj/ptpxw/201405/9801d4c22bad4457839c3a4ca3f984e6.shtml，访问日期：2023 年 6 月 10 日。

[5] 国家卫生健康委员会：《关于〈医疗纠纷预防与处理条例（送审稿）〉的起草说明》，http://www.nhc.gov.cn/fzs/s3578/201511/3b9643ca57004569ae44db8b967b49ba.shtml，访问日期：2023 年 6 月 10 日。

[6] 国家卫生健康委员会：《关于政协第十二届全国委员会第四次会议第 0578 号（医疗体育类第 059 号）提案复备的函（摘要）》，http://www.nhc.gov.cn/zwgk/tian/201611/48c024f3ea4c492c837a45525904ee71.shtml，访问日期：2023 年 6 月 10 日。

表 1-27、表 1-28 所示。

表 1-27　2014—2015 年全国法院受理医疗损害责任纠纷案件的数量情况

年度	受理案件数/件
2014	19944
2015	23221

资料来源:《为构建和谐医患关系推进健康中国建设提供司法保障:最高人民法院研究室负责人就〈最高人民法院关于审理医疗损害责任纠纷案件适用法律若干问题的解释〉答记者问》,https://www.chinacourt.org/article/detail/2017/12/id/3107384.shtml,访问日期:2023 年 6 月 3 日。

表 1-28　2011—2015 年全国法院审理医疗损害责任纠纷案件的情况

年度	收案/件	结案/件	判决/件	驳回起诉/件	撤诉/件	调解/件
2011	17237	17277	6401	120	2920	7525
2012	16966	16999	5997	75	2894	7671
2013	18799	17530	6101	114	2769	8061
2014	19944	18340	7229	168	2878	7552
2015	23221	20327	8928	238	3227	7220

资料来源:杨立新主编:《最高人民法院关于医疗损害责任纠纷案件司法解释理解运用与案例解读》,中国法制出版社,2018,第 5 页。

(二)部分省市医疗纠纷发生情况

1. 2012—2014 年河南省医疗纠纷发生情况

郭笑等学者随机抽取了河南省各级各类医疗机构 100 家进行调查,回收的有效问卷 92 份,这些机构医疗纠纷的发生情况如表 1-29 所示。

表 1-29　2012—2014 年河南省各级医院医疗纠纷总体情况

年度	三甲医院/件	三乙医院/件	二级医院/件	一级医院/件
2012	30.5	18.6	7.0	0.9
2013	31.3	21.8	7.9	1.0
2014	33.7	14.4	5.7	0.8

资料来源：郭笑、尹姗姗、姬崑等：《河南省医疗纠纷现况及对策研究》，《中国医院管理》2016 年第 12 期，第 33-35 页。

2. 2014 年江西省医疗纠纷发生情况

2014 年，江西省在全国第一个出台了有关预防与处理医疗纠纷的地方性法规——《江西省医疗纠纷预防与处理条例》，明确了处理医疗纠纷相关部门的职责，特别是医疗纠纷人民调解委员会的工作职责。江西省在该条例出台的当年共发生医疗纠纷 2683 件，同比下降 31.2%；发生扰乱医疗秩序的医闹事件 252 件，同比下降 78.8%。[1]

3. 2011—2013 年五省市 27 所医院医疗纠纷发生情况

卢光明等学者抽取了山西、河北、福建、黑龙江、北京五个省市的二级和三级医院共 27 家，调查了其 2011—2013 年医疗纠纷发生情况，调查结果显示，27 所医疗机构均发生过医疗纠纷。其中，三级医院每百名执业医师医疗纠纷发生数为 4.85 件，二级医院每百名执业医师医疗纠纷发生数为 7.96 件，如表 1-30 所示。二级医院平均医疗纠纷发生数量为 534 件，二级医院年均医疗纠纷发生数量为 151 件，如表 1-31 所示。三级医院年赔付总额为 2007.7 万

---

[1] 国家卫生健康委员会：《医疗纠纷化解走向法治》，http://www.nhc.gov.cn/tigs/xxxcdt/201501/b44b233c83904487828b3c599cc33ded.shtml，访问日期：2023 年 8 月 1 日。

元，二级医院年赔付总额为 423.5 万元，如表 1-32 所示。

表 1-30　2011—2013 年五省市 27 所医院医疗纠纷发生情况

医院等级	医院数量/所	每百名执业医师医疗纠纷发生数/件	每百名医务人员医疗纠纷发生数/件	每万例次手术量医疗纠纷发生数/件
三级	18	4.85	1.28	11.11
二级	9	7.96	3.07	41.95

资料来源：卢光明、范贞、韩学军等：《27 所医院医疗纠纷发生率和赔付情况调查》，《中国医院管理》2015 年第 6 期，第 35 页。

表 1-31　2011—2013 年五省市 27 所医院医疗纠纷解决方式

医院等级	医院数量/所	年均医疗纠纷发生数量/件	非诉讼解决 发生数量/件	非诉讼解决 百分比/%	诉讼解决 发生数量/件	诉讼解决 百分比/%
三级	18	534	441	82.58	93	17.42
二级	9	151	140	92.72	11	7.28

资料来源：卢光明、范贞、韩学军等：《27 所医院医疗纠纷发生率和赔付情况调查》，《中国医院管理》2015 年第 6 期，第 35 页。

表 1-32　2011—2013 年五省市 27 所医院医疗纠纷年赔付费用

医院等级	医院数量/所	赔付总额/万元	医疗保险赔付 数量/万元	医疗保险赔付 百分比/%	医院赔付 数量/万元	医院赔付 百分比/%	诉讼解决 数量/万元	诉讼解决 百分比/%
三级	18	2007.7	490.1	24.41	1472.8	73.36	44.8	2.23
二级	9	423.5	124.3	29.35	255.3	60.28	43.9	10.37

资料来源：卢光明、范贞、韩学军等：《27 所医院医疗纠纷发生率和赔付情况调查》，《中国医院管理》2015 年第 6 期，第 35 页。

四、2010—2015 年的医疗纠纷特点

（一）医疗纠纷案件中涉及知情同意的案件增多

在本阶段，《侵权责任法》明确规定了患者享有知情同意权，也规定了医务人员履行说明义务的标准，该规定是在《执业医师法》等相关法律法规的基础上作了进一步明确，但在具体的履行过程中，仍存在模糊地带。与此同时，随着患者法律意识的提高，对医务人员说明义务更加关注。在不少案件中，患者都是以医务人员未履行说明义务，其知情同意受到侵犯为由提起诉讼。因此，此阶段因知情同意而产生的纠纷增多。

（二）防控伤医犯罪、冲击医疗机构正常工作秩序的规范性文件发布较为频繁

2015 年，中国医师协会发布了《中国医师执业状况白皮书》，该白皮书显示了中国医师协会对来自全国各级各类医疗机构的部分医务人员是否遭遇医疗暴力事件的调查结果，其中，2014 年调查结果显示，仅有 27.14% 的医务人员未遭遇过暴力事件。[1]2017 年，中国医师协会也发布了《中国医师执业状况白皮书》，该白皮书基础数据源自 2016 年和 2017 年两个年份，其中显示了中国医师协会对来自全国各级各类医疗机构的部分医务人员是否遭遇医

---

[1] 中国医师协会：《中国医师执业状况白皮书》，https://www.cmda.net/zlwqgzdt/596.jhtml，访问日期：2024 年 1 月 6 日。

疗暴力事件的调查结果。①2016年、2017年与2014年的调查结果相比，2016年和2017年选择"未亲身经历过暴力伤医事件"的医务人员的比例上升了6.86个百分点（2014年为27.14%，2016年和2017年为34%），但在暴力的类型上，2014年59.79%的为语言暴力，而2016年和2017年这一数据为51%，该数据的降低意味着在2016年和2017年的调查中"遭受其他类型的暴力"的医师比例可能达15%（2016年和2017年的数据显示，66%的医师经历过不同程度的医患冲突，其中语言暴力为51%）。同时，由于2016年和2017年的样本为42838份，覆盖范围较2014年大大增加，因而2016年和2017年调查结果更具有代表性，也充分说明医患关系仍呈现紧张状态。以江西省为例，2014年，江西省各级公安机关共出动警力21104人次，依法处理医闹事件245起，立案79起，依法处理涉医违法犯罪人员449人。②针对医疗暴力行为和扰乱医疗秩序的行为，卫生部、公安部于2012年4月30日联合发布了《关于维护医疗机构秩序的通告》，强调禁止扰乱医疗机构的正常诊疗秩序，并规定对违反治安管理行为的七种行为按《治安管理处罚法》予以处罚，构成犯罪的，追究刑事责任。2014年4月22日，最高人民法院、最高人民检察院、公安部、司法部和国家卫生和计划生育委员会联合发布了《关于依法惩处涉医违法犯罪维护正常医疗秩序的意见》，要求从严惩处暴力伤医、杀医案件的行为人。2015年11月1日正式施行的《刑法修正案（九）》第一次对扰乱

---

① 中国医师协会：《中国医师执业状况白皮书》，https://www.cmda.net/u/cms/www/201807/06181247ffex.pdf，访问日期：2024年1月6日。

② 国家卫生健康委员会：《医疗纠纷化解走向法治》，http://www.nhc.gov.cn/tigs/xxxcdt/201501/b44b233c839044878228b3c599cc33ded.shtml，访问日期：2023年6月20日。

医疗秩序的行为作出规定。2016年3月，国家卫生和计划生育委员会、中央社会治安综合治理委员会办公室、公安部、司法部四部委联合发布了《关于进一步做好维护医疗秩序工作的通知》，其中规定了严厉打击涉医犯罪，健全医警联动机制，对重点风险科室（产科、新生儿科）等进行重点防控的内容。这些规范都是为了保护医疗机构的正常诊疗秩序，防范医疗风险，对扰乱医疗机构正常秩序和侵犯医务人员合法权益的行为进行防控。

（三）医疗纠纷的解决方式发生较大变化

2010年开始，全国各地纷纷建立了专门的医疗纠纷人民调解机构，即医疗纠纷人民调解委员会，对医疗纠纷进行解决。随着医疗纠纷人民调解委员会基本覆盖到全国的县（市、区），通过医疗纠纷人民调解委员会解决医疗纠纷成为解决医疗纠纷最主要的途径之一，也使这一阶段医疗纠纷的解决方式呈现出了较大的变化。相较于诉讼的高昂成本及本阶段卫生行政机关调解只针对鉴定为医疗事故案件的赔偿问题，医疗纠纷人民调解委员会免费、快捷的纠纷解决方式越来越为医患双方所接受。

（四）司法鉴定在医疗纠纷的鉴定中比例增高

由于医学会主要鉴定是否构成医疗事故，而司法鉴定主要鉴定医疗机构的诊疗行为是否存在过错，因而在实践中，司法鉴定在医疗纠纷的鉴定中所占的比例较前一阶段有所增长。2010年发布的《最高人民法院关于适用〈中华人民共和国侵权责任法〉若干问题的通知》明确规定，医疗损害鉴定主要是依据司法鉴定相关的法律、司法解释及国家有关部门的规定组织鉴定，这直接导致自2010年以后，医疗损害案件中司法鉴定的比例越来越高，医学会的鉴定大幅下降。

（五）医疗纠纷信息的迅速传播对纠纷的发生和解决产生了重要的影响

在这一时间，随着互联网技术的快速发展，人们获取信息的渠道和方式更加快捷和便捷，与此同时，伴随着网络的发展，舆论在医疗纠纷案件的报道中产生了正反两方面的影响：一方面，有关医疗纠纷的信息传播更加迅速，更能吸引社会大众的关注；另一方面，这些信息不乏一些标题和内容不实的报道，这就会产生一个不利的后果——容易导致医患不信任的加剧，而医患不信任的加剧又容易引起医患双方的纠纷。

（六）法律法规的规定不统一，导致医疗纠纷解决中法律适用上的矛盾

在法律适用上，当事人倾向于适用《侵权责任法》及相关司法解释来计算赔偿数额，因为司法解释规定的赔偿项目有13项，且部分项目的计算标准相对较高；但医疗机构通常倾向于适用《医疗事故处理条例》来计算赔偿数额，因为其规定的赔偿项目有11项，且部分项目的计算标准较司法解释的低。在举证责任上，《侵权责任法》对一般的医疗侵权责任的规定是过错责任原则，在证据法上

就是"谁主张、谁举证"。只有在特殊的三种情形下推定医疗机构存在过错。这实际上改变了 2002 年施行的《最高人民法院关于民事诉讼证据的若干规定》关于医疗侵权案件实行举证责任倒置的规定。这也导致在司法实践中法律适用上的矛盾。

（七）健康需求的扩大对医疗纠纷产生较大影响

在这一时期，随着社会经济的发展，人民群众物质生活水平的提高，人民群众对医疗产生了多元化的需求。对医疗的期待不仅是治疗疾病，还包括治未病、健康保健等需求。与此同时，由于信息技术的快速发展，信息的发布途径增多，人们获取信息的渠道更加快捷和便利，但这一时期对广告，特别是信息发布相关的法律、法规的规制相对滞后，缺乏对自媒体信息发布的规范和对个人信息的保护，于是因虚假广告、夸大疗效而引起的医疗纠纷开始增多。

第四节 2016—2021 年的医疗纠纷

一、历史时期的划分依据

以 2016—2021 年这段时间跨度来分类的主要原因是：这一阶段颁布了多部与医疗卫生有关的法律法规司法解释，对医疗纠纷的处理产生直接影响。这些法律法规司法解释包括：2017 年 12 月，最高人民法院通过的《最高人民法院关于审理医疗损害责任纠纷案件适用法律若干问题的解释》；2018年7月公布的《医疗纠纷预防和处理条例》；2019年3月公布的《医疗机构投诉管理办法》，2019年12月公布的《基本医疗卫生与健康促进法》；2020年5月公布的《民法典》；2021年8月通过的《医师法》。相较于前几个阶段，这一阶段颁布的法律法规司法解释层级更高、指向性更明确，此外，针对医疗纠纷处理中某个具体环节以及与一些较为重要的事项，也都有相关立法。例如，2021年2月，中华医学会发布了《医学会医疗损害鉴定规则（试行）》，就是专门针对医疗损害鉴定而制定的规则。这一时期颁布的《基本医疗卫生与健康促进法》是我国首部基础性、综合性的法律，明确了医疗卫生事业应当坚持公益性原则，强调政府出资举办的公立医疗机构的"非营利性"。对公益性的强调有利于消减公立医疗机构与患者在经济上的对立，对促进和谐医患关系起到积极作用。该法将医疗机构明确界定为提供医疗卫生服务的公共场所，医务人员的人身安全与人格尊严应当得到尊重和保护。更重要的是，2021年，国家卫生健康委员会公布的数据显示，全国医疗纠纷数量和涉医违法犯罪案件数量连续七年下降。[1]

---

[1] 国家卫生健康委员会：《对十三届全国人大三次会议第4050号建议的答复》，http://www.nhc.gov.cn/wjw/jiany/202102/b3b9b2fd8d824dfd912f3741fb039719.shtml，访问日期：2023年6月10日。

二、2016—2021 年的卫生状况与卫生政策

（一）2016—2021 年的卫生状况

各年度《中国卫生统计年鉴》显示，本阶段卫生总费用呈逐年上升的态势，卫生总费用由 2016 年的 46344.88 元上升到 2019 年的 65841.39 元，人均卫生费用由 2016 年的 3351.7 元上升到 2019 年的 4702.8 元。我国医疗卫生机构持续稳步增长，从 2016 年的 983394 个增长到 2019 年的 1007579 个，增长率约为 2.5%。卫生人员从 2016 年到 2019 年增长了 1755390 人，增长率为 15.7%，如表 1-33 所示。人均分娩率城乡均接近 100%，孕产妇死亡率由 2016 年的十万分之 19.9 下降到 2019 年的十万分之 17.8，婴儿死亡率也由 2016 年的 7.5‰ 下降到 2019 年的 5.6‰，预期寿命由 2016 年的 76.5 岁上升到 2019 年的 77.3 岁。

表 1-33　2016—2021 年我国医疗状况

年度	医疗卫生机构/个	卫生人员/名	医疗机构床位数/万张	卫生总费用/亿元	医院诊疗人次数/亿次	乡镇卫生院诊疗人次数/亿次
2016	983394	11172945	741.05	46344.88	32.70	10.82
2017	986649	11748972	794.03	52598.28	34.39	11.10
2018	997433	12300325	840.41	59121.91	35.77	11.20
2019	1007579	12928335	880.70	65841.39	38.42	11.70
2020	1022922	13474992	910.07	72175.00	33.23	10.95
2021	1030935	13985363	945.01	76844.99	38.84	11.61

资料来源：国家卫生健康委员会：《2022 中国卫生健康统计年鉴》，http://www.nhc.gov.cn/mohwsbwstjxxzx/tjtjnj/202305/6ef68aac6bd14c1eb9375e01a0faa1fb.shtml，访问日期：2023 年 6 月 10 日。

这一阶段，人口出生率显著下降，死亡率保持平稳，传染病发病率和死亡率在经历了一定程度的上涨后逐渐回落，如表 1-34 所示。

表 1-34　2016—2021 年我国人民健康状况

年度	出生率 /‰	死亡率 /‰	甲乙类法定报告传染病发病率（1/10 万）	甲乙类法定报告传染病死亡率（1/10 万）
2016	13.57	7.04	215.68	1.31
2017	12.64	7.06	222.06	1.42
2018	10.86	7.08	220.51	1.67
2019	10.41	7.09	220.00	1.79
2020	8.52	7.07	190.36	1.87
2021	7.52	7.18	193.46	1.57

资料来源：国家卫生健康委员会：《2022 中国卫生健康统计年鉴》，http://www.nhc.gov.cn/mohwsbwstjxxzx/tjtjnj/202305/6ef68aac6bd14c1eb9375e01a0faa1fb.shtml，访问日期：2023 年 7 月 2 日。

2016 年，国务院发布了《国务院关于整合城乡居民基本医疗保险制度的意见》，开始整合城镇居民医保和新农合两项制度，建立统一的城乡居民基本医疗保险制度。这一阶段，城乡居民医保筹资总额、职工基本医保基金支出均呈上升趋势，如表 1-35 和表 1-36 所示。

表 1-35　2016—2020 年城乡居民基本医保筹资

年度	筹资总额 / 亿元			人均筹资 / 元		
	城镇居民医保	城乡居民医保	新农合	城镇居民医保	城乡居民医保	新农合
2016	696.4	2221.0	3230.6	570.2	620.4	551.4
2017	282.6	5472.3	999.8	647.0	646.1	612.9

续表

年度	筹资总额/亿元			人均筹资/元		
	城镇居民医保	城乡居民医保	新农合	城镇居民医保	城乡居民医保	新农合
2018	200.4	6653.1	695.4	695.7	723.2	654.6
2019		8575.0			781.0	
2020		9115.0			833.0	

资料来源：国家卫生健康委员会：《2022 中国卫生健康统计年鉴》，http://www.nhc.gov.cn/mohwsbwstjxxzx/tjtjnj/202305/6ef68aac6bd14c1eb9375e01a0faa1fb.shtml，访问日期：2023 年 7 月 2 日。

注：表中空白单元格表示数据无法获得。

表 1-36　2018—2021 年城乡居民和职工基本医疗保险情况

年度	参保人数/万人			职工基本医保收支/亿元		
	合计	城乡居民基本医保	职工基本医保	基金收入	基金支出	累计结存
2018	134459	102778	31681	13537.8	10706.6	18749.8
2019	135407	102483	32925	15845.0	12663.0	14128.0
2020	136131	101676	34455	15732.0	12867.0	25423.0
2021	136297	100866	35431	19003.1	14746.7	29439.7

资料来源：国家卫生健康委员会：《2020 中国卫生健康统计年鉴》，http://www.nhc.gov.cn/mohwsbwstjxxzx/tjtjnj/202112/dcd39654d66c4e6abf4d7b1389becd01.shtml，访问日期：2022 年 7 月 1 日。国家卫生健康委员会：《2022 中国卫生健康统计年鉴》，http://www.nhc.gov.cn/mohwsbwstjxxzx/tjtjnj/202305/6ef68aac6bd14c1eb9375c01a0faa1fb.shtml，访问日期：2023 年 7 月 2 日。

（二）2016—2021 年的卫生政策

2016—2020 年，恰逢"十三五"期间，这五年间，医改领域着力推进分级诊疗制度、现代医院管理制度、全民医保制度、药品供应保障制度和综合监管制度五项制度建设。总体而言,"十三五"期间卫生健康事业加速发展,健康中国建设实现良好开局。2021年是"十四五"开局之年,该年度的全国卫生健康工作会议强调,贯彻落实"全面推进健康中国建设"重大任务,扎实推进新发展阶段卫生健康事业高质量发展。

在医疗领域,健全完善医疗卫生服务体系,公办医疗机构持续发展,服务能力得到提升,社会办医疗机构也得到充分发展,建立了部分具有一定规模的大中型社会办医疗机构。基层医疗卫生服务的能力得到提升,城乡基层医疗卫生服务网底进一步夯实。加强全科医生建设,基层卫生队伍培养步伐加快,社区卫生网络基本建立,实施乡村卫生服务"一体化"管理机制,全力做好健康扶贫相关工作。

在医药领域,鼓励新药创制,不断提高药品质量,取消"药品加成"销售,公布《国家基本药物目录(2018年版)》,扩大基本药物的范围,保障基本药物的可及性,推行药品采购"两票制",完善药品集中采购机制和药品目录使用管理机制,全面推行按病种付费,健全药品供应保障机制。

在医保领域,2016年开启了城乡居民基本医疗保险统一化的进程,不断扩大医疗保障体系的覆盖面,开展医保系统的信息化建设,加快省内、异地医保的结报,门诊大病、慢性病和日间手术等逐步纳入统筹基金的支付范围。完善大病医疗保险,不断提高医保的各级补助标准。

在公共卫生服务领域,2017年发布了《国家基本公共卫生服务规范(第三版)》,不断健全慢性病的防治网络,完善传染病的防控体系建设,不断提高公共卫生服务的均等化,完善基本公共卫生服务的资金使用。

三、2016—2021 年的医疗纠纷概览

(一)全国的医疗纠纷情况

2020 年 11 月 9 日,国家卫生健康委员会、中共中央政法委员会、公安部等十部门联合发布的《关于通报表扬 2018—2019 年度全国平安医院工作表现突出地区、集体和个人的通知》(国卫医函〔2020〕433 号)明确:"全国涉医刑事案件和医疗纠纷数量实现连续 7 年双下降。"[1] 但该函件并没有提及医疗纠纷发生的总数量,官方也没有公布相关统计数据。

(二)杭州市和山西省的医疗纠纷情况

1. 2017—2019 年杭州市市级公立医院医疗投诉原因分布情况

2017—2019 年杭州市市级公立医院医疗投诉原因分布情况如表 1-37 所示。

表 1-37　2017—2019 年杭州市市级公立医院医疗投诉原因分布情况

投诉原因	2017 年 / 件	2018 年 / 件	2019 年 / 件
医疗流程	202	285	285
医疗质量	204	246	270

---

[1] 国家卫生健康委员会:《关于通报表扬 2018—2019 年度全国平安医院工作表现突出地区、集体和个人的通知》,http://www.nhc.gov.cn/cms-search/xxgk/getManuscriptXxgk.htm?id=81856307f24d48beb5f7e949b640352c,访问日期:2023 年 7 月 2 日。

续表

投诉原因	2017年/件	2018年/件	2019年/件
服务态度	114	137	156
医疗费用	103	91	163
医学检查	40	51	48
药品问题	30	43	58
其他	149	201	279
合计	842	1054	1259

资料来源：范雯婷、许益波：《杭州市2017—2019年市级公立医院医疗投诉现状分析》，《安徽预防医学杂志》2021年第5期，第404页。

2. 山西省医疗纠纷情况

田丰通过文献调查、网络平台收集数据、实际调研的方式，调查了2010—2020年全国和山西省医疗纠纷的发生数量，同时，其还调查了2014—2020年山西省医疗纠纷调解委员会调解案件数量，表1-38、表1-39选取2016—2020年的数据。

表1-38　2016—2020年全国和山西省医疗纠纷诉讼案件数量

年度	全国/件	山西省/件
2016	15046	223
2017	22819	259
2018	24935	269
2019	25669	207
2020	18607	294

资料来源：田丰：《深化医疗纠纷多元化解决机制研究——以山西省为例》，《医学与哲学》2021年第17期，第59页。

注：诉讼案件的数据来自最高人民法院官方网站和山西法院网。

表 1-39 2016—2020 年山西省医疗纠纷调解委员会调解案件数量

年度	数量/件
2016	1624
2017	1552
2018	2106
2019	2571
2020	2400

资料来源：田丰：《深化医疗纠纷多元化解决机制研究——以山西省为例》，《医学与哲学》2021 年第 17 期，第 59 页。

四、2016—2021 年的医疗纠纷特点

（一）医疗损害赔偿二元化问题消弭，但鉴定二元化问题仍存在

2018 年通过的《医疗纠纷预防和处理条例》规定，发生医疗纠纷涉及赔偿的，根据相关法律进行赔偿。这种规定实际上消弭了医疗损害赔偿中长期以来存在的"二元化"问题。因为在 2002 年发布的《医疗事故处理条例》中规定了相关赔偿项目和计算依据，但之前颁布的《民法通则》和相关司法解释亦有相关规定，于是，在司法实践中就产生了赔偿"二元化"的问题。2018 年通过的《医疗纠纷预防和处理条例》明确医疗纠纷涉及赔偿的，根据相关的法律来进行计算，实际上就是根据《民法通则》(《民法典》颁布后则根据《民法典》)的规定来计算赔偿金额，这种计算标准的统一，使得医患双方在计算相关赔偿时更加明确，也避免了双方引用法律依据不一致带来的冲突。

然而，《医疗纠纷预防和处理条例》同时明确，涉及医疗纠纷

的鉴定，当事人双方可以委托医学会鉴定也可以委托司法鉴定机构鉴定，这意味着关于医疗纠纷的鉴定仍是医学会的鉴定和司法鉴定机构的鉴定"二元"并存。二元化的鉴定模式对司法实践的最大影响在于，由于医学会鉴定的临床专家与法医鉴定机构的法医专家在鉴定方法、程序等方面不同，双方关注的方面存在不一致，并且两种鉴定的启动主体也存在差异，因而在实践中出现了重复鉴定、多次鉴定等问题。尽管该阶段颁布了大量针对医疗纠纷的法律法规，但对这一问题仍是持两种鉴定同时并存的态度。2021年4月实施的《医学会医疗损害鉴定规则（试行）》明确要求，鉴定专家应在鉴定报告上签名或盖章，并在必要时出庭作证。该规定弥补了过去医学会医疗鉴定中专家不签字、不出庭的不足，也使医学会的鉴定较以往更具有公信力。

（二）病历相关规定发生了重大变化

这一时期颁布的法律法规中很多都涉及病历，并对病历的相关规定进行了调整，体现在以下几个方面。

首先，允许患者查阅和复制的病历资料扩大。相较《医疗事故处理条例》和《侵权责任法》的规定，《民法典》《医疗纠纷预防和处理条例》《关于审理医疗损害责任纠纷案件适用法律若干问题的解释》中将患者可以查阅和复制的病历范围进一步扩大为：门诊病历、住院志、体温单、医嘱单、检验报告、医学影像检查资料、特殊检查（治疗）同意书、手术同意书、手术及麻醉记录、病理资料、护理记录、医疗费用、出院记录以及国务院卫生行政主管部门规定的其他病历资料。这意味着患者在就医过程中产生的所有病历资料都允许患者查阅和复印，这就解决了原来在病历复印过程中存在的主客观病历之争。开放全部病历资料的规定改变了过去医疗机构在医疗纠纷发生后只允许患者复印客观病历的做法，有助于患者更方便地了解医疗服务的运作细节，同时也有助于督促医疗机构和医务人员病历制作和管理的规范化，以此增进医患之间的沟通与理解。

其次，规定了医疗机构提供复制病历资料的义务。为保证患者的知情权，医疗机构应承担对应义务，即在患者提出查阅和复制病历的要求时，医疗机构不仅应当及时提供，还应当提供复制服务。患者向法院申请医疗机构提交由其保管的与纠纷有关的病历资料时，医疗机构必须在人民法院指定期限内提交。《侵权责任法》第58条将隐匿或者拒绝提供、伪造、篡改或者销毁病历资料作为推定医疗机构有过错的情形，但并未规定遗失病历的情形。而在审判实践中，2015年发布的《全国法院第八次民事商事审判工作会议纪要》明确，因遗失病历导致医疗行为与损害后果之间的因果关系或医疗机构及其医务人员的过错无法认定的，由遗失病历资料的一方当事人承担不利后果。2021年实施的《民法典》吸收了这一审判经验，在第1222条中将遗失病历资料同伪造、篡改或者违法销毁病历资料一并列为医疗机构推定过错的情形，解决了在医疗纠纷举证责任中因医疗机构保管的病历遗失而导致无法认定责任的问题。

最后，明确了病历的隐私属性。尽管《侵权责任法》第62条规定医疗机构未经患者同意不得公开其病历资料，但医疗机构对此承担侵权责任的前提是"造成患者损害"。《民法典》明确病历的隐私属性，强调对患者隐私的保护，不再要求对患者造成实质的损害，只要未经患者同意公开其病历资料，医疗机构就应当承担侵权责任。

综上所述，涉及医疗损害案件举证中最重要的证据——病历资料的相关规定，一直是医患双方关注的焦点问题，本时期相关法律、法规的规定解决了长期以来存在的一些争议问题，更有利于医疗纠纷的解决。

（三）首次明确医疗美容损害适用医疗损害的规则

医疗美容与生活美容不同，它是采用医学的手段和方式对求美者实施美容活动。长期以来，对医疗美容侵权行为是否属于医疗损害侵权并没有法律法规加以明确，直到《最高人民法院关于审理医疗损害责任纠纷案件适用法律若干问题的解释》的出台，其中规定：患者以在美容医疗机构或者开设医疗美容科室的医疗机构实施的医疗美容活动中受到人身或者财产损害为由提起的侵权纠纷案件，适用本解释。该规定明确了医疗美容侵权行为属于医疗损害侵权行为，这是因为医疗美容是用医疗手段或方式来实施美容行为，医疗美容的实施机构和人员都要具有相应的资质，即机构要具有医疗机构执业许可证，人员要具有执业医师资格证和护士执业证书，除此之外，机构还要具备开展医疗美容诊疗科目的资质，人员也要具备开展医疗美容诊疗的资质。可见，医疗美容行业的准入资质要求是比较高的，但实践中，由于这个行业的需求不断增长，而缺乏相应的法律法规对其进行规制，特别是发生损害时是不是依据医疗损害来处理一直没有明确，导致发生医疗美容损害案件时往往依据普通侵权损害责任进行处理，这不利于保护医患双方的合法权益。基于此，这一时期的法律法规明确了医疗美容侵权行为应承担医疗损害责任,适用医疗损害责任的相关法律法规,这对医疗美容中医患双方合法权益的保护更有利,也更加有利于双方纠纷的解决。

(四)医疗机构说明义务的履行方式发生变化

目前,我国主要的医疗卫生管理法律法规基本都从不同方面规定了患者的知情同意权,与此权利相对应的是医疗机构及其医务人员的告知与说明义务。《民法典》《基本医疗卫生与健康促进法》《医师法》《病历书写基本规范》《医疗纠纷预防和处理条例》等法律法规,均规定了医疗机构对患者的病情、诊断及治疗必须及时履行告知义务,同时还强调医疗机构在进行说明后应取得患者或其近亲属的"书面同意"。实践中,医疗机构往往采用提前打印好的、统一格式的知情同意书,家属只需在同意书上签字即表示医方已履行告知义务。但这种方式存在一定的隐患,由于知情同意书的内容一致,因而一旦产生纠纷,患方会称自己对同意书上的内容并不知晓,医生让签字就签了。此外,实践中还出现部分患者虽表示同意医生告知的内容,但拒绝在相关文件中签字的情况,此时医疗机构就会陷入举证困难的境地。为适应实践中的需要,2021年实施的《民法典》第1219条承袭了以上关于医疗机构告知义务的内容,并进行了重大修改,表现在:首先,医务人员对患者关于医疗风险、替代医疗方案等病情的说明从"及时说明"改为"具体说明",这意味着医疗机构履行说明义务应当是明确的、具体的和清楚的,不能笼统含糊地说明,以确保患方能够知悉并理解相关的诊疗内容与手段。其次,将取得患者的"书面同意"修改为"明确同意",这意味着患者对医务人员告知的同意方式不再拘泥于书面,不仅可以采用书面形式，还可以根据当时的具体情况采用录音录像、律师见证等多种方式，但"同意"的意思表示应该是清楚明确的，并有相应的证据证明已达到这一要求，这种规定更有利于解决实践中的知情同意纠纷。长期以来，与知情同意相对应的告知义务的履行是实践中医患双方较容易产生争议的环节，很大一部分医疗纠纷都是由于告知义务的履行不适当或者没履行而导致的。综上，法律法规对知情同意中告知义务的进一步明确，对消除因履行告知义务而产生的医疗纠纷产生了重要影响。

（五）《医师法》为医师提供了全面保障

作为我国医疗卫生技术人员队伍的主体，医师执业直接关系到人民健康，是实现我国医疗卫生事业宗旨的关键。同时，医师作为诊疗行为的主要实施者，对其的管理也直接影响到医疗纠纷的预防与处理。相较于《执业医师法》，《医师法》对医师权利义务的规定更加明确。一方面，《医师法》将每年的 8 月 19 日定为中国医师节，在全社会范围内倡导尊重医师的良好风气。同时，该法增设"保障措施"专章，细化了医师的保障条款，对医师的薪酬待遇、队伍建设、执业环境治理、执业防护、特殊岗位及边远地区工作津贴等保障措施、行业自律关系、医师权益等方面作出规定，从而构建完善的医师保障措施。此外，还特别规定了新闻媒体在医疗卫生事件的报道中应引导公众尊重医师、理性对待医疗卫生风险，这一规定对促进医患互信、维护医师合法权益都有积极意义。另一方面，《医师法》明确了医师合法执业与违法的界限，并大幅提高了违法行为的处罚力度。对实践中发生的医师伪造、变造、买卖、出租、出借医师执业证书，医师不按照注册的执业类别进行执业等行为，明确其违法性并增大了处罚力度，不仅处以罚款，严重的还会暂停执业，直至吊销医师执业证书。此外，改变了过去对医师最严重的处罚仅是吊销执业证书的规定，对严重违反医师职业道德、医学伦理规范，造成恶劣社会影响的医师增加了"终身禁入"的处罚。提升违法成本有助于在一定程度上遏制医疗违法行为的发生，对规范医疗市场和保障医疗安全能够起到积极作用。从源头上保障医疗质量也是消除和避免医疗纠纷的重要举措。

（六）法律法规规定了药品持有人的医疗损害赔偿责任

2019年修订的《药品管理法》，确立了药品管理的上市许可持有人制度，这一制度对医疗纠纷的解决具有十分重要的意义。根据《侵权责任法》的规定，因药品等医疗产品引发的医疗损害责任，由医疗机构作为第一责任人，医疗机构赔偿后再向有责任的生产者或者血液提供机构追偿。修订后的《药品管理法》明确了药品上市许可持有人依法对药品研制、生产、经营、使用全过程中药品的安全性、有效性和质量可控性负责。因此，《民法典》第1223条在原医疗产品的责任主体上增加"药品上市许可持有人"这一责任主体，并采用不真正连带责任，当患者因医疗产品受到侵害时，可以选择向其中一个或几个责任主体请求赔偿，要求其承担全部或部分损害责任。损害赔偿责任主体的增加有助于患者受到损害时，能够根据具体情况选择更方便的主体求偿，同时在诉讼中追加共同被告也有助于查明案件事实，实现一次性解决纠纷。

（七）医疗暴力案件逐年下降

2015年8月发布的《刑法修正案（九）》将聚众扰乱社会秩序，情节严重致使医疗诊疗无法进行，造成严重损失的行为入刑；2016年，国家卫生和计划生育委员会、中央社会治安综合治理委员会办公室、公安部、司法部发布了《关于进一步做好维护医疗秩序工作的通知》；2017年，国家卫生和计划生育委员会办公厅、公安部办公厅、国家中医药管理局办公室制定了《严密防控涉医违法犯罪维护正常医疗秩序的意见》；2018年，国家发展和改革委员会等28个部委印发了《关于对严重危害正常医疗秩序的失信行为责任人实施联合惩戒合作备忘录》。这些法律法规和部门规范性文件的出台，一方面，不断增强了医疗机构的风险预警机制；另一方面，充分发挥了多元化医疗纠纷解决机制的作用；更重要的是，涉医犯罪依法得到处理。基于此，国家卫生健康委员会的数据显示，在这一阶段，涉医违法犯罪案件的数量呈逐年下降趋势。[①]

（八）医疗机构投诉有了明确的法律规定

在实践中，许多情形下，医疗纠纷的冲突升级是由于患者在出现引起纠纷的情形时找不到平台对纠纷进行及时解决，只能到医疗机构投诉，但医疗机构各个部门之间往往相互推诿或者没有及时对患者的问题进行处理，患者诉求无门，就容易导致矛盾升级。2019

---

① 国家卫生健康委员会：《对十三届全国人大三次会议第4050号建议的答复》，http://www.nhc.gov.cn/wjw/jiany/202102/b3b9b2fd8d824dfd912f3741fb039719.shtml，访问日期：2023年8月1日。

年，国家卫生健康委员会出台的《医疗机构投诉管理办法》对医疗机构投诉的组织和人员、医患沟通、投诉接待与处理、监督管理、法律责任作出明确规定，特别是对医疗机构未建立投诉接待制度、未设置统一投诉部门或配备专（兼）职人员，或者未按规定向卫生健康主管部门报告重大医疗纠纷的医疗机构进行相应的行政处罚。这个管理办法的出台，要求二级以上医疗机构都必须设立相应部门承担投诉工作，医疗机构内部各部门、各科室应当指定专门人员负责配合投诉管理工作，做到畅通患者的投诉渠道，及时与患者进行沟通。无论涉及几个科室、多么复杂的投诉，最长不超过 10 个工作日应向患者反馈处理情况或者处理意见。这些规定无疑十分有利于医疗纠纷的及时解决，因为就目前医疗纠纷的解决机制而言，和解是重要的医疗纠纷解决机制之一，除科室内部和解外，大部分的和解是通过医疗机构的投诉部门完成的。因为投诉部门的介入使患者能够有平台在第一时间阐明诉求，医疗机构也可以第一时间直面问题，这样就不容易导致矛盾升级，也有利纠纷在医疗机构内部通过和解解决。因此，《医疗机构投诉管理办法》的出台，无疑会促进医患双方通过和解解决纠纷。

综上所述，由于每个时期卫生状况、法律法规以及相关的医疗纠纷解决机制的不同，当然也包括其他更复杂的因素，因而每个时期的医疗纠纷都呈现出不同的特点。七十多年来，社会在变迁，医疗纠纷的形式和特点也在变迁，这说明变化是一种社会常态，因此，我们必须追问纠纷发生的原因。

第二章 医疗纠纷发生的原因

社会生活中存在着许多类型的纠纷，无论我们以何种视角看待纠纷，可以肯定的是，人类社会的纠纷是一定会存在的。然而，众多纠纷中，医疗纠纷往往会成为社会焦点问题，而且会被社会长期关注，为此我们必须找到"医疗纠纷"现象背后所隐藏的"病因"，从而对症下药。

第一节 政策与制度因素对医疗纠纷的影响

新中国成立以来，我国根据每一阶段的卫生状况和具体国情实施了不同的卫生政策和卫生制度，这些政策与制度不仅直接影响了人民群众的就医和用药，也对医疗纠纷的发生产生了重要影响。本节我们将从国家宏观的卫生政策和每一阶段的具体制度对医疗纠纷的影响进行分析。

一、卫生政策对医疗纠纷的影响

(一)我国卫生政策的变迁

新中国成立以来,我国在不同时期实行了不同的卫生政策,大致可以分为三个阶段。

第一阶段:1950—1978 年,中国医药卫生政策初步建立阶段。在该阶段,医疗机构和医务人员相对较少,政府财政收入不足,但政府仍大力发展医疗卫生事业,在城市推行"公费医疗""劳保医疗",在农村推行"合作医疗",公立医院的卫生费用经历了"统收统支—差额补助—定项补助"等过程。在该阶段前期,医疗卫生工作的重点在预防和消除传染病上,传染病的防治取得了一定成绩。这一阶段,由于实施了当时历史条件下能做到的低水平、广覆盖的医疗保障,医疗的公平性得到保障,人口健康水平得到很大程度的提高,医务工作者的社会地位也较高,医患关系总体和谐。到 1978 年,我国人均卫生费用仅有 11.5 元,医药卫生资源仍严重缺乏,城乡卫生资源配置不均衡,由于医疗技术水平不高导致的误诊、错诊产生纠纷的情形一直存在,并在报道上呈上涨态势,但总体来说该阶段的纠纷冲突并不激烈,在法律层面上医疗损害也不能通过损害赔偿的方式进行解决。

第二阶段:1979—2008 年,中国医药卫生政策探索发展阶段。在该阶段,始自 1985 年的医疗改革对后来的医患关系产生了较大影响。从 20 世纪 80 年代开始,地方政府首先进行了医疗保障制度改革的探索,总体上实现了由公费医疗制度向适度自费制度的过渡,但这一时期,我国居民医疗保障制度覆盖率较低,根据卫生部门的调查结果,医疗保障的覆盖面一度呈下降趋势。

在该阶段的大部分时间,我国大部分居民的医疗保障水平是较低的,一旦生病,必须由自己或家庭承担医疗费用,如表2-1、表2-2、表2-3所示。

表2-1 1993年调查人口医疗费用负担形式分布

调查地区	调查人数	公费 人数	公费 占比/%	劳保 人数	劳保 占比/%	半劳保 人数	半劳保 占比/%	医疗保险 人数	医疗保险 占比/%
全国总计	215163	12366	5.75	20949	9.74	8204	3.81	673	0.31
城市地区计	54249	9858	18.17	19127	35.26	7041	12.98	135	0.25
大城市	17377	3969	22.84	7258	41.77	2882	16.59	33	0.19
中城市	18424	3289	17.85	7058	38.31	2264	12.29	34	0.18
小城市	18448	2600	14.09	4811	26.08	1895	10.27	68	0.37
农村地区计	160914	2508	1.56	1822	1.13	1163	0.72	538	0.33
一类农村	36918	679	1.84	947	2.57	607	1.64	225	0.61
二类农村	49921	631	1.26	351	0.70	231	0.46	85	0.17
三类农村	51837	1063	2.05	425	0.82	287	0.55	165	0.32
四类农村	22238	135	0.61	99	0.45	38	0.17	63	0.28

资料来源:国家卫生健康委员会:《1993年第一次国家卫生服务调查产出表》,http://www.nhc.gov.cn/mohwsbwstjxxzx/s8211/201009/49135.shtml,访问日期:2023年8月1日。

表2-2 1998年调查人口医疗保障制度构成

调查地区	调查人数	公费医疗/%	劳保医疗/%	半劳保医疗/%	医疗保险/%	统筹医疗/%	合作医疗/%	自费医疗/%	其他形式/%
调查地区合计	216101	4.91	6.16	1.60	1.87	0.39	5.61	76.42	3.04

续表

调查地区	调查人数	公费医疗/%	劳保医疗/%	半劳保医疗/%	医疗保险/%	统筹医疗/%	合作医疗/%	自费医疗/%	其他形式/%
城市合计	54549	16.01	22.91	5.78	3.27	1.42	2.74	44.13	3.73
农村合计	161552	1.16	0.51	0.19	1.39	0.04	6.57	87.32	2.81
大城市	20775	21.71	30.61	8.46	0.76	2.79	0.10	34.30	1.28
中城市	15581	16.40	28.38	6.17	8.05	1.09	0.09	38.75	1.07
小城市	18193	9.18	9.44	2.40	2.05	0.13	8.04	59.97	8.79
一类农村	35983	1.06	1.31	0.61	2.29	0.14	20.84	73.37	0.38
二类农村	47938	0.76	0.54	0.10	1.61	0.03	3.78	92.31	0.87
三类农村	53815	1.98	0.15	0.07	1.16	0.01	1.61	94.78	0.23
四类农村	23816	0.16	0.03	0.05	0.12	0.00	1.83	81.49	16.22

资料来源：国家卫生健康委员会：《1998年第二次国家卫生服务调查产出表》，http://www.nhc.gov.cn/mohwsbwstjxxzx/s8211/201009/49141.shtml，访问日期：2023年8月1日。

表2-3 2003年调查人口医疗保障状况构成

调查地区	调查人数	基本医保/%	大病医保/%	公费医疗/%	劳保医疗/%	合作医疗/%	其他社保/%	商业医疗保险/%	自费/%
调查地区合计	190731	8.9	0.6	1.2	1.3	8.8	1.4	7.6	70.3
城市合计	48792	30.4	1.8	4.0	4.6	6.6	2.2	5.6	44.8
农村合计	141939	1.5	0.1	0.2	0.1	9.5	1.2	8.3	79.0
大城市	18240	37.6	3.6	6.7	5.0	0.1	3.7	4.8	38.5
中城市	14127	41.1	0.6	3.9	5.0	0.0	1.0	7.3	41.2
小城市	16425	13.2	0.8	1.1	3.8	19.6	1.6	5.0	55.0
一类农村	31842	1.9	0.4	0.2	0.2	17.6	2.9	8.9	67.8
二类农村	42009	1.3	0.1	0.2	0.2	6.1	0.6	10.9	80.7

续表

调查地区	调查人数	基本医保/%	大病医保/%	公费医疗/%	劳保医疗/%	合作医疗/%	其他社保/%	商业医疗保险/%	自费/%
三类农村	47577	1.5	0.1	0.2	0.1	0.7	0.8	7.9	88.6
四类农村	20511	1.2	0.0	0.1	0.0	24.3	0.3	3.2	70.8

资料来源：国家卫生健康委员会：《2003年第三次国家卫生服务调查产出表》，http://www.nhc.gov.cn/mohwsbwstjxxzx/s8211/201009/49142.shtml，访问日期：2023年8月1日。

该阶段由于医疗改革中的放权让利、药品和医疗器械的市场化，又使医疗卫生费用迅速上升，药品价格虚高、就医成本上涨迅速，"看病难、看病贵、住院难、住院贵"的问题已经成为人民群众的负担。如表2-4所示，1993年、1998年、2003年、2008年人均年收入的增长和人均年支出的增加基本都低于人均年卫生支出增长的比例，体现出家庭和个人的医疗卫生负担沉重。同时，这一阶段医疗改革放权让利的结果在一定程度上忽视医疗服务的公平性，部分医疗机构和医务人员片面追求经济效益，部分医务人员的医疗道德水平下滑，医患关系的矛盾开始加深。

表2-4　1993年、1998年、2003年、2008年调查家庭年均收入与年支出变化及人均年卫生支出占比

调查时间	人均年收入/元			人均年支出/元			人均年卫生支出占比/%		
	调查地区合计	城市合计	农村合计	调查地区合计	城市合计	农村合计	调查地区占比/%	城市占比/%	农村占比/%
1993	948	1789	665	—	—	—	—	—	—
1998	2567	4342	1968	1991	3494	1484	8.14	7.06	9.00

续表

调查时间	人均年收入/元 调查地区合计	人均年收入/元 城市合计	人均年收入/元 农村合计	人均年支出/元 调查地区合计	人均年支出/元 城市合计	人均年支出/元 农村合计	人均年卫生支出占比/% 调查地区占比/%	人均年卫生支出占比/% 城市占比/%	人均年卫生支出占比/% 农村占比/%
2003	3302	6565	2175	2590	4934	1781	11.1	9.3	12.9
2008	6572	11193	4932	4893	8177	3782	10.8	9.8	11.6

资料来源：国家卫生健康委员会：《1993年第一次国家卫生服务调查产出表》，http://www.nhc.gov.cn/mohwsbwstjxxzx/s8211/201009/49135.shtml，访问日期：2023年8月5日；国家卫生健康委员会：《1998年第二次国家卫生服务调查产出表》，http://www.nhc.gov.cn/mohwsbwstjxxzx/s8211/201009/49141.shtml，访问日期：2023年8月5日；卫生部统计信息中心：《2008中国卫生服务调查研究：第四次家庭健康询问调查分析报告》，http://www.nhc.gov.cn/mohwsbwstjxxzx/s8211/201009/49165.shtml，访问日期：2023年8月5日。

第三阶段：2009年，中国进入新医改政策的推行阶段。2009年3月发布的《中共中央 国务院关于深化医药卫生体制改革的意见》提出，到2020年，覆盖城乡居民的基本医疗卫生制度基本建立。2016年伊始，国务院发布的《国务院关于整合城乡居民基本医疗保险制度的意见》提出，改变原有的城乡二元化医疗保障制度，建立城乡统一的基本医疗保险制度，这是促进医疗公平的举措，这一举措对群众就医环境及医患关系的改善起到了实质性的促进作用。2019年，国务院发布《健康中国行动（2019—2030年）》，将医改与健康中国战略紧密结合，推动以治病为中心向以健康为中心转变。

（二）卫生政策对医疗纠纷影响的具体表现

卫生政策对医疗纠纷的影响主要表现在医疗费用上涨过快给患者造成较大压力，医疗资源配置不均衡让群众"看病难、住院难"等方面。

1. 医疗费用增长对医疗纠纷的影响

1978—2019 年，人均卫生费用（含政府、社会、个人卫生费用）由 11.5 元上涨到 4702.8 元。[①]1990—2002 年，卫生部门综合医院门诊病人人均医疗费由 10.9 元上升到 99.6 元，住院病人人均医疗费由 473.3 元上升到 3597.7 元。[②]2007—2009 年，医院门诊病人次均医药费由 124.7 元上升到 152.0 元，出院病人人均医药费用由 4733.5 元上升到 5684.0 元。[③]2010—2019 年，医院门诊病人次均医药费由 166.8 元上升到 290.8 元，住院病人人均医药费用由 6193.9 元上升到 9848.4 元。[④]

费用的快速上升使因病致贫、因病返贫的情况不同程度地存在。

[①] 国家卫生健康委员会：《2013 中国卫生统计年鉴》，http://www.nhc.gov.cn/mohwsbwstjxxzx/tjtjnj/202106/61cd8c0fb4a24f51bd1b80533e25c004.shtml，访问日期：2022 年 8 月 1 日；国家卫生健康委员会：《2020 中国卫生健康统计年鉴》，http://www.nhc.gov.cn/mohwsbwstjxxzx/tjtjnj/202112/dcd39654d66c4e6abf4d7b1389becd01.shtml，访问日期：2022 年 8 月 1 日。

[②] 中华人民共和国卫生部编：《2003 中国卫生统计年鉴》，中国协和医科大学出版社，2003，第 76 页。

[③] 中华人民共和国卫生部编：《2011 中国卫生统计年鉴》，中国协和医科大学出版社，2011，第 102 页。

[④] 国家卫生健康委员会：《2020 中国卫生健康统计年鉴》，http://www.nhc.gov.cn/mohwsbwstjxxzx/tjtjnj/202112/dcd39654d66c4e6abf4d7b1389becd01.shtml，访问日期：2022 年 8 月 1 日。

此时，如果出现损害或者没有达到预期的效果，患者及其家属就容易和医疗机构及其医务人员之间产生矛盾，从而引发医疗纠纷。

2. 医疗资源配置不均衡对医疗纠纷的影响

医疗资源的配置不均衡主要体现在：卫生费用投入不均衡，不同医疗机构、城乡、地区之间的卫生费用不均衡。例如，2016 年，我国城市居民人均卫生费用分别为 4471.5 元和 1846.1 元，城市居民人均卫生费用为农村居民人均卫生费用的 2.4 倍。[1] 此外，各地区人均卫生费用差异较大，例如，2018 年，北京市人均卫生费用是安徽的 3.67 倍，具体如表 2-5 所示。

表 2-5　2018 年我国各地区卫生总费用与人均卫生总费用比较

地区	卫生总费用 / 亿元	人均卫生总费用 / 元
全国	59121.91	4236.98
北京	2500.82	11609.06
天津	888.72	5698.41
河北	2690.84	3561.06
山西	1220.36	3282.00
内蒙古	1082.75	4272.88
辽宁	1728.94	3966.09
吉林	1101.34	4072.93
黑龙江	1406.76	3728.40
上海	2301.60	9495.89
江苏	4035.02	5012.01

[1] 国家卫生健康委员会：《2020 中国卫生健康统计年鉴》，http://www.nhc.gov.cn/mohwsbwstjxxzx/tjtjnj/202112/dcd39654d66c4e6abf4d7b1389becd01.shtml，访问日期：2022 年 8 月 1 日。

续表

地区	卫生总费用/亿元	人均卫生总费用/元
浙江	3117.08	5433.29
安徽	1998.08	3159.72
福建	1553.50	3941.89
江西	1473.89	3170.63
山东	4140.82	4121.35
河南	3100.17	3227.66
湖北	2337.93	3951.21
湖南	2484.40	3601.22
广东	5198.69	4581.96
广西	1615.01	3278.54
海南	402.50	4307.91
重庆	1374.30	4430.65
四川	3253.09	3900.12
贵州	1206.76	3352.12
云南	1654.35	3425.52
西藏	167.85	4881.82
陕西	1742.23	4508.42
甘肃	871.29	3303.72
青海	308.08	5107.20
宁夏	343.55	4992.64
新疆	1204.51	4843.23

资料来源：国家卫生健康委员会：《2020 中国卫生健康统计年鉴》，http://www.nhc.gov.cn/mohwsbwstjxxzx/tjtjnj/202112/dcd39654d66c4e6abf4d7b1389becd01.shtml，访问日期：2022 年 5 月 17 日。

从上述数据可以看出，我国卫生资源配置仍处于不均衡的状态。从卫生行为的角度看，卫生行为应具有公平性和可及性，接受卫服务不应因地域、行业等因素而有所差异。但从很长一段时间我国的卫生资源配置情况来看，城市和农村相比，优质的卫生资源集中于城市，大城市和小城市相比，集中于大城市，发达城市和不发达城市相比，集中于发达城市，这直接导致大医院"看病难、看病贵"的问题。人们都渴望得到尽可能优质的卫生服务，而当优质的医疗服务没有普遍的可及性时，患者就纷纷扎堆到大医院中。"看病难、看病贵"加上大医院往往诊疗更多的"急危重症病人"，因此，在实践中大型医院的医疗纠纷往往在数量上多于其他类型的医院。

目前，城市和农村的疾病状况大致是相同的，死亡率排名前五的疾病没有任何差别，然而，乡村卫生经费的投入却远远不如城市，造成乡村医疗卫生条件和城市相比尚存较大差距。由于医疗卫生条件及诊疗水平的限制，乡村医疗卫生机构一般不收治也不可能收治急危重症病人，因而也就不存在"看病难、看病贵"的问题。作为乡村医疗卫生"看门人"的乡村医生，与村民之间是熟人关系，村医和患者之间的关系和城市医院的医患关系完全不同，村医和患者之间贯穿了太多的情感因素和乡情因素，而非职业化的因素，因此他们之间不会有太多冲突。但"随着新医疗改革政策的强制推行，新的制度作为第三方介入村医和患者之间，在一定程度上破坏了"乡土""熟人"的信任基础。首先，村医原先用以获取患者信任的抗生素使用被限制。①其次，在基本药物制度中，基本药

---

① 在《乡村社会转型时期的医患信任——以我国中部地区两村为例》一文中，房莉杰、梁小云、金承刚通过实证调查，得出了这样的结论：新医疗改革推行以前，村医为了迎合村民的需求和期待，常常会在一定程度上不合理地使用药物（如抗生素、激素）等，以此建立起自己的"个人声誉"，从而赢得更多的患者，获得更多的信任。该文载于《社会学研究》2013年第2期，第55—77页。但由于国家政策的推行，村医已经无法通过这种方式来实现让村民疾病迅速治愈从而获得村民的信任，所以村民往往抱怨现在的村医无法治好疾病。

物与常用药不对等，造成常用药（如眼药水、感冒药）短缺，而且一些村医坦言即使是单子上所列的基本药物也不一定进得到货。在这种情况下，即使患者与村医关系再好，患者也还是会埋怨为什么没有他们要的药，久而久之两者的关系就疏远了，一些患者也不愿找村医看病了。医患关系由此开始变化。[1]

3."预防为主"的卫生方针未得到很好贯彻对医疗纠纷的影响

新中国成立后，我国的卫生方针一直是预防为主，这一方针在新中国成立伊始发挥了巨大的作用，迅速改变了当时全国的卫生状况，在很大程度上消除了传染病，使传染病不再成为致死率最高的疾病，正如威廉·考克汉姆（William C. Cockerham）所言"医学的角色是预防疾病和早逝，以及照料那些患病和残疾的人"[2]。换言之，只治不防的行为是违反国家卫生工作方针和政策的。但在一段时期内，"预防为主"的方针出于种种原因没有起到应有的作用，特别是由于疾病病种发生了变化，我国卫生费用的大半用于各种慢性病的治疗。在现有医学模式下，对慢性病"治不如防"，如果不通过预防来控制慢性病的发生，未来我国的医疗卫生负担难以想象。当然，尽管落实"预防为主"的方针主要靠政府的政策来推动，但是医疗机构在公民的健康管理中应该承担更多的责任，同时，公民也应当切实承担起自己健康"第一责任人"的责任。在世界范围内，

---

[1] 黄荣贵、桂勇、冯博雅、孙秋梦、郭巍蓉、衣然：《当代中国医生心态研究》，上海社会科学院出版社，2014，第88页。

[2] 威廉·考克汉姆：《医疗与社会：我们时代的病与痛》，高永平、杨渤彦译，中国人民大学出版社，2014，第5页。

如何落实"预防为主"方针值得认真反思。①

为落实免疫规划，搞好卫生防疫、保护人民健康，我国积极推进疫苗接种工作，这是贯彻"预防为主"方针的一项具体举措。然而，随着接种群体规模急剧增大，也产生了一些纠纷。在生物医学模式下，对公共卫生治理的一个重要方式就是疫苗接种。目前，我国的疫苗种类分为两类：一类是免疫规划疫苗，即每个适龄儿童都应该接种的疫苗；另一类是成人和儿童自愿接种的非免疫规划疫苗。近年来，因接种疫苗产生的纠纷屡见不鲜。疫苗接种的原理是将经过处理的少量病毒或者细菌接种给健康人，使机体产生抗体，从而产生对该种病原体的抵抗能力。接种疫苗是控制和预防传染病最重要的手段之一，但疫苗接种的对象是健康人，疫苗接种的不利后果除没有效果之外最严重的莫过于不良反应。虽然大多数的不良反应并不会造成十分严重的后果，但毕竟也是一种不良反应，一旦出现，受种对象和接种机构产生纠纷的可能性就会大大增加。目前，疫苗接种出现不良反应的解决方式是实行一次性补偿，如果是免疫规划疫苗，补偿费用由各级财政部门安排经费，有部分地区也开始通过保险解决补偿经费。如果是非免疫规划疫苗，则由相关的疫苗生产企业承担。但如果因疫苗质量问题或接种过程中存在过错

---

① 医学技术越来越进步，医生队伍越来越庞大，而病人却越来越多，值得认真反思。美国心脏协会曾有一个生动的比喻：如今的医生都聚集在一条泛滥成灾的河流下游，拿着大量经费研究打捞落水者的先进工具，同时苦练打捞落水者的本领。结果，事与愿违，一大半落水者都死了，被打捞上来的也是奄奄一息。更糟糕的是，落水者与日俱增，越捞越多。事实上，与其在下游打捞落水者，不如到上游筑牢堤坝，让河水不再泛滥，作为医生，不能坐着等人得病，而应防患于未然，避免更多人"落水"。白剑峰：《病人为何越治越多》，《人民日报》，http://opinion.people.com.cn/n/2013/0118/c1003-20245297.html，访问日期：2022 年 8 月 7 日。

而给受种者造成损害的,依照有关规定进行处理。实践中,大多数的疫苗接种不良反应经鉴定属于偶合反应,而偶合反应目前救济措施尚不十分完善。即使是能够得到补偿的不良反应,补偿的标准也相对较低。总体而言,对于接种疫苗的人而言,出现损害时缺乏救济机制,也缺乏向其他机构寻求救济的可能,于是,只能向接种的医疗机构寻求救济,在诉求得不到满足的情况下自然会与医疗机构产生纠纷。但对于医疗机构而言,预防接种实质上也是承担公共卫生职能的一个体现,不良反应的出现很难归责于疫苗生产企业和相关接种单位,因为不良反应往往是合格疫苗在合规接种的情形下产生的。据此,在各方都无过错的情形下,建议通过特殊的救济方式对损害进行补偿。

4. 计划生育服务对医疗纠纷的影响

在计划生育服务过程中,一些医疗活动,如婚前医学检查、产前筛查等服务的开展,也会产生一定的纠纷,这些纠纷大致包括以下几类。

第一类:因开展计划生育有关的临床医疗服务而产生的纠纷。医疗纠纷的主体本来是医疗机构,但在我国,从事临床诊疗活动的机构除医疗机构外还有计划生育技术服务机构,其可以开展一些与计划生育有关的临床医疗服务。在这个过程中,如果造成患者损害也会导致医疗纠纷,这类纠纷的处理和医疗事故的处理略有区别,主要是依据的法律法规不同。在 2002 年以前,主要根据《节育并发症管理办法》处理相关并发症的问题,①其他情况参照《医疗事故处理办法》来处理;在 2002 年以后,则根据《医疗事故处理条例》的相关规定来进行。②计划生育技术服务事故的处理,其瓶颈仍在鉴定上,即认定在什么情况下构成计划生育技术服务事故。2002年之前,鉴定专家是由省、地、市三级卫生、计生部门的技术人员担任。2004 年,国务院法制办公室专门就《卫生部关于〈医疗事故处理条例〉第六十条有关问题的函》进行过答复,该答复是针对1990 年发生在安徽省的一例计划生育技术争议。该案中,当事人经过三次鉴定仍不服,申请按计划生育服务事故争议处理。就该案例是否适用《医疗事故处理条例》,且因该条例第 60 条的适用产生的争议,卫生部专门请示了国务院法制办公室。国务院法制办公室在答复中指出:当事人如对鉴定结论所定并发症级别或者处理方式方法有不同意见,可以向省计划生育部门再次申请并发症鉴定,或者向人民法院依法提起诉讼。在三十余年的历程中,因卫生计生医疗服务的开展而产生的纠纷的数量我们无法统计,但由于其也被归

---

① 《节育并发症管理办法》第 12 条规定:"国家干部、国营和集体单位职工并发症患者的医疗费、安葬费、抚恤费以及子女照顾,应由所在单位参照工伤有关规定处理。城镇无业居民并发症患者的医疗费,由街道计划生育事业费解决,不足部分由上级计划生育委员会解决;残废补助金、死亡安葬费、抚恤费,会商所在地区民政部门给予解决。城镇个体户并发症患者的医疗费、残废补助金、死亡安葬费、抚恤金,会商所在地区民政、个体协会等部门给予解决。农业人口并发症患者的生产、生活困难,仍采用乡(镇)解决为主,社会救济为辅的办法,由所在乡(镇)及行政村分等级给予解决。"

② 《计划生育技术服务管理条例》第 43 条规定:"乡级计划生育技术服务机构开展本条例第九条规定的项目发生计划生育技术服务事故的,由计划生育行政部门行使依照《医疗事故处理条例》有关规定由卫生行政部门承担的受理、交由负责医疗事故技术鉴定工作的医学会组织鉴定和赔偿调解的职能;对发生计划生育技术服务事故的该机构及其有关责任人员,依法进行处理。"

入临床医疗活动的一类,参照医疗事故的相关规定解决,因而我们认为这也是一类医疗纠纷。

第二类:因开展优生优育服务而导致的纠纷。为提高人口素质,国家提供母婴保健医疗服务,包括婚前保健和孕产期保健。婚前保健主要是婚前医学检查,就实践来看,因婚前保健而导致的争议主要是法律上的争议而非实践中的纠纷。但因孕产期保健服务导致的纠纷开始呈上涨趋势,实践中出现的此类纠纷主要是"不当出生"案件,即因接受产前检查服务,医疗机构的医务人员未检测出胎儿可能存在的缺陷,或者虽检测出来但没有告知,后来存在缺陷的胎儿出生,患儿家属和医疗机构因此产生纠纷的案例。严格意义上来说,这一类案例中本不应该由或完全由医疗机构来承担未检测出胎儿缺陷的后果。虽然产前检查也是一种提供医疗服务的行为,但这种医疗服务的提供并不是经双方当事人完全达成合意之下的医疗服务,而是医疗机构承担公共服务内容的医疗服务。对于胎儿的缺陷来说,无论检查出来还是检查不出来都是客观存在的,只是检查出来,就给当事人提供了一种可能性,但归根结底胎儿的缺陷和医院的医疗行为之间不存在因果关系。诚然,一个具有缺陷的胎儿的出生会给患儿家庭带来沉重的负担,但这并非医疗机构之错,特别是在现有的医学技术水平下,有些缺陷是现有的检查手段尚不能明确检查出来的,我们不能太过苛责医疗机构,然而实践中出现这样的结果后,大多数情形下患者家属会和医疗机构产生纠纷,要求医疗机构承担侵权损害赔偿责任。

综上所述,不同时期的医患关系实际上同当时或历史上的卫生政策有很大的关系,当卫生政策的负面效应产生时必然会对医患双方的关系造成一定影响,从而导致医疗纠纷的发生。

二、卫生制度对医疗纠纷的影响

（一）医疗保障制度

很长一段时期内，我国城市和乡村实行不同的医疗保障制度，直到2016年实施居民医疗保险后才真正结束了我国城乡"二元化"的医疗保障制度。医疗保障制度的建立及覆盖程度关系到个人实际支出的医疗费用，而医疗负担是否沉重直接决定着患者的就医行为和就医选择，也会对医疗纠纷的发生产生直接影响。

1. 我国医疗保障制度的变迁

（1）城市医疗保障制度

1951年2月，政务院颁布了《劳动保险条例》，首次以法规形式确立了企业职工的医疗权益，规定企业职工患病或负伤时，医疗费用由企业承担，家属享受半费医疗。这一制度使职工的健康权益得到了很大程度的保障。但随着职工队伍的不断壮大，尤其当时还普遍出现了"一人公费，全家受益"的状况，使公费医疗的费用逐年上涨，超过了国家财政的承受能力。为了应对这种状况，1965年10月27日，卫生部、财政部发布了《关于改进公费医疗管理问题的通知》，规定享受公费医疗待遇的人员治病的门诊挂号费和出诊费，改由个人缴纳，不得在公费医疗经费中报销。1966年后，又开始对药品的报销进行限制，到1982年，共有175种药品及标有"健"字的药品不能报销。1997年发布的《中共中央、国务院关于卫生改革与发展的决定》规定，城镇推行个人账户和社会统筹的城镇职工医疗保险制度。1998年12月，国务院召开全国医疗保险制度改革工作会议，决定在全国范围内建立覆盖全体城镇职工的基本医疗保险制度，此后，城镇职工基本保险制度开始快速发展。但在很长一段时间，城镇职工医疗保险覆盖面有限，很多人员仍未能享受这一保障，因此自 2004 年下半年，我国开始探索建立城镇居民的医疗保障制度，并于 2007 年推行该医疗保障制度。2013 年，城镇居民基本医疗保险全面推开，这一保险制度重视解决老人、残疾人和儿童等特殊群体的基本医疗保险问题。截至 2022 年底，全国基本医疗保险参保人数达 134592 万人，参保率稳定在 95% 以上，城镇职工共有 36243 万人参加了基本医疗保险。[1]

（2）农村医疗保障制度

新中国成立后一段时间，农村的经济和生产力水平十分低下，农村不可能通过自身的力量建立起医疗卫生服务体系，只有依靠政府的力量，但当时以政府的力量，只能在县级和部分区、乡建立起医疗卫生机构，不可能将医疗卫生机构建立到所有乡村一级。据卫生部统计，到 1955 年底，全国各级卫生机构 67725 个，其中医院 3648 个，门诊部 51600 个。[2] 民政部统计显示，截至 1986 年底，全国共有镇 10717 个，乡 61415 个。[3] 可见，医院和门诊部的数量不可能覆盖到全部的乡村地区。从 1955 年开始，在农村实现了将原有的联合诊所组建成公社卫生院，并逐步在生产大队一级建立保健站。早在陕甘宁边区政府时期，为了解决传染病流行的问题，边

---

[1] 国家医疗保障局：《2022 年全国医疗保障事业发展统计公报》，http://www.nhsa.gov.cn/art/2023/7/10/art_7_10995.html，访问日期：2022 年 8 月 17 日。

[2] 中华人民共和国卫生部：《2003 中国卫生统计年鉴》，中国协和医科大学出版社，2003，第 3 页。

[3] 中华人民共和国民政部：《1986 年民政事业发展概述》，https://www.mca.gov.cn/n156/n189/c93361/content.html，访问日期：2022 年 8 月 17 日。

区政府委托当时的大众合作社办理合作医疗。1955 年，山西省高平县米山乡在农业社保健站中最早实行"医社结合"，通过由社员群众出保健费和生产合作社公益金补助相结合的办法，建立起农村合作医疗制度的早期模式。1956 年，河南省正阳县王店团结农庄也建立了类似的农村合作医疗制度。随后，全国部分省、市的农村也陆续建立起合作医疗制度。1959—1962 年，全国合作医疗覆盖率已接近 50%。①

1978 年，第五届全国人大把农村合作医疗制度列入《宪法》，以国家根本法的形式肯定了该制度。1979 年，卫生部发布了《农村合作医疗章程（试行草案）》，该草案规定了农村合作医疗是人民公社社员依靠集体力量，在自愿互助的基础上建立起来的一种社会主义性质的医疗制度，是社员群众的集体福利事业，并通过对农村合作医疗的任务等内容的规定对其进行规范。这些法律法规的规定，使全国农村合作医疗制度得到了很大发展，到 20 世纪 70 年代后期，全国农村百分九十以上的行政村都建立了合作医疗制度。当时世界银行和世界卫生组织称赞我国的农村合作医疗制度为"发展中国家解决卫生经费的唯一范例"②。因为这一制度的实行，使国家以相对较少的投入取得了比较明显的收益。但随着 80 年代农村经济体制改革以及"人民公社"制度被取消，特别是实行家庭联产承包责任制，使以集体经济为依托的农村合作医疗制度没有了存在的基础，农村合作医疗制度名存实亡。截至 1985 年，全国农村实行农村合作医疗制度的行政村由过去的 90% 以上下降到 5%，到 1989

---

① 宋晓梧等：《中国社会保障制度建设 20 年》，中州古籍出版社，1998，第 87 页。

② 张怡民：《中国卫生五十年历程》，中医古籍出版社，1999，第 1003 页。

年，继续坚持合作医疗的行政村仅占 4.8%，是所占比例最低的时期。①

自 1978 年农村合作医疗制度基本解体以后，虽然在 1990—1992 年、1996—1997 年国家进行了两次恢复农村合作医疗制度的尝试，但直到 2002 年，农村合作医疗制度才真正开始重新建立（为了区别此前的合作医疗制度，采用的名称为新农合）。2003 年 1 月，国务院办公厅转发了卫生部等部门联合制定的《关于建立新型农村合作医疗制度意见》，要求从 2003 年起进行新农合试点，并提出到 2010 年实现在全国建立基本覆盖农村居民的新农合目标。2007 年，新农合建设进入全面推进阶段。2008 年，我国提前两年实现了新农合全面覆盖的目标，但新农合的补偿政策仍存在地区差异，西部地区的补偿受益人次低于东部和中部地区。2013 年全国农村新农合的参保率为 98.7%。2016 年伊始，国务院发布了《国务院关于整合城乡居民基本医疗保险制度的意见》，整合城镇居民基本医疗保险与新农合两项制度，建立统一的城乡居民基本医疗保险（以下简称城乡居民医保）制度，自此结束了原有的城乡二元化的医疗保障制度。截至 2019 年，参加全国城乡居民医保的人数已达 102483 万人。②

2. 医疗保障制度对医疗纠纷的影响

2016 年以前，我国医疗保障制度在城市经历了：公费医疗制

---

① 卫生部统计信息中心：《卫生改革专题调查研究——第三次国家卫生服务调查社会学评估报告》，中国协和医科大学出版社，2004，第 42 页。

② 国家卫生健康委员会：《2020 中国卫生健康统计年鉴》，http://www.nhc.gov.cn/mohwsbwstjxxzx/tjtjnj/202112/dcd39654d66c4e6abf4d7b1389becd01.shtml，访问日期：2022 年 8 月 15 日。

度—劳保医疗制度—城镇职工基本医疗保险—城镇居民基本医疗保险的阶段，医疗保险的缴费采取社会统筹和个人账户相结合的方式。在农村则经历了：农村合作医疗制度—新农合阶段，后者的资金筹集方式为个人缴费、集体扶持和政府资助相结合的筹资机制。从劳保医疗制度到城镇职工基本医疗保险、城镇居民基本医疗保险建立，经历较长时间，从农村合作医疗制度建立到新农合建立，跨度长达三十余年。"2003年全国第三次卫生服务调查表明，在地级以上城市，43%的被调查者参加社会医疗保障，其中30.4%参加基本医疗保险，8.6%享有公费医疗或劳保医疗，4%参加了其他社会医疗保障。结果表明，有将近一半的人未能加入基本医疗保险。"[1]这说明在一段历史时期内出现了一些没有保险覆盖的人群，由于缺乏基本保障，未参保人员的抗风险能力较差，加之同期医疗费用上涨，就医成本增长大，医患关系紧张。最近几年，随着基本医疗保障的建立、人群全覆盖的实现，无论城市居民还是农村居民的就医负担都有所下降，但受筹资水平、起付线、封顶线、居民医疗保险和城镇职工基本医疗保险筹资水平的差距、医疗费用上涨等因素的影响，基本医疗保障还面临着不断提高保障水平的压力。可以肯定的是，如果基本医疗保障不能有效减轻患者就医的负担，因就医负担增加而导致的医患矛盾可能难以消除。

---

[1] 方鹏骞:《中国医疗卫生事业发展报告：2014》，人民出版社，2015，第258页。

(二) 医院管理制度

1. 医院管理制度的变迁

(1) 公立医院管理制度的变迁

1949—1979 年，在计划经济大背景下，公立医院筹资主要来源于政府预算。1979 年开始，财政部门要求医院作出定额预算，公立医院在预算不足的情况下只能想尽办法扩大自己的服务收入。1985 年，在《卫生部关于卫生工作改革若干政策问题的报告》中提出：允许医院通过创收的方式弥补政府财政投入的不足，这个政策最直接的结果就是促使公立医院有了引进价格较高的新服务项目从而获得高额回报的动机。与此同时，部分医生开始减少使用一些价格低廉的服务和药品，转而使用更多新的、高价的服务和药品，特别是针对那些享受公费医疗和劳保医疗的患者，结果是增加了公费医疗和劳保医疗的负担，在一定程度上导致 20 世纪 90 年代初期这两个体系的运行处于半瘫痪状态。[1]

1988 年，国务院通过发布卫生部"定职能、定机构、定编制"的方案实现了对直属企事业单位管理方式的转变，即由直接管理转向间接管理。1989 年，卫生部开始正式实施医院分级管理，医院按照不同的功能和任务分为三级十等。分级制度的目的在于诊疗的分级，让不同级别的医疗机构具有不同的功能、承担不同的诊疗任务，但这样的分级结果对后来的医疗资源配置产生了一些负面影响，直接导致基层卫生机构失去了健康"看门人"的地位，同时，

---

[1] 林光汶、郭岩、David Legge、吴群红：《中国卫生政策》，北京大学医学出版社，2009，第 215 页。

还促使大医院盲目扩张,优势资源逐步向大医院集中。虽然办公场所和设备可以用钱来解决,但医学行为的特点决定了医疗技术人才不可能短期迅速成长,因此,具有优势资源的大医院对基层医疗卫生机构产生了"虹吸"效应,造成基层医疗卫生机构的人才出现了不同程度的流失。

1992年,国务院发布了《关于深化卫生医疗体制改革的几点意见》,根据该文件精神,卫生部允许医疗机构"以工助医、以副补主",允许医院通过合法途径创收,以弥补医院收入的不足。一时间,专家门诊、点名手术、特殊护理、特需门诊服务等如雨后春笋般纷纷涌现,部分医院重效益而轻公益的状况对后来的看病难、看病贵、医患矛盾突出等问题产生了深远影响。2000年,国务院体改办、国家计委、卫生部等多个部门联合下发《关于城镇医药卫生体制改革的指导意见》,将我国医疗机构分为营利性医疗机构和非营利性医疗机构两类进行管理,实施不同的财税政策和价格政策。2005年以后,我国开始对非营利性医院的多种运行机制进行试点,如合作制、股份制,甚至对医院的产权进行改革,然而公立医院的改革却不是件容易的事情,此后发生的一系列事件均证明公立医院改革并不那么成功。在制度层面,当时的政策没有可靠的改善规则可遵循,这也是高成本、高服务量和医疗临床决策恶性结合的主要原因,同样,也不存在用于指导患者安全管理的临床路径和方法标准。[1]

2006年,国家发展和改革委员会、财政部等八部门联合发布

---

[1] 林光汶、郭岩、David Legge、吴群红:《中国卫生政策》,北京大学医学出版社,2009,第219页。

的《关于进一步整顿药品和医疗服务市场价格秩序的意见》规定，县及县以上医疗机构销售药品，以实际购进价为基础，顺加不超过15%的加价率作价，在加价率基础上的加成收入为药品加成收入。2010年，卫生部等五部委联合印发的《关于公立医院改革试点的指导意见》确定了试点的主要内容包括改革公立医院补偿机制等，坚持公立医院的公益性质，把维护人民健康权益放在第一位。2015年，国务院办公厅发布《国务院办公厅关于城市公立医院综合改革试点的指导意见》，提出要进一步扩大城市公立医院综合改革试点，到2017年全面推开试点工作。公立医院的改革，最关键之处和难点之一就是要改变以药补医的机制。

（2）民营医院管理制度的变迁

我国民营医院的管理经历了从允许开业到限制取消再到允许并鼓励发展的历史进程。1950—1957年，我国允许民营医疗机构、个体诊所开业，但1958—1977年，民营医疗机构又被限制甚至被取消。1980年，卫生部发布的《卫生部关于允许个体开业行医问题的请示报告》提出，允许退休人员开设个体诊所，以弥补国家和集体所有制医疗机构的不足。1985年，卫生部发布的《卫生部关于卫生工作改革若干政策问题的报告》对个体行医作出具体政策规定，企业和其他部门也可与卫生部门联合办卫生机构，实行互惠互利。1988年，卫生部等五个部门联合发布的《关于扩大医疗卫生服务有关问题的意见》确定了以各种形式的承包责任制为主的改革政策，允许有偿提供医疗服务，允许医院通过引入承包责任制等方式开展一定的商业活动来弥补医院收入的不足。承包责任制的结果就是医生收入和其服务量挂钩，由于医疗服务的特殊性，如果决定服务量的权力常常掌握在医生手中，那么诱导需求就会由此产生。当时，部分医院的实践也应验了"公共身份、私人行为"这一说法。[1]

上述这些文件确立了民营医疗机构在我国医疗卫生服务体系中的合法地位，我国民营医疗机构取得初步发展。1992—1999年，随着《卫生部关于深化卫生改革的几点意见》《医疗机构管理条例》《中共中央 国务院关于卫生改革与发展的决定》《国家发展计划委员会、财政部、卫生部关于开展区域卫生规划工作的指导意见》等政策法规的出台，形成了我国社会办医管理的制度框架，激发了社会资本办医的热情。此后，《医药卫生体制改革近期重点实施方案（2009—2011年）》《关于进一步鼓励和引导社会资本举办医疗机构的意见》《深化医药卫生体制改革2012年主要工作安排》《关于非公立医疗机构医疗服务实行市场调节价有关问题的通知》等多个文件均明确，鼓励非公立医疗机构发展，引导社会资本参与公立医院改革等。

2. 医院管理制度对医疗纠纷的影响

个体行医、不同的价格体系和财政补偿体系的出现，不可避免地改变了医院的性质，卫生事业从之前的福利性转变为福利和产业的混合体，并产生了两个方面的负面影响：医院管理和财务管理的市场化；临床医疗的市场化。结果是：引发了与日俱增的医疗纠纷。[2] 2000年以后，随着民营医院数量的不断增长，出现了服务水平低、收费高、虚假宣传等相关问题。部分民营医疗机构由于缺乏监管，对患者"无病变有病、小病变大病"的诊疗方式严重侵害了

---

[1] 林光汶、郭岩、David Legge、吴群红：《中国卫生政策》，北京大学医学出版社，2009，第216页。

[2] 林光汶、郭岩、David Legge、吴群红：《中国卫生政策》，北京大学医学出版社，2009，第216页。

患者的合法权益，也损害了民营医疗机构的整体形象，在一段时期内，诚信危机一直是民营医院不得不面临的一个问题。

公立医院方面，个别医院"轻公益、重利益"的行为加重了患者的负担、医疗保障体系的负担和社会的负担，造成医患双方不信任加剧，对医疗纠纷的增多产生了重大影响。同时，大医院的扩张加剧了医疗资源配置的不公平性，优质医疗资源越来越向城市和大医院集中，不仅加剧了大医院"看病难、住院难"的问题，同时基于诊疗人次增加、危重病人集中等原因，医疗纠纷在大医院发生的概率增大。承包制度的出现，加剧了医院管理的难度，也加剧了医疗行业的混乱，一些不具备良好医疗资质的医务人员，借用公立医院或资质较好的医院的品牌开展较为混乱的医疗服务，侵犯了患者合法权益的同时也引发了诸多的纠纷。此外，公立医院改革过程中部分评价标准缺乏也是医疗纠纷增多的重要因素之一。

（三）药物管理制度

国家药物政策这个概念是由世界卫生组织提出的，旨在为药品领域确定国家的目的或者目标。国家药物政策的要素包括：基本药物的遴选、可负担性、药品财政、供应系统、监管和质量保证、合理使用、研究、人力资源、监测和评估等。

1. 基本药物制度

基本药物制度是全球化的概念。基本药物是指适应医疗卫生需求，剂型适宜，价格合理，能够保障供应，公众可公平获得的药品。1979 年，我国政府成立了"国家基本药物筛选小组"。1982 年，我国公布了第一个《国家基本药物目录》，后于 1996 年、1998 年、

2000年、2002年、2004年进行了调整，但这些版本仅是对基本药物进行筛选，缺乏完整的国家基本药物制度。2009年发布的《关于建立国家基本药物制度的实施意见》，标志着我国建立国家基本药物制度工作正式实施。同年还下发了《国家基本药物目录管理办法（暂行）》和《国家基本药物目录（基层医疗卫生机构配备使用部分）》（2009版），此后该目录分别于2012年和2018年进行了两次修改。2013年2月，国务院办公厅发布《国务院办公厅关于巩固完善基本药物制度和基层运行新机制的意见》，强调要稳固基本药物集中采购机制。① 同年3月，国家食品药品监督管理总局组建，负责参与制定国家基本药物目录。2014年，《国家卫生和计划生育委员会关于进一步加强基层医疗卫生机构药品配备使用管理工作的意见》规定：推进村卫生室实施基本药物制度，采取购买服务的方式将非政府办基层医疗卫生机构纳入基本药物实施范围，鼓励县级公立医院和城市公立医院优先使用基本药物，逐步实现各级各类医疗机构全面配备并优先使用基本药物。

2.其他药物管理制度

实际上，从20世纪50年代开始，我国的医疗卫生制度就存在"以药养医"的做法，这种做法一开始是为了解决农村合作医疗费用不足的问题，而当时"以药养医"的内涵主要是指通过自己采药、种药和制药（主要是中草药），来弥补医疗费用不足和解决药源不足的问题，同时，对药品，国家明确公立医院可以将药品加价15%来弥补公立医院经费不足的状况。1981年以后，由于公费医

---

① 药品集中招标采购指多个医疗机构通过药品集中招标采购组织，以招投标的形式购进所需药品的采购方式。

疗的经费严重不足，卫生部在《医院经济管理暂行办法》中规定：切实实现规定的各种药品的加成率。此后，药品价格虚高、药品回扣、滥用药品等现象开始出现，来自药品的收入俨然成为医疗机构主要的收入来源之一，同时，过度检查、检查费用增长迅速的问题也伴随着医院市场化而来。然而，增高的所有费用都转嫁到患者及其家属的身上，导致患者的就医成本迅速升高。

3. 药物管理制度对医疗纠纷的影响

1990—2010年，综合医院门诊药费占门诊医疗费的比率平均接近60%，住院病人药费在住院医疗费的占比中，有些年度超过了50%，大部分则接近50%。[①]世界卫生组织将一个家庭的医疗支出占家庭可支付能力的比重等于或超过40%定义为灾难性卫生支出比例。2003—2006年，我国住院病人人均医疗费用占城镇居民人均可支配收入比例超过或非常接近40%，2007—2014年以后这一比例虽逐年下降，但仍超过或接近30%。与之相比，农村居民家庭

[①] 1990—2010年有统计的年份中，综合医院中，门诊药费占门诊医疗费的比率分别为：1990年67.9%、1995年64.2%、2000年58.6%、2005年52.1%、2008年50.5%、2009年50.9%、2010年50.7%；出院病人药费占住院医疗费的比例分别为：1990年55.1%、1995年52.8%、2000年46.1%、2005年43.9%、2008年43.9%、2009年44%、2010年43.4%。中华人民共和国卫生部：《2011中国卫生统计年鉴》，中国协和医科大学出版社，2011。

的这一比例只会更高。① 实际上，国家早在 20 世纪 90 年代就意识到"以药养医"的危害，从 1997 年到 2014 年，国家已经对药品实施了 32 次降价，但降价的结果却是药品价格"越降越高"，究其原因就是降价以后药厂就不再生产这种药品，市场上供不应求，患者只好选择其他价格更贵的药品来替代治疗，更有甚者，药厂将停产的药品改头换面，重新将其报批上市，药品疗效和原来一样，但价格比原来高了几倍甚至几十倍。

与此同时，自 1997 年以来，药品的定价方式主要有三种：国家发展和改革委员会定价、省级定价和市场定价。国家发展和改革委员会对 2300 余种药品实行最高指导价，省级药品实行招标制度。2015 年 6 月，国家正式取消麻醉药品和精神药品之外其他药品的政府定价，改为由生产经营者依据生产经营成本和市场供求情况自主制定价格。药品行业市场化定价政策实施以来，有效降低了我国居民的人均药品费用支出，对门诊患者和住院患者起到了很大的帮扶作用。② 可以明确的是，如果继续"以药养医"政策，患者及其家属的就医成本将一直增加，经济负担也越发沉重，客观上会造成

---

① 上述数据均根据卫生统计年鉴数据计算得出，2003—2006 年我国住院病人人均医疗费用占城镇居民人均可支配收入比例分别约为：2003 年 46.20%、2004 年 45.50%、2005 年 44.40%、2006 年 39.70%，2007—2014 年的比例分别约为：2007 年 34.34%、2008 年 33.17%、2009 年 33.10%、2010 年 32.41%、2011 年 30.41%、2012 年 28.40%、2013 年 28.70%、2014 年 27.15%。国家卫生健康委员会：《2013 中国卫生统计年鉴》，http://www.nhc.gov.cn/mohwsbwstjxxzx/tjtjnj/202106/61cd8c0fb4a24f51bd1b80533e25c004.shtml，访问日期：2022 年 8 月 17 日；国家卫生健康委员会：《2020 中国卫生健康统计年鉴》，http://www.nhc.gov.cn/mohwsbwstjxxzx/tjtjnj/202112/dcd39654d66c4e6abf4d7b1389becd01.shtml，访问日期：2022 年 8 月 17 日。

② 刘国强、马玲玲：《我国药品行业实施市场化定价效果研究》，《中国经贸导刊》2021 年第 4 期，第 32-33 页。

医患双方愈加不信任，部分患者对医疗机构及其医务人员的社会评价也会一直不佳。可见，"以药养医"的问题不仅是医疗卫生体制改革所面临的问题，也是导致医疗纠纷发生的一个很重要的因素。

为解决"以药养医"中药品费用较高、药品费用占比过大的问题，我国实行了基本药物制度。总体上，实行基本医药物制度后，药品费用占比呈现下降趋势，但在有些年份也有反弹，这说明还有其他因素会影响药品费用占比的问题。总之，如果不能改变就诊病人用药花费较高和医院药品费用占比的问题，看病贵的问题就不能得到有效解决。与此同时，相对于市场上当前使用的非基本药物，目前能纳入基本药物的药物数量毕竟属于少数，绝大多数药品还不能纳入基本药物的范围，所以如果非基本药物的价格不下降，药品费用较高的问题仍然不能完全得到有效解决，"看病难、看病贵"的问题仍然得不到根本解决，医患之间因医疗成本较高导致的矛盾就始终无法得到有效缓解。

第二节 社会因素对医疗纠纷的影响

一、医患关系对医疗纠纷的影响

（一）医患关系的模式及其对医疗纠纷的影响

1. 医患关系的模式

从广义的角度来说，在医疗纠纷活动中，医生和患者之间除医疗服务关系外,还会涉及许多其他方面的关系,例如,经济关系、文化关系、伦理关系、法律关系、心理关系等。但从根本上来说,医患关系实质上是医疗活动中就医行为与行医行为的互动。美国学者托马斯·斯蒂芬·萨斯(Thomas Stephen Szasz)和马克·荷伦德(Marc Hollender)将医患关系划分为三种模式:主动被动型(active-passive mode)、指导合作型(guidance-cooperation mode)及共同参与型(mutual participation mode)。

第一种:主动被动型。在这种医患模式中,医生被视为技术权威和道德权威,在医疗活动中,病人处于被动地位,被动地接受来自医生的指令。病人生病后依赖于医生的照顾,医生为了病人的利益,基于自己高尚的医德帮助病人或家属作出决定。实际上,中国古代的医患关系就是这种模式,它也是中国古代医者追求的最高医学伦理道德,"医者父母心——医生像对自己的孩子一样对待病家",这种模式对医生的道德水平提出了较高的要求。在这种模式中,病患一方相对来说不太需要发出自己的声音或者完全不需要发出自己的声音。

第二种:指导合作型。在这种医患模式中,医生与患者对疾病诊疗的过程都有一定的主动性,医生仍然是技术权威,对患者提供技术指导,但患者不是完全依赖或者相信医生的这种技术指导,而是可以向医生就诊疗行为提出疑问,并且希望得到来自医生的答疑解惑。这种医患模式需要患者具备对诊疗行为提出疑问的能力,同时,医生也应具有足够的耐心和时间解答患者的疑问,相较于第一种主动被动型模式,指导合作型模式中医患双方具有一定程度的互动。

第三种:共同参与型。在这种模式中,医生不再是智慧权威,也不再是技术权威，医生所做的事情只是提供治疗方案，并指出各种治疗方案的利弊供患者选择。这种模式最重要的地方就是需要患者具备作出选择的能力。但由于医学技术具有高度的专业性，患者要作出选择就意味着其必须具备相应的医学知识。从这个角度而言，患者必须变成"聪明的患者"。这种模式下医患双方的互动进一步加强，而且在一定程度上超越了互动而变成了合作。

上述的第三种模式被认为是医患关系中最理想的模式，在对疾病治疗方案的共同探讨中，增加医患双方的信任，医者帮助执行患者所选择的治疗方案，治疗方案的选择权和决定权在患者手中。患者在接受治疗前已经客观衡量各种治疗方案的利弊，对有利的后果或不利的后果已经有心理预期。①

2. 不同医患模式对医疗纠纷的影响

在理论上，我们可以把医患之间的关系作为理论模型进行建构，但现实的情况显然要复杂得多。对医生来说，如果患者完全不发出声音或者完全发出声音，都是比较理想的情况。例如，有医生谈及其出诊过程时提到，有的患者一知半解，他会问你很多问题，但是我不可能有那么多时间来说清楚。我更希望看一些很懂或者完全不懂的病人。但就是有一些自以为懂但是知道的都不太对的患者一直和你拗着来，不断地问问题，而我真的没有时间回答那么多问题啊。我在门诊看病人，一天看57个，还不算多的，上午8点到

---

① 当然，除了上述三种模式外，还有学者提出医患关系是一种消费型关系。在这种关系中，医患双方是消费者和服务提供者的关系，医生接受来自患者的指令，诸如目前一些以健康保健为主要目的的医疗服务，提供者和患者之间的关系就属于这种关系，但这种关系并不在实践中占大多数比例的医患关系模式，所以目前认为最主要的医患关系模式还是上述三种。

11点,下午1点到4点,6个小时,平均6分钟一个,包括我做体格检查、写病历、开处方等时间。如果我1天看5个,完全可以和你聊天,看那么多人我还一直和你笑脸相迎,和你拉家常?不可能的,医生很累很累![1]其实,作为患者来说,对这种情形也是深有体会的,在诊室外候诊时听着叫号器叫了几十号仍没有轮到自己,往往感觉时间过去了很久,等待是那么漫长,然而轮到自己就诊时,好像几分钟就结束了。

上述三种模式中的患者在现实的医疗实践中都是存在的。第一类患者,出于教育文化水平等原因,其在诊疗过程中完全无法提出疑问或作出选择,而只能被动甚至主动要求医生帮助其选择,最主要的是,当医生要求其作出选择时,他们实际上往往无法作出选择。在这种情况下,即使他们按照医院规定的流程在形式上作出了选择,如签署了知情同意书,但这种选择对这类患者来说并没有实质意义,而且这类患者往往对诊疗的不利后果缺乏足够的认识。他们认为"病人来医院就是治病的,如果没有治好,就是医生的事",所以在主动被动型的情况下,医生无论给患者指令或者不给患者指令都会面临风险。第二类患者,随着目前获取信息的方式发生变化——只要会使用网络,很容易就能查到相关的诊疗知识,但医生很头疼通过"碎片化"的知识来干扰他诊疗行为的患者,而且诊疗实际也决定了大部分医生在诊疗进程中没有太多时间给这类患者"答疑解惑",于是当这类"具有疑问能力的"患者面对"不愿回答疑问或者回答不出疑问"的医生时,冲突就产生了。第三类患者,

---

[1] 黄荣贵、桂勇、冯博雅、孙秋梦、郭巍蓉、衣然:《当代中国医生心态研究》,上海社会科学院出版社,2014,第23页。

即可以作出选择的患者,这类患者实际上在目前诊疗过程中所占的比例并不高。由于医学知识的专门性,没有接受过专门训练的人要成为医学知识权威基本不可能,而且即使接受过专门的训练,由于现代医学的分科模式、临床诊疗技术的日新月异,专科医生对其他科别的医学知识也不敢说完全知晓,所以期望患者都变成"医学专家"确实存在困难,只能期望患者成为"智慧的患者"——既能够提出相对专业的疑问,也能够理解医生解释内容的患者。这种"专家型患者"在有一类患者中可能大量出现——慢性病患者或者接受医生健康服务指导的患者,这类患者"久病成医",对医生的诊疗方案可以凭借自己的能力作出选择。由此可见,诊疗中的医患关系面临下述矛盾:医生希望患者有选择的能力,而患者无选择的能力;医生不希望患者提出非专业的疑问,而具备提出一定疑问能力的患者渴望获知自己诊疗真相;医生没有足够时间倾听、答疑,而患者渴望诉说疾病甚至因疾病带来的苦痛;医生希望专家型患者,而现实中缺乏专家型患者;医生希望只是单纯诊疗疾病,而实践中不得不面对三种类型患者的不同诉求。当医患之间的上述矛盾发展到一定阶段,诊疗过程中的纠纷就不可避免地出现。

(二)医患双方的角色期待

作为个人,我们在社会中总要充当不同的、变化的社会角色。社会生活中的每个人都是角色的复合体,即角色丛。从社会的角度来说,社会对处于一定社会地位的人所具有的角色行为有所期待,同时对所期待的角色行为还具有相应的标准和角色道德的要求。社会角色表现为一系列的行为期待和一整套的行为规范。作为角色的个体，个人根据自己所处的社会地位要完成相应的角色扮演。由于个体要扮演不同的社会角色，所以有时会出现角色紧张、冲突和混同，甚至出现角色失败的情况。作为医患双方当事人的医生和患者，在社会中同样也充当着不同的、变化的社会角色。

1. 患者对医生的角色期待

医生的社会角色因相对关系的不同而有所不同。在社会中，医生的社会角色是医学知识的传承者，也是劳动者；对于家庭而言，医生只是一个普通的自然人，普通的家庭成员；对于病患而言，医生既是疾病的诊疗者，也是健康知识的教育者。在这些角色之间，医生需要不停地转换自己的身份。每个身份都对医生有所期待。其中，患者对医生的最大期待就是治好病，除此之外，对医生的期待还包括："（1）具有丰富的知识和技能；（2）仁心行医、体贴患者，不把医疗作为谋私的手段，而是把'救死扶伤、治病救人'作为唯一宗旨；（3）在诊疗中做一个专心的倾听者、仔细的观察者、有效的医疗者。"[1] 但这种期待在现实中经常落空，当期待落空时，矛盾就有可能产生。首先，医生不可能治好所有的疾病，准确地说，医生只能治好小部分的疾病；其次，在目前的诊疗实践中，特别是在"看病难"的环境中，医生不可能随时都专心倾听每位患者的诉说；最后，部分医生的医德堪忧，与患者的期待有所差距。可以说，这种角色期待和实际状况的差距会一直存在，这就意味着干扰医患互信的因素也会一直存在。

2. 医生对患者的角色期待

不仅患者对医生的角色有所期待，医生对患者的角色也有所期

---

[1] 任桂秀:《行为医学》，四川大学出版社，2004，第101页。

待。帕森斯（Parsons）于1951年提出了"病人角色"的概念，并指出"病人角色"的主要内容是："（1）病人被免于承担'正常的'社会角色；（2）病人不用为自己的情况负责，人们通常认为一个人患病超出了他或她的控制能力；（3）病人应该作出努力（使自己）康复；（4）病人应该寻求技术上可行的帮助。"[1] 帕森斯的这种病人角色理论招致了一些批评：第一，并不是所有的病人都会被免于承担"正常的"社会角色，一个病人在医院中是病人，但在其他的场景中还承担着不同的社会角色。有的病人基于某些原因还可能会"假装自己不是病人"，甚至强调自己不比别人差。第二，随着疾病谱变化，慢性病成为主要的疾病，人们意识到疾病和自己的生活方式、生活环境具有密切的关系，人们应当为自己的健康负责。第三，并不是所有的病人都愿意努力使自己康复。第四，有的时候病人也并不总是寻求医生的帮助。帕森斯的"病人角色"理论给我们提供的是一个理想型病人的概念，在实践中，医生当然期望患者都是这种理想的患者，但现实和理想存在不小差距。实际上，目前医生能期待的患者仅是能够遵守医疗机构的各种规定，积极配合、接受医生的诊疗，并且在接受诊疗过程中，行为符合社会一般善良公民的行为规范。只要能做到这样的患者，已经符合医生的期待。但遗憾的是，在一段时期内，一些患者即便连医生的这种最低期待都做不到。在就医过程中，不遵守医疗机构规范，不按医嘱行事并且还将治疗效果不佳的责任归咎于医生的诊疗水平太差，对医生恶语相加甚至暴力伤害。这种状况的出现也非一朝一夕的事情，如果医

---

[1] 威廉·考克汉姆：《医学社会学（第11版）》，高永平、杨勃彦译，中国人民大学出版社，2012，第112页。

生对患者的期待总是落空，医患互信的构建也就困难重重。

二、医方内部关系、患者内部关系对医疗纠纷的影响

（一）医方内部关系对医疗纠纷的影响

我国从 20 世纪 90 年代开始将医院划分为不同的等级和级别，后来又对医院的类型作出了进一步划分。不可否认，这些措施出台的初衷是好的，如对医院级别的划分是按照医院的功能、设施和技术力量等进行的，目的是发挥各级别医院的功能，最大限度地整合和利用医疗资源。鼓励社会办医是为了解决医疗资源不足，弥补公立医院不能完全提供群众诊疗需要的现实，但这种划分在不同医院之间带来了一些区别：三甲医院凭借设备和医疗技术的优势在诊疗活动中占有一定的优势，部分医疗机构则虽不缺资金、服务但缺高端的技术人才。

"看病难、看病贵""过度检查、过度治疗"是不少患者对医疗行业的认知，这些问题在诊疗活动中也确实存在。它们的出现并不是由单一原因造成的，其背后的原因十分复杂，但这些行为背后也会涉及各级医院之间的关系，这也间接影响着医疗纠纷的发生。以过度检查为例，卫生行政部门一直致力于通过采取"同级医院之间检查结果互认"来部分解决这个问题，但这项政策自出台以来推进并不理想。患者抱怨在诊疗过程中，进入不同的医院相同的检查又要重新做一遍，医疗机构的理由是患者的身体变化是一个动态的过程，因此不能依据以前甚至几天前的检查结论进行诊疗。不可否认，患者有的检查结论确实是一个动态的过程，但有的结论在一段

时间内不会发生明显变化，各医院之间不互认的原因除了诊疗需要，更为重要的还是利益关系。再以叫好不叫座的医师多点执业为例，为了解决医疗技术人才不足的问题，卫生部门一直努力推进医师多点执业工作，即允许医生同时在几个医疗机构执业，优质医务人员资源匮乏的医院对此持非常欢迎的态度，但现状是只有为数不多的医务人员愿意或者说可能到其他医疗机构执业，这也使卫生行政部门为解决医疗资源不足带来的医患关系紧张而采取的举措推进不足，还使优质医疗资源合理配置解决就医难的问题没有起到应有的作用，患者因"看病难"而产生的就医障碍一直存在，这对医患关系也产生一定影响。

（二）患者内部关系对医疗纠纷的影响

"我们每个人一生中要与不同的人结成不同的社会网，如亲戚网络、邻里网络、朋友网络、同乡网络、同事网络等"[①]，社会网在我们的生活中发挥着许多重要的社会功能，如相互支持的功能，包括情感上的相互依赖和物质上的相互帮助；提供信息的功能，如推荐名医看病等。患者置身于这样一个社会网中，这些网络功能的发挥对患者会产生许多影响，患者在社会中的行动策略也受这些社会关系的影响。虽然这些关系由于和患者间远近亲疏不同而对患者产生的影响不同，但可以肯定的是，距离患者越近的社会关系对患者的影响越大，距离患者越远的社会关系对患者的影响越小，而当

---

① 张鸿雁：《城市·空间·人际——中外城市社会发展比较研究》，东南大学出版社，2003，第55页。

医疗纠纷发生时，患者的内部社会关系无疑也会对纠纷产生一些影响。

在医疗纠纷的案件中，案件的解决过程也呈现出这样的特点：因为亲属朋友的介入导致纠纷升级，同样，在有的案例中亲属朋友的介入则使纠纷得以快速解决。从冲突的理论来看，冲突的双方或一方当事人如果得到了外界的支持，得到支持的一方或双方就会倾向于扩大冲突的规模，使冲突升级。在有的案件中，患者一方刚开始并没有想和医疗机构产生严重冲突，但在纠纷解决过程中随着越来越多的亲属朋友参与，患者及其近亲属就会随着其他亲属朋友态度的变化而发生变化。"中国的家是一个事业组织，家的大小是依着事业的大小而决定，如果事业小，夫妇两人合作已够应付，这个家也可以小的等于家庭；如果事业大，超过了夫妇所能担负时，兄弟伯叔全可以集合在一个大家里。"[①] 在医疗纠纷案件中，这一点体现得尤为明显。患者与亲戚朋友迅速成为一个"大家"，在这个家里，不同的人将发挥不同的作用，但有一点是共同的——作为大家的一员，应当为成员争取权益。因此，当群体共同指向医疗机构时，冲突将会比患者个人和医疗机构之间规模更大，紧张程度加剧。

三、医患双方和媒体舆论的关系对医疗纠纷的影响

（一）患者和媒体舆论的关系对医疗纠纷的影响

相对来说，具有负面因素的新闻题材可能更容易引起公众的关

---

① 费孝通：《乡土中国》，上海人民出版社，2007，第24页。

注。一些记者和新闻机构认为具有负面因素的新闻题材更具市场价值。同样，在对医疗纠纷的报道上，渲染医方过错及患者的受害者地位往往也可以吸引公众的关注。因此，媒体和一些患者在这一点上是契合的。同时，当部分患者意识到媒体存在偏向反常的、戏剧化的、轰动性的新闻事件时，就想利用媒体的反向传播达到其目的。因此，即使这些患者与媒体是陌生关系，在一些负面新闻上他们仍可以达成一致，更何况有的时候，这些患者还可以利用媒体来实现引起社会关注和同情的目的。加之，由于信息传播技术的发展，部分患者还可以很轻易地利用网络平台、网络软件传播信息，给医疗机构带来压力。

在当今这个资讯传播异常广泛和迅速的时代，地球上任何一个地方发生的事件都会迅速地传播至各地。医疗纠纷的报道也不例外，只要某地某医院发生了一例医疗纠纷案件，一经媒体报道，就可以迅速传播到社会各个角落。新闻报道虽总体遵循真实性原则，但不乏一些新闻作品为了吸引人们的注意力使用一些夸张的标题或者进行不实的报道。由于医疗纠纷是人们较为关注的一类事件，所以有的新闻媒体在报道时往往采用夸张的手法以吸引读者的注意，潜在的部分患者从这些报道中形成了自己对医疗纠纷的认知，更重要的是，新闻报道的受众群体是大众，也就是随时可能成为"患者"的人，在情感上更容易和患者一方产生共鸣，从而对医疗机构一方进行谴责。因此，新闻报道极易产生放大医患冲突的效果，对医疗纠纷的产生和解决也会造成极大影响，如2016年山东的"产妇纱布门"事件①,不仅对医疗机构的名誉造成了恶劣影响,更将医患关系推向更加对立的位置。舆论对医疗纠纷的影响随着报纸这一新闻媒介的出现早在民国时期就已经产生。现代的有些新闻报道同样存在这样的问题,在没有调查清楚事实时,为了追求新闻的轰动效应,采用夸张的方式对医疗纠纷案件进行报道,导致无形中对医疗纠纷的解决产生压力。

(二)医方和媒体舆论的关系对医疗纠纷的影响

医疗机构和大众媒体之间的关系主要体现在两个方面:一方面,医疗机构利用媒体主动宣传和报道自己,在发生一些重大事件时,利用媒体可以正面宣传医疗机构和医务人员,对医疗机构和医务人员进行形象塑造,同时,利用媒体传播健康知识,体现自己的社会责任;另一方面,医疗机构往往面临因一些媒体负面报道所带来的影响。

黄荣贵等学者用"谁抢了我的麦克风"来形容医方和媒体之间的关系。"负面舆论的铺天盖地,使医生处于一个相对失声的境地,

---

① 山东卫视《生活帮》栏目在 2016 年 10 月 30 日报道了一起"医患纠纷":潍坊市妇幼保健院在给产妇徐某行剖宫产术后,竟然忘记取出纱布,将纱布留在子宫,引起患者疼痛难忍。待患者发现后,医院甚至隐瞒推脱,不告诉家属检查结果。这一报道再一次把医患关系推向对立。但几天后,舆论马上出现反转:这是一则被《生活帮》恶意歪曲、恶意裁剪的视频。医学专家指出,本次事件中潍坊市妇幼保健院通过纱布压迫和缝扎最快止住患者大出血,保留了患者子宫,抢救医生做了最优选择,而不是切除子宫这样简单的方案。央视网:《产妇子宫内留纱布事件调查——山东潍坊:产妇生产后子宫内留纱布》,https://tv.cctv.com/2016/11/08/VIDE74whE4garYyd0L5gVTpX161108.shtml,访问日期:2022 年 8 月 1 日。

成为一个没有多少话语权的群体"[1],"他们不知道怎样才能为自己说话,因为他们缺乏组织化的、有效率的自身组织保护他们的切身利益,这使得他们面对患者时的处境其实也是弱势的,左右为难"[2]。在发生医疗纠纷时,医方很难利用媒体为自己发声,除非事后被证明医疗机构确实不存在错误。最典型的事例是2011年发表的一篇关于"8毛钱治10万元的病"的报道,[3]但是这种"剧情意外反转式"的报道实际上对医疗机构和医务人员的形象并没有起到应有的正面塑造的作用。大多数时候,医方即使利用媒体发出自己的声音,这种声音往往也会被淹没在患方对医院的声讨或者大众媒体所追寻的新闻亮点中。有时,医方作为一个团体在某件具体的医疗纠纷事件报道中,很难发出引起广泛共鸣的声音。

---

[1] 黄荣贵、桂勇、冯博雅、孙秋梦、郭巍蓉、衣然:《当代中国医生心态研究》,上海社会科学院出版社,2014,第14页。

[2] 黄荣贵、桂勇、冯博雅、孙秋梦、郭巍蓉、衣然:《当代中国医生心态研究》,上海社会科学院出版社,2014,第106页。

[3] 这个案例的报道大致是这样的:在龙岗开牙医诊所的陈先生的孩子出生后发现肚子有点鼓,深圳市儿童医院给孩子拍了十几张X光片后,要求给降生仅6天的新生儿做一场大手术,手术费用可能超过10万元。然而,学医的陈先生隐约觉得有些蹊跷,他拒绝了手术,并带孩子到广州治疗,结果仅用8毛钱的药治好了孩子的病。随后,陈先生一家来深圳市儿童医院讨要说法。后孩子病情反复,陈先生带着患儿来到武汉同济医院就诊,入院时年龄1个月24天。患儿入院时查体:精神反应较差,贫血,营养不良,腹部明显膨隆,腹壁静脉可见,中上腹可见肠形,家长自行肛门置管排便排气。外院结肠钡灌片初步诊断为先天性巨结肠。患儿出院时,其父亲委托武汉同济医院向社会公布了他的一封感谢及致歉信,信中感谢武汉同济医院治好了孩子的病,同时也向深圳市儿童医院道歉。佚名:《"8毛钱治10万元病"事件患儿家长向医院致歉》,http://news.cntv.cn/society/20111029/101359.shtml,访问日期:2022年8月17日。

四、医患双方和职业医闹的关系对医疗纠纷的影响

（一）患者和职业医闹的关系对医疗纠纷的影响

自 2010 年以后，卫生部、公安部陆续发布了多个针对扰乱医疗机构正常工作秩序、暴力伤医的处理意见，2015 年的《刑法修正案（九）》也对扰乱医疗机构秩序的行为进行了规制，即大家耳熟能详的"医闹入刑"。关于"医闹"一词最早出现于何处我们目前不可考，而官方对"医闹"行为正式提及是 2006 年卫生部新闻发言人在一次例行的新闻发布会中。[1] 实际上，医闹分为广义和狭义两种，广义的医闹是指，在医疗纠纷发生后，患者或者患者雇用的人员通过各种方式扰乱医疗机构正常工作秩序，或者威胁甚至伤害医务人员的事件。而狭义的医闹是指，有患者之外的职业群体参与扰乱医疗机构正常诊疗秩序，对医务人员的人身进行威胁和伤害的事件。职业医闹和患者之间的关系在面对医方时体现出一种近似于"利益共同体"的关系，患者通过职业医闹向医疗机构施加压力，以达到自己的目的。然而，当患者获得来自医疗机构的补偿后，患者和职业医闹之间的关系又变成了某种程度上的"利益争夺者"。据报道，有的职业医闹在医疗机构赔偿后，只将很少一部分

---

[1] 2006 年 7 月 10 日，卫生部新闻发言人毛群安在卫生部例行新闻发布会中就"医闹"行为发表评论说，"医闹"是一种违法行为。国家卫生和计划生育委员会：《2006 年 7 月 10 日卫生部例行新闻发布会实录》，http://www.nhc.gov.cn/wsb/pxwfb/200804/28074.shtml，访问日期：2023 年 8 月 20 日。

给患者，而自己收取了大部分。①

2006年以后，关于医闹的报道文献逐渐增多，出现了专门从事医闹活动的人员。他们有专业的分工，专门的医闹策略。随着相关法律法规对医闹行为的规制增多，医闹的策略也发生了一些变化，由"硬冲突、真暴力"转变为"软暴力"，即由冲击医疗机构、打砸医疗机构财物、伤害医务人员变成了软暴力，如围堵医务人员，在医院门口向过往行人诉说以博取同情等方式。从社会学的角度来看，职业医闹所追求的是经济效益，即通过"帮助"患者实现医疗机构对患者的补偿，从而分享补偿的利益。职业医闹者对患者所遭受损害并无情感认同，不存在情感的发泄。

医闹职业群体的存在极大地提高了医疗纠纷发生的频率、扩大了医疗纠纷发生的范围。有时患者和医疗机构已经协商解决相关事宜，但职业医闹介入后，患者一方反悔，导致纠纷升级。一旦医疗机构妥协，职业医闹的目标得以实现，经过口耳相传或者公开报道，出现了示范效应，下次出现纠纷时，患者就可能主动寻求这种方式以实现纠纷的解决，在一段时期内就促进了纠纷数量的增长。

（二）医方和职业医闹的关系对医疗纠纷的影响

按照职业医闹的"功能和作用"，医方和职业医闹之间的关系是一种完全对立的关系：医患之间的不信任使医闹有机可乘，又由于医闹的介入，加剧了医患之间的不信任。对于医方而言，如果没

---

① 鲍晓菁、廖君、肖思思：《揭秘职业医闹生意经：全程控制纠纷 敲诈分成》，http://finance.cnr.cn/gundong/201311/t20131129_514276378.shtml，访问日期：2023年8月20日。

有职业医闹这个群体,医疗秩序和医务人员的安全更能得到保障,所以医方和职业医闹之间基本上处于对立的关系。

一段时期内,每一年包括国家卫生健康委员会、公安部等各部委都会出台关于保障医疗秩序的规范性文件。随着这些规范性文件的实行,职业医闹有所减少,但并没有完全消失。为应对这些规定,职业医闹开始调整策略,从将使用暴力转变为使用软暴力。这种手段虽未触犯相关法律法规,但又实在地对医疗机构和医务人员产生了不利影响,令他们不堪其扰。不过总体而言,最近几年,职业医闹对医疗纠纷的影响已经大大降低,相信在不远的未来,医闹终将丧失生存的土壤。

第三节 医学的模式和特点对医疗纠纷的影响

一、生物医学模式对医疗纠纷的影响

(一)生物医学模式的定义

疾病是人类永恒的话题,从人类产生那一刻开始,疾病就伴随着人类,对疾病的诊疗也几乎是和人类同时出现的。我们现在无法考证人类从什么时候开始治疗疾病,然而,在人类漫长的历史长河中,医学产生了许多分支,不同的国家、民族基于本国、本民族的

文化产生了多种多样的医学文化。[1] 中国传统的中医学文化是一种基于"阴、阳、气、五行"的属于自然哲学范畴的医学文化，但西医东渐以后，以现代实验医学文化为基础建立起来了一种生物医学模式（biomedical model），它是指从生物学角度认识健康和疾病，反映病因、宿主和自然环境三者内在联系的医学观和方法论。[2]

（二）生物医学模式对医疗纠纷的影响

生物医学模式是"看病贵、看病难"问题的直接原因之一，医疗纠纷的产生与其存在直接的因果关系。在生物医学模式下，假设诊疗法、除外诊断法、筛选诊断法、试治诊断法尽管对疾病的诊疗确实起到很大作用，但由于这些诊断方法都是边检查边诊断、扩大检查范围以排除疾病，如果医方认为诊疗设备越先进越好、检查越多越好，就会引发纠纷。因为多检查意味着多侵袭、多付出，而一旦得不到患者所预期的后果，纠纷就难以避免。下面让我们来看看几则案例。

案例 2-1[3]

当事人（自然人）与某医院有限公司签订托管经营合同，但某

---

[1] 我国的医学文化包括汉族和民族医药文化。可以说，几乎每个民族都有自己的医学文化，例如：藏医药、蒙医药、维吾尔医药、傣医药、壮医药、苗医药、瑶医药、彝医药、侗医药、土家族医药、朝鲜族医药等。对此，《中医药法》也作出了界定：中医药，是包括汉族和少数民族在内的我国各民族医药的统称，是反映中华民族对生命、健康和疾病的认识，具有悠久历史传统和独特理论及技术方法的医药学体系。

[2] 蒋炳武：《医学概论》，清华大学出版社，2013，第62页。

[3] 湖南省岳阳市中级人民法院（2021）湘06民终1141号民事判决书。

医院有限公司要求解除其与当事人的合同，因为当事人在经营该民营医院期间存在过度检查、虚假检查、过度治疗等行为，多次被卫生行政部门训诫或处罚。法院依法解除了双方的合同。

该案中，当事人的不良医疗行为和医务人员追求经济效益而不考虑患者的合法权益有关，一旦出现这些行为，就易引起医疗纠纷。

案例 2-2[①]

患者到某诊所治疗五天后，突然感到呼吸困难，家属将其送到市级医院诊疗。因病情严重，市级医院建议转诊，省级医院怀疑患者为药物中毒，也建议转诊。患者经北京某医院治疗后，因病情发展迅速而死亡。经鉴定，诊所对患者的治疗不符合用药原则，造成患者药物过量，与患者死亡存在因果关系。

生物医学模式只能部分地解决生理需求。因为在诊疗过程中，生物医学模式并不完全关注患者对疾病的心理认知感受。

生物医学模式还使医学的从业人员出现了分层，诊疗存在困难的一些科室，从业人员也较少，最典型的如儿科。儿科在我国古代被称为"哑科"，由于儿童很难描述自己的疾病症状，一些特殊的检查也不能进行，而且症状也不典型，且疾病发展迅速，因此医生在诊疗过程中存在困难。一些基层儿科甚至三甲医院的儿科医生流失严重，最直接的影响就是儿科医生工作压力越来越大，诊疗过程中出现问题的概率也变高，儿科成为纠纷的高发科室。实践中就出

[①] 河北省定州市人民法院（2019）冀 0682 民初 854 号民事判决书。

现过部分三甲医院的儿科门诊因为没有医生而不得不停诊的情况，① 为此，2016年，国家卫生和计划生育委员会、国家发展和改革委员会、教育部、财政部、人力资源和社会保障部和国家中医药管理局发布了《关于加强儿童医疗卫生服务改革与发展的意见》，该意见专门涉及儿科医生的培养和儿童医院和综合医院儿科医疗纠纷的问题。

生物医学模式还不适应疾病谱变化后的新情况。它的出现主要是应对18、19世纪的传染病，实践证明该种模式对传染病的预防和治疗起到了十分重要的作用。然而，在人类进入20世纪后，疾病谱发生了很大变化。但是面对疾病谱从传染性病向慢性病转变，生物医学模式对慢性病的应对没有像对传染病的应对那样具有针对性，对一些慢性病只能缓解症状而无法治愈，所以有些科室，如内科的医疗纠纷发生率上升的一个重要原因就是生物医学模式对慢性病只能控制或者缓解症状而无法治愈。

二、医学的特点对医疗纠纷的影响

（一）多元化医学体系的碰撞

人类出现至今，产生了多元化医学体系。从纵向的角度来说，不同的历史时期存在着不同的医学文化，如人类历史上出现的并且一直存留至今的民间医学文化。从横向的角度来说，不同的国家存

---

① 国家卫生健康委员会：《国家卫生计生委新规医院儿科不得停诊拒诊 力克医生短缺顽疾》，http://www.nhc.gov.cn/xcs/wzbd/201602/ee2c7af7073c4c26972e848319a30e67.shtml，访问日期：2022年10月1日。

在着不同的医学文化,甚至同一个国家内部也存在着不同的医学文化。虽然自 19 世纪以来西方医学文化在全世界范围内迅速得到扩张,但是这种扩张并未使西方医学文化成为人类社会现阶段唯一的医学文化。

就我国而言,中医药是在我国传承了几千年的医学文化,一直焕发着强大的生命力。在这个多元化的医疗文化体系中,不同的医疗文化相互影响、相互转化,但总体而言,每种医学文化相对其他医学文化来说都是一种异文化,异文化之间可以共处,但也会出现排斥,在实践中有些案例就是因为中西医药物相互混用,导致患者出现损害而产生纠纷,下面我们来看一则案例。

案例 2-3[①]

医生给患者开具了中西医两种药物,患者服用后死亡,经鉴定患者系过敏体质,因两种药物发生反应而产生过敏造成死亡,医疗机构最终承担 70% 的责任,赔偿了 317060.5 元。

在现实生活中,因滥用制剂出现药物反应造成损害从而引起纠纷的案例报道屡见不鲜,所以不同治疗方式相互融合过程中要予以特别关注。

(二)不同文化体系的医学对人们认知的影响

医学根植于其产生的文化,并且在每种文化体系中都会产生一套独特的关于疾病与诊疗的文化,用于解释疾病产生的原因并指导

---

① 重庆市黔江区人民法院(2011)黔法民初字第 00319 号民事判决书。

疾病的治疗。西医的哲学基础为身心二元论和还原论，相对应的治疗方式是自然主义方式，更重要的是，"医学知识并不是呈单纯地（朝向更精深和更好的）递进式发展，而是一系列依赖于不同社会历史背景的关系构建，医学知识正是在不同的社会历史环境中产生并不断反复协商的。"[1] 近来，随着慢性病的高发及民众健康意识的增强，人们开始重视自然疗法。有的医疗机构夸大某种自然疗法的疗效，却造成疾病发展较为迅速并最终导致患者死亡的后果而引发纠纷。有的患者为什么会相信相应的疗法，就是由于其从自身的医学文化认知出发对疾病的诊疗作出自己的解释，相信某种疗法可以治疗自己的疾病。

（三）医学社会化的影响

在当今的社会中，医学接管了一些不属于医学诊疗的事项，一些本来不该被定义为疾病的行为、事项被定义为疾病，有几类案例凸显了这一点。

第一类：因整容产生的纠纷。从传统医学的视角来看，接受整容者并非传统意义上的"患者"，其也没有患上传统意义上的"疾病"，却选择了通过医学方式纠正其生理学的特征。因整容而引起纠纷的原因主要有两类：第一，在整容过程中医疗机构的医务人员存在过失致使患者受到伤害，导致接受整容者不仅没有实现改善其生理学特征的目的，还变成了"真正的患者"，需要通过不断地治

---

[1] 黛博拉·乐普顿：《医学的文化研究：疾病与身体》，苏静静译，北京大学医学出版社，2016，第19页。

疗来达到恢复原有容貌或者身体状况的目的，有时甚至连恢复原有状况都变得不可能。第二，因整容没有达到接受整容者的心理预期而产生纠纷。医学整容是通过技术手段改变人的生物学特征，但其不是万能和不受限制的，而接受整容者往往对此期望过大，一旦不能达到其心理预期遂产生纠纷。

第二类：因治疗酒精依赖产生的纠纷。实践中，有的纠纷是因为患者到医疗机构治疗醉酒出现损害而产生纠纷。酒精依赖是不是一种疾病？是否应由医学进行诊疗？实际上一直存在争议，对此，医学至少部分接管了本应该由法律或者其他社会控制方式接管的事项。

现代医学正是通过医学化的方式突破了传统疾病诊疗的范畴。这一方面使医学的话语权在社会中实现了除"定义疾病"之外的进一步扩张；另一方面使医学面临更加繁杂的局面，出现冲突的情形大大增加，因为如果医学没有接管上述事项，或者即使接管但有明显的界限，此类纠纷就不会发生。

（四）医学自身的特点

1. 医学技术的局限性

医学具有文化、社会和技术属性，上文我们分析了医学作为文化体系一部分对纠纷产生的影响，但还有一个不能忽视的方面就是医学的技术属性对医疗纠纷的影响。医学的技术属性体现在两个方面：第一，医学知识的专有性。医学知识并不是一种大众知识、常识，即便在资讯十分发达的今天，我们可以很容易地从各个方面获取到医学的信息、关于疾病诊疗的知识、关于身体保健的知识，但真正面对疾病，大多数时候我们仍然不得不求助于专门的医学人士。虽然不同人群的选择会略有差异，如有的人可能会首先分析一下自己的病情，自己尝试吃药；有的人可能对一些小的疾病任由其发展，以期实现自愈。第二，诊疗设备的技术特征。随着科学技术的发展，特别是西医有许多各种各样越来越精密的仪器进入诊疗实践，这些仪器的使用及分析结果的识别具有较强的技术性，需要专门的训练才能掌握。也正因为医学具有这一特征，使医学的发展受技术发展所限。对一些疾病的认识是随着技术的发展而不断发展的，有许多疾病是目前的科学技术发展水平尚不能诊断和治疗的，对这些疾病的诊断和治疗也许会付出很大的代价。一旦出现这些情形，有的时候纠纷是不可避免的。

有三类案例最能体现这种状况：

第一类：因罕见病的治疗引发的纠纷。

案例 2-4[①]

患者到某医院分娩，后在该院行子宫下段剖宫产术，术后顺利分娩出一活男婴，三天后患者出院，但第四天，患者因头昏、咽痛 2 天，呕吐 8 个多小时再次入院，入院后第二日，患者死亡。死亡原因为血栓性血小板减少性紫癜。经鉴定，该血栓性血小板减少性紫癜为罕见病，但医院存在对血小板减少认识不足、重视不够及处理不当等过错，错过了血浆置换的最佳时期。法院判决医院对患者死亡承担 50% 的赔偿责任。该案中医疗机构为技术水平较高的三甲医院，但在面对罕见病时仍出现了相应的过失，所以导致医疗纠纷的产生。

---

① 重庆市高级人民法院（2019）渝民申 3011 号民事裁定书。

第二类：医务人员技术水平存在差异导致的纠纷。

案例 2-5[①]

患者到某医院就诊，根据该医院当时的医疗水平，如果诊疗措施及时、到位，并不必然导致患者出现脑疝的严重后果，但医疗机构没有尽到相应的注意义务，连续两天不对患者作任何检查、诊断患者头痛的原因，反而采取主观臆断、实施了与治疗脑出血疾病完全相悖的错误诊疗措施，同时，行开颅血肿清除去骨瓣减压术时，发现患者脑血管畸形症状，但未及时告知家属，也未对其行畸形血管切除术，结果导致患者术后颅内二次较大面积出血。疏忽大意加上错误治疗，致使患者失去最佳治疗时机，最终患者完全丧失劳动能力，失语、生活不能自理等，构成二级伤残。医院的过错诊疗行为是造成患者损害的主要原因，应承担主要责任。

对于医疗机构来说，在对患者的诊疗过程中应尽到注意义务，即达到当时的医疗水平，这是对医疗机构中医务人员最基本的要求，如果没有达到当时的医疗水平造成患者损害，医疗机构就应承担相应的责任。本案中，医疗机构的医务人员未尽到注意义务，造成患者二级伤残的严重后果。可见，医学作为一门经验学科，和医务人员的经验、水平有密切的关系。基于此，我们就不难理解患者为什么希望自己获得有经验、有能力的医生的诊疗，因为患者不想将生命健康置于风险之下。

第三类：因不当出生引发的纠纷。"不当出生"其实并不是一个准确的词汇，出生与否并无不当之说。这类案例特指经过产前检查没有发现胎儿的先天缺陷，后缺陷胎儿出生，患儿家属要求医疗

---

① 新疆维吾尔自治区高级人民法院（2016）新民再字第 55 号民事判决书。

机构承担侵权损害赔偿责任。自 2000 年以后，这类案例出现的概率升高。我们知道，产前医学检查主要是通过影像学技术，但影像学毕竟不是亲眼能够见到的事实，而是依靠设备和医务人员的经验进行判断，目前的影像学技术还不能百分之百地发现缺陷，所以一旦出现没有诊断出来的情形大概率会引起纠纷。

案例 2-6[①]

患者到医疗机构进行产前检查，医疗机构在超声检测出胎儿存在脑后颅窝池宽超过 1 厘米的情况下，并未引起足够重视，医疗机构未告知患者，后患者分娩出一猫叫综合征患儿。法院认为，医院的未充分告知行为与胎儿不当出生之间具有因果关系，医院应承担赔偿责任，故判决医院承担患儿父母因缺陷儿的出生所额外增加的各项损失 60% 的赔偿责任。

第四类：因某些病程进展较快，目前尚不能迅速诊断和治疗的疾病引发的纠纷。实践中有许多疾病是目前的科学技术水平尚不能尽快诊断和治疗的，或者即使诊断出来也不能百分之百对症治疗的。自 2010 年后，有一类病例最为典型：儿科的重症手口足病。由于有些手口足患儿的症状有时并不典型，而且重症手口足进程较快，往往被误诊为上呼吸道感染。医务人员对这一类疾病的描述是："早上啃着苹果蹦跳着进医院的孩子，下午可能就不行了。"这一类疾病由于进程发展较快，医院如不能及时诊疗，就容易出现纠纷。

---

① 山东省济南市中级人民法院（2021）鲁 01 民终 10539 号民事判决书。

案例 2-7[①]

患儿于 2009 年 6 月 19 日到某乡村医生处就诊，被诊断为上呼吸道感染，治疗三天，6 月 22 日到儿童医院就诊至 7 月 1 日，患儿治疗效果不理想，处于深度昏迷，无自主呼吸，病情重、愈后差，后家属签字放弃治疗。患儿于 7 月 21 日死亡。法院认为某乡村医生应当预见到患儿可能患手口足病，应当告知患儿家长带患儿转入政府指定的有治疗手口足病能力的医院进一步检查，但其未尽到告知、提醒的义务，对患儿治疗了三天，在诊疗过程中存在过失，对患儿死亡的损害后果应当承担相应的赔偿责任。

医疗技术不是万能的，受技术的限制，许多疾病尚不能诊断和治疗，但多数患者并不认同这一点。现代飞速发展的技术让患者对医学有了更多的期待，一旦这种期待落空，虽然法律对这种情形下的诊疗行为有免责的规定，但法律的规定并不能阻碍患者期待落空的巨大失落感，努力寻求诊疗行为中存在的过失，据而要求医疗机构及其医务人员承担相应的责任就成为患者的首先选择。

2.诊疗方式中的侵袭性

随着技术的发展，实验室检查在西医的诊疗过程中发挥着越来越重要的作用。但是，西医的诊疗方式有许多都是具有侵袭性的，只是患者相信这些方式是治疗疾病所必需的，因而可以接受，但如果这些方式超过了患者的承受范围或者给患者造成了除检查利益之外的损害，就容易产生纠纷。《民法典》侵权责任编、《基本医疗卫生与健康促进法》都对过度诊疗进行了规定，但对什么是过度诊疗，过度诊疗和医生的防御性诊疗行为有什么区别则没有规定。防

[①] 河南省高级人民法院（2017）豫民再 248 号民事判决书。

御性诊疗行为最早由美国学者提出，由于20世纪80年代以来美国医疗界迎来了"诉讼爆炸"的时代，医生为了应对随时可能产生的医疗诉讼，在诊疗过程中对自己进行保护而采取的防范性医疗措施。通过防御性诊疗行为，医生被认为完全履行了自己的注意义务而不存在过错，从而不需要承担侵权损害责任。从广义上讲，防御性诊疗行为和过度诊疗在范围上有重合的地方，但过度诊疗更强调超过必要限度的诊疗。医务人员对患者进行过度诊疗可能基于多种因素，但过度诊疗必然给患者带来诊疗利益之外的其他损害。在诊疗过程中，过度用药、实施不必要的手术、进行追赶性的诊疗，这些行为都是过度诊疗行为的表现，也成为引发纠纷的重要原因之一。

第四节　医患双方的因素对医疗纠纷的影响

一、医患双方对疾病的建构和认知对医疗纠纷的影响

（一）患者对纠纷事实的建构

患者对纠纷事实的建构存在于整个医疗过程，在患者及其家属的眼中，医疗纠纷的事实是如下这样的。

1. 我是受害者

患者进入医疗场所的原因是某些被定义为疾病的症状出现或者患者自感不适（这种不适可能是生理的不适也可能是心理的不适）。

一旦患者进入医院这个场所，就意味着患者认为自己出现了身体损伤、功能紊乱。在一定程度上，患者认为自己因为患病而成了"人生的受害者"，患者带着这种认知进入医院，即将经历的一切往往不是一种令人愉快的体验：难以下咽的药物、充满消毒水气味的空间、各种检查和治疗、对陌生的医务人员甚至是异性医务人员暴露身体隐私的难堪、等待检查的焦虑等。患者及其家属之所以愿意体验这一切，是因为希望用一种"较小的痛苦"消除一种"较大的痛苦"，也就是"治好病、疗好痛"，从而让自己离开与疾病和苦痛相伴的世界而回归正常生活的轨道。如果患者在经历这些不快的体验以后并没有消除"受害者"这个身份，甚至因为医疗机构的医务人员的诊疗行为受到了二次伤害，变成了"双重受害者"的身份，患者就会迅速建构自己"第二重"受害者的身份而部分忘记第一重"受害者"的身份，即将自己受到苦痛的原因归咎于医疗行为，是医疗行为造成他们的痛苦，从而将矛头指向实施医疗行为的医疗机构的医务人员。

在患者的认知中，只要患者没有完全恢复健康，他们似乎就遗忘了此前的苦痛是来自自身或者第三人造成的损害，而将自己设定为医疗行为的"受害者"。由此，在与医方的纠纷中，患者建构了自己"受害者"的身份。同时，患者也会建构一个纠纷中的"加害者"角色，患者到医疗机构接受治疗，对患者施治的是医疗机构的医务人员，医疗机构作为一个机构不可能实施诊疗的具体行为，但在医疗纠纷发生后，患者往往会将矛头指向医疗机构，要求由医疗机构承担责任。

2. 医生不负责、不努力

医学具有较强的专业性，患者往往无法对治疗的技术性问题作出判断，而是通过医生表现出来对患者的负责程度等来衡量这是"好"的治疗还是"坏"的治疗。如果医生在治疗过程中态度不好，没有表现出对患者的足够关注，当患者没有被治愈时，患者就会基于对整个治疗过程中医生表现出来的态度来解释自己没有被治愈的原因是医生的不负责和不努力。

3. 多元需求未得到满足

一般而言，患者从进入医疗场所开始，其需求就是多元化的，这些需求包括疗效的需求（良好的治疗效果）、经济的需求（少花钱治好病）、情感的需求（在治疗过程中得到来自医疗机构的医务人员的人文关怀）、权利保障的需求（知情权、隐私权等法律法规确认的权利得到保障）、医疗场所安全的需求（患者在就医过程中人身、财产安全的需求）、个人偏好的需求（如病房环境、家属探视陪伴的可能等）。如果患者在接受治疗的过程中，这些多元需求得不到满足，患者就会建构出自己"被伤害的事实"，从而和医疗机构产生纠纷。

（二）医方对疾病和诊疗的建构

1. 医方：生病了与生什么病了

在生物医学模式下，医生并不需要关注"谁生病"，因为医生诊疗的对象是病，而不是病人，所以谁生病不是医生关注的重点。实践中，有许多医疗纠纷仅仅是医务人员的态度不好导致的，就是医生忽视了"谁生病"——有情感的患者。

关于"生什么病了"，生物医学模式通过对疾病的分类来定义疾病，但这种定义对于医生来说也并不是容易的事情，医生往往也只能通过实验室的检查来定义患者生了什么病。

2. 医方：标准化的诊疗

作为一种被法律、法规、诊疗规范、行业标准固定了的医学技术体系，生物技术模式下建构起来的疾病观、病因观、诊疗观是一种技术体系，也是医方在诊疗过程中必须遵循的标准化的诊疗体系，这种规则体系也建构了现有的诊疗秩序和诊疗模式，深刻地影响着目前医患之间的关系，更是构成了目前医疗纠纷产生和发展的深层次的原因。

二、医疗机构的因素对医疗纠纷的影响

医疗机构自身也会对医疗纠纷产生一定影响，例如，医疗损害赔偿责任中的替代责任，对医生开展医疗行为提供保障的同时也迫使其不得不采取防御性医疗，同时，忽视医疗服务的公益性，片面追求经济利益，管理混乱，在纠纷发生后不能依法依理地妥善解决纠纷，导致矛盾激化或升级，缺乏风险分担机制等原因都有可能造成医疗纠纷。

（一）医疗机构的替代责任

在很长一段时期内，我国的医疗损害责任主要是一种行政责任甚至刑事责任，医疗机构无法替代医务人员来承担，而现行的医疗纠纷民事责任承担实际上是一种替代责任，即医务人员在诊疗过程中造成患者损害的，由医疗机构向患者承担责任。一般而言，只有在医务人员存在重大过失或者故意的情形下，医疗机构向患者承担

责任以后才会向具体造成损害的医务人员进行追偿，这主要是由医疗损害民事责任的承担方式决定的。目前，在医疗领域民事责任的承担方式主要是损害赔偿，而医务人员诊疗患者的行为是一种职务行为。替代责任的承担方式给医务人员提供了一个保障，让医务人员能够安心执业，促进医疗卫生事业的发展。然而，这种责任的承担方式有的时候对患者并不利。患者出现损害后，赔偿对医疗机构来说是一种损失，它意味着医疗机构的成本增大，因此为避免因赔偿造成的损失，医疗机构会要求医生尽量避免出现纠纷。在现实情形中，医生往往通过防御性医疗方式实现对纠纷的避免。医院对医生耳提面命的是不能出现纠纷，这样，医务人员在诊疗过程中实际上就面临着来自患者和医疗机构方的双重压力。但如果这种损害存在多种风险分担机制，例如，采取医疗责任保险的方式，医生在执业过程中的压力就会相对减轻。

（二）部分医疗机构盲目扩张、片面追求经济效益

一段时期内，"一些医院主要关心三个问题：第一，如何扩张领地和兼并，如何建造超一流的现代化楼舍；第二，如何在经济收入上取得跨越式发展；第三，如何引进高档高消费的设备。"[1] 这些问题完全忽视医学科学的特点，丧失了医学人文关怀，追求经济效益，置患者的权益于不顾，失去公益性，追求高额利润，如此，即使办公楼建得再好、设备再先进，医疗纠纷也不可避免。

---

[1] 徐萍、王云岭、曹永福：《中国当代医患关系研究》，山东大学出版社，2006，第227页。

（三）部分医疗机构管理混乱

在一段时期内，部分医疗机构存在着管理混乱的问题，主要表现为：第一，鼓励医务人员对患者多检查、多开药，以达到追求经济效益的目的；第二，医托较多、病历资料保管不善、病房管理混乱、医疗环境较差、发布虚假医疗广告、欺骗患者；第三，对患者进行过度治疗、追赶性治疗，以保健品替代药品，夸大某些医疗器械、某些治疗方式的作用等。这些管理混乱引发了层出不穷的医疗纠纷。

（四）部分医疗机构对医疗纠纷的解决方式欠妥当

部分医疗机构在医疗纠纷发生后不是积极地通过合法方式解决纠纷，坚持原则，而是采取掩盖、妥协或者推脱、偏袒等方式处理纠纷。这种不恰当的医疗纠纷处理方式，一方面，不利于医疗机构和医务人员吸取经验教训；另一方面，对患者也会产生不利影响，患者可能利用医疗机构想掩盖问题的心理，提出不合理的要求，或者采取措施扩大纠纷的影响，造成矛盾升级。

（五）部分医疗机构缺乏充分的风险分担机制

医疗行业是一个高风险的行业，对这样的行业应该有健全的风险分担机制。在现代社会，最好的风险分担机制之一就是保险。但是现实生活中，出于不完全归责于医疗机构的原因，医疗责任保险并没有充分发挥对医疗风险的分担作用。从实践的结果看，如果不是强制行为，部分医疗机构并不愿意参加医疗保险，医疗机构的解释是医疗保险的支出成本大于自己解决医疗纠纷的成本，这固然是医疗机构不愿意参加医疗保险的重要原因，但主要原因还是现有的医疗责任保险在保险品种、偿付能力等方面还存在不足，这种状况的解决有赖于相关部门设计出更为合理的参保方式和费率，构建更有利于医疗机构和医务人员参保的制度机制。就医疗机构而言，对更多风险分担机制的缺乏参与也是医疗机构自身存在的问题之一。

三、医务人员的因素对医疗纠纷的影响

（一）部分医务人员诊疗水平不高

实践中，个别医务人员的诊疗水平确实存在较大问题，诊疗水平不高，缺乏职业技能，或对疾病的诊疗完全依赖于检查，缺乏责任心和主观经验的判断，容易在诊疗过程中误诊、错诊、漏诊，延误患者的病情。有两个时期这种情况最为明显：第一个时期是新中国成立后的一段时间，由于许多医疗从业人员都只经过短期培训就从事医务工作，诊疗水平低下，容易造成医疗损害，但那个时期医患关系相对和谐；第二个时期是20世纪90年代以后，随着医疗科学的进步，医疗检查技术水平大幅提高，部分医务人员诊疗水平不高的问题再次凸显，并且成为实践中产生医疗纠纷的主要原因之一。一个具有良好职业素质的医生的培养并不是一个容易的过程，而且从医学生到一名合格的医生还必须经历很长的临床培养周期。但从过往的诊疗实际来看，社会期待一个医学生能够在较短时间内成为一个合格的医生，但这显然是不符合医学人才的培养规律的。

目前，国家开始重视这个问题，对医学生的培养机制进行调整，延长医学生成为医生的过程。这对即将选择医生作为职业的医学生来说，学习的过程延长了，个人和家庭付出的成本增高了，但从长远看，对医生诊疗水平的提高是非常有益的，在这个过程中也可以淘汰没有责任心、专业水平低下的人员。

（二）部分医务人员职业道德水平滑坡

现代医学道德的主要原则包括尊重与自主原则、不伤害原则、知情与同意原则、人道主义原则和公正原则。医学道德原则指导的医学实践对医患关系产生了十分重要的影响，如果所有医生能恪守这些原则，在诊疗过程中都能够为患者的利益考虑，医心精诚、热爱病人、平等相待、医术精湛、不谋私利，则医患关系会变得和谐很多。但现实生活中，部分医生医德存在一些问题，医疗技术水平不高，对患者缺乏责任心、在诊疗过程中态度恶劣，甚至片面追求物质利益、完全忘记"医乃仁术"的宗旨，"以经济利益为本而非以病人为本"，造成医患关系紧张。实际上，就医疗纠纷而言，医生因非技术过失而产生的纠纷数量远高于因技术过失产生的纠纷。对于普通患者而言，除非出现明显的损害，否则判断诊疗过程中是否存在过失是不现实的，所以患者只是依据一些外在的因素，如医生是否负责、态度是否真诚、对病患是否怀有同情之心等来判断诊疗过程中的情况。对处于病痛中的患者，如果医生能做到这些，就能给患者信心，对其治疗起到积极作用，反之，则会加重病人的消极心理，造成患者的紧张，从而为医疗纠纷埋下伏笔。

医生被称为"社会的良心"，但目前部分医生缺乏对传统医德的认同。尽管不同的医学文化在具体的医学知识、诊疗方法上有所差别，但在医德上，不同的医学文化没有太多差别。医学是应当敬畏生命的，然而，部分医生却缺失了对生命最起码的尊重，反而对生命体现出一种漠视。传统的医德要求医生要体现一种对生命无比珍惜的博爱情怀，对病人有爱心、有同情心，对患者的疾病感同身受。但是现状是部分医生不认同这些传统的医德，对患者不尊重，将患者当作流水线上的机器对待。当然，这种缺乏对传统医德认同的行为并不单纯是医生个人原因导致的，在伤医事件频发的执业环境中，单方让医生认同传统医德对医生来说也是一种苛求。在物化的医患关系中，医生只会将自己的职业当作一种谋生的工具，缺乏对这份事业的认同，更缺乏对这份事业崇高医德的认同，结果就是，医患之间仍然不信任，医患冲突仍然普遍。

对医生医德存在的问题，尽管社会早有认知，但往往将这些问题归结为医生个人的问题。我们呼唤医生发扬崇高的职业道德精神，但缺乏对医生医德建设的制度设计，单纯靠医院内部的医德建设活动来塑造医生的职业道德是远远不够的。单纯靠提倡医生的个人修养来保障医生的医德没有普及性意义。现实中，社会公众、患者对德艺双馨的医者是十分认同的，但由于这些品质是个人高尚情怀的一种体现，我们不可能希冀所有的医生都如这些高尚的医生一般，所以社会应该构建出更合理的医生医德建设机制，依靠外部的制度约束来形成医生内心的道德比单纯地提倡更合理，也更具有可行性。医生作为社会中的个体，在当今的医疗实践中会形成自己的道德直觉和道德理解。如果我们要让医生认同传统的医德，就必须构建让医生形成对传统医德认同的外部环境，构建出能让医生发挥高尚医德的执业环境。

(三)部分医务人员在诊疗中缺乏沟通的技巧

医疗纠纷中有很大比例是由于医务人员的态度问题造成的。目前,医院诊疗的方式主要是通过面对面诊疗实现的。面对面诊疗存在于医患的沟通中,在沟通中,医生实现了对患者的诊疗。但部分医务人员十分缺乏沟通的技巧,在诊疗过程中,忽视患者的感受。患者就医时普遍具有一种焦虑感,此时,如果医生能够有效地降低患者的这种焦虑感,就容易在彼此间建立起信任关系。而现实是,部分医生基于对疾病的不同认识、对诊疗的不同认知以及医生工作量的压力,特别是在门诊过程中很少会和患者开展有效的沟通,即不是用患者听得懂的语言和患者进行沟通,而是基于专业的语汇,用专业术语在医患之间建立起一道沟通上的鸿沟。专业的术语意味着冷静、理性,摒弃情感的因素,这对作为正在体验病痛的有的患者来说,紧张、恐惧和焦虑的情感得不到舒缓,还可能由于医生的言语更进一步加剧其紧张、恐惧和焦虑。在此前提下,部分患者的情绪难免失控,所以容易和医生产生纠纷。但如果医生能够尽可能地在诊疗过程中让患者紧张的情绪得到一定程度的舒缓,患者就可能失去和医生产生纠纷的动力,在一定程度上就可以避免纠纷。还有一种更为常见的情形是,医务人员在诊疗过程中态度恶劣,患者觉得被轻视或者不被尊重,因而产生纠纷。在这样的案例中,患者并不是觉得诊疗行为存在过错或者遭受损害,而是认为在诊疗过程中,医务人员态度恶劣,让其受到轻视甚至被侮辱,所以和医务人员产生纠纷。此外,如前所述,医患关系一般有三种模式。在医疗实践中,三种模式下的患者医生都可能遇到,医生应针对不同的患者采取不同的医患沟通模式。但随着社会的发展,患者的教育水平的提高，相对来说，指导合作型的患者和共同参与型的患者会增多。如果医生仍沿用主动被动型模式下的医患沟通方式和诊疗方式，将不再适应患者的需求，患者就会对医务人员的态度产生不满而引发纠纷。

（四）医务人员的法律意识增强

随着医务人员法律意识的增强，医务人员也往往通过事前预防的方式来防止医疗纠纷的出现。而对于医务人员而言，最佳的防御方式就是能够证明自己在诊疗过程中不存在过错。为此，医务人员在对患者的诊疗过程中容易出现两种倾向：一种倾向是，有风险的诊疗方式尽量不对患者开展，以避免出现风险时与患者发生纠纷。甚至通过对患者转诊等方式避免对危急患者开展诊疗行为。另一种倾向是，对患者进行防御性治疗，把能做的检查全部做一遍，能做的治疗全部做一遍。这样的结果是即使出现纠纷，医疗机构和医务人员也能免责。然而，这增加了患者的就医成本和对患者的侵袭。患者一旦发现存在这种情况，纠纷就可能出现。

四、患者的因素对医疗纠纷的影响

医疗纠纷的发生有社会、法律、医疗机构和医务人员的原因，但我们不能忽视的是，作为医疗纠纷另一方的患者，患者的因素也是许多医疗纠纷发生的重要原因。

（一）部分患者存在不良的就医心态或缺乏对医疗特点的认知

部分患者在就医时不是认为医生是帮助自己的，而是假设医生是对自己不利的，从一开始就将医生置于自己的对立面，对医生的诊疗行为进行防御，例如，对医生在诊疗过程中的话语进行录音，一旦出现与自己预期不一致的结果就抓住医生的个别语句质问医生。这些行为使医患之间本就已经薄弱的信任关系雪上加霜，增加了医患矛盾发生的可能性。此外，部分患者的心态过于急躁，要求医生的诊疗立竿见影、药到病除，能打针不吃药，无法等待疾病的自愈或者不接受采用温和的诊疗方式。这些行为不仅增加了医疗行为对患者自身的侵袭，也增加了出现损害的风险。医疗从来都不是万能的，但部分患者希望医生能完全治愈自己的疾病，不接受并发症、预后不良等情形，只要出现这些情形，就认为医疗机构和医务人员在诊疗过程中存在过错，遂与医疗机构产生纠纷，要求医疗机构承担责任。

（二）部分患者在就医时忽视道德规范

在医疗纠纷案件中，多数患者较医疗机构而言处于相对"弱势"的地位，加上社会舆论等方面的影响，普通大众多数会同情患者一方，认为纠纷的发生是由医疗机构和医务人员导致的。但实际上，在医疗纠纷的发生过程中，患者也是一个重要的因素，其中，患者及其家属的道德因素尤其会对医疗纠纷的发生产生影响。中国传统社会是一个讲"礼"的社会，要求人们秉承"仁义礼智信，温良恭俭让"的道德规范，现代社会我们仍然提倡公民的基本道德规范,患者及其家属都是公民,也应该遵循公民基本的道德规范。然而,有些患者及其家属无视道德规范,在诊疗过程中故意隐瞒真相,或者编造病情,缺乏对医务人员最基本的尊重、态度恶劣,甚至出现为了达到获利等非法目的而故意制造纠纷的恶劣行径。

虽然近年来,国家通过"医闹"入刑、颁布多项整顿和保障医疗秩序的规范性文件等措施,对患者扰乱医疗秩序的行为进行整顿,但这些法律法规只有当患者的行为严重到一定程度时才会发挥作用,而在日常的诊疗实践中,只能单纯依靠患者的个人道德来约束其就医行为,对诊疗过程中出现的患者对医务人员的"语言暴力",轻微"人身暴力"等行为缺乏外部的约束机制。患者出现这些行为,医疗机构和医务人员也不能拒绝对患者进行诊疗。这对于医疗机构和医务人员来说是不公平的,需要社会对患者的就医道德有相应的约束机制。遗憾的是,我们现在恰恰缺乏这种机制,只提倡医生树立崇高的医德,缺乏患者对"求医问药"后感恩心态的提倡。在这样的就诊环境中,部分患者轻易地发泄自己的情绪,却不需要承担后果,于是无视就医道德。这对医疗纠纷的产生也会有一定影响。

(三)患者的权利意识增强

2000年以后,关于医疗卫生的多部法律法规被颁布,其中关于患者权利的规定越来越多,患者对诊疗过程中自己权利的认知也随之加强。从一开始的关注生命权、身体权、健康权、财产权到后来的关注隐私权、肖像权、知情同意权等,体现了患者越来越重视自身的权利。由此对医务人员提出了更高的要求,医患关系也在一定程度上从主动被动型转换为指导合作型,患者不仅要求医疗机构的医务人员将其疾病治疗好,还想知道其是通过什么途径治疗好的,治疗过程中有没有治愈以外的其他利益受到侵犯,如果医疗机构达不到这样的要求就有可能产生纠纷。

近年来,患者以知情同意权受到侵犯而和医疗机构产生纠纷的情况增多。知情同意权和医生的说明义务相对应,医生履行说明义务的方式目前最为常见的是要求患方签署知情同意书。知情同意的内涵是知情以后的同意,所以知情同意权实际上应经过这样一个逻辑过程:医生说明相关事项—患者理解医生说明的内容—患者具有同意的能力—患者自愿作出同意的表示。实践中,医疗机构往往制作固定格式的知情同意书来适用于不同的情形,患者在接受诊疗的过程中只要签署了相应的格式文书就视为医生履行了说明义务,患者是知情的。这种方式对于医院来说固然是无奈之举,但对于患者来说也是困难重重。

1. 因告知事项而引发的纠纷

在这个过程中,首先由医生说明相关的事项,那么什么事项属于医生应该说明的事项,什么事项不属于医生应该说明的事项,属于医生说明的事项要说明到什么程度才算履行了医生的说明义务。根据相关法律法规等[1]的规定,医生应该说明的事项包括:(1)医疗机构的基本情况;(2)给自己治疗的医务人员的相关情况;(3)患者的病情、检查的结果;(4)医疗机构针对患者的病情开展的医疗项目、手段、程序和方法;(5)是否具有其他可替性的

---

[1] 这些法律法规等规范包括:《医师法》《民法典》《基本医疗卫生与健康促进法》《医疗机构管理条例》《医疗事故处理条例》《医疗机构管理条例实施细则》《病历书写基本规范》等法律法规。

治疗方法；（6）是否需要开展特殊的诊疗方式；（7）诊疗的费用；（8）解答患者提出的有关诊疗问题。针对上述这些事项，说明方式应该是不相同的，如对医疗机构和医疗人员的基本情况，通过公开悬挂医疗机构相关证书、登记诊疗的科目、医务人员佩戴工作牌等方式即可视为医疗机构和医务人员已经履行说明的义务；对患者的病情、检查结果，医疗机构针对患者病情开展的医疗项目、手段、程序和方法，是否具有其他可替代的治疗方法等事项，医务人员应该根据患者的理解能力，用患者能够理解的大众语言（而非技术语言）向患者解释这些事项；对特殊的诊疗[①]，《侵权责任法》要求应该采用书面方式进行告知，《民法典》对此进行了调整，将患者的"书面同意"改为"明确同意"，实际上扩大了告知的形式，如通过书面告知、录音录像等方式告知后取得患者同意均视为"明确同意"。如果医疗机构没有按照不同告知内容进行不同的告知，纠纷就难以避免。对于除特殊检查之外的其他检查，仅对患者进行口头告知，由于没有证据，事后患者可能否认医务人员进行过告知，而医疗机构也没法证明其确实进行过告知从而不得不承担相应的责任。为了避免出现这样的情形，医疗机构不得不采取一些额外的方式取得已经告知的证据，如告知时进行录像。而对通过书面方式进行的告知，患者事后也可能会否认其知情权，如患者可能说自己没

---

① 对什么是特殊检查或者特殊诊疗，《医疗机构管理条例实施细则》等规范进行了规定，包括：有一定危险性，可能产生不良后果的检查和治疗；由于患者体质特殊或者病情危重，可能对患者产生不良后果和危险的检查和治疗；临床试验性的检查和治疗；收费可能对患者造成较大经济负担的检查和治疗；构成对肉体侵袭性伤害的治疗方法与检查手段；需要患者承担痛苦的检查项目；使用有毒副作用和个体素质反应有差异性的药物；需要患者暴露隐私部位等的情形。

有签署知情同意书,是医疗机构伪造的,或者虽然签署了,但是并不知道知情同意书的内容或者由于患者病情急迫,不签署知情同意书医疗机构不治疗,迫于及时救治患者的压力,只好签署,是同意但不知情等。实践中,甚至出现过非常极端的情形,患者使用一种特殊的笔签署知情同意书,这种笔签的字过一段时间字迹会自动消失。医疗机构对此防不胜防,只好也采取一些很特别的方式,如一段时间内非常流行的手术公证就是典型表现。在对患者进行手术之前,医患双方到公证机关进行公证。这些措施加剧了医患双方之间的不信任,将本来就紧张的医患关系推到新的高度。

2. 因告知对象引发的纠纷

告知的对象,一般情况下是向患者告知,特殊情况下不宜向患者告知的可以向患者的近亲属告知。这种规定应该说比较符合中国的传统文化和对疾病的看法,体现了法理与情理,但有的时候这种规定也给医疗告知带来障碍并因此引发纠纷。

案例 2-8[①]

患者因心脏不适到医院检查,医院经过检查告知其患心肌梗死,患者听到这个结果,情绪非常激动,血压迅速升高,经抢救无效死亡。后患者家属和医疗机构产生纠纷,患方认为医疗机构的医务人员不能将病情直接告知患者,因为医务人员应该预见到直接告知患者可能给患者带来压力,造成患者情绪激动,产生不良后果。但医学会鉴定认为:该案例虽是患者在告知过程中发生心源性猝死,但患者的死亡是因病情疑难,意外突变,进展迅猛,没有留下

---

① 上海市浦东新区人民法院(2008)浦民一(民)初字第 4741 号民事判决书。

足够诊断抢救时间而不幸死亡。患者的死亡与医院的医疗行为不存在因果关系。

还有一些案例，其共同特征是：癌症患者知晓自己的病情后要求医院不告知其家属，此时会产生两种后果：第一种是如果医院不告知其家属，患者因病死亡后，家属会和医院产生纠纷，并认为医院应当将患者的病情告知家属，现在患者突然死亡，家属难以接受，故和医院产生纠纷。第二种是医院没有尊重患者的意愿将病情告知家属，患者就会认为医院侵犯了其隐私权，也会和医院产生纠纷。出现这两种情形无外乎是以下两种原因所致：一是患者担心家属如果知道其所患的是不治之症，会放弃对他/她的治疗，一旦医院机构告知其家属，患者就会认为医疗机构侵犯其隐私权继而和医疗机构产生纠纷。与之相对应的是，医疗机构确实没有告诉患者家属，患者家属在患者因病死亡后觉得医疗机构让他们因治疗费用的高昂而生活陷入困境，所以将矛头直指医疗机构。虽然这种真相往往让人难以接受，但由于癌症患者的医疗费用高昂并且有的时候病程较长，家属不堪其累，在现实面前亲情被经济压力、护理压力消磨殆尽。二是患者突然去世，家属此前不知情，情感一时难以接受，认为如果医疗机构早点告知家属，家属就会有心理准备，可以妥善处理一些事情，但由于医疗机构没有告知，导致家属措手不及，于是和医疗机构产生纠纷。与之相对应的是，如果患者不想其病情过早给家属带来悲伤，于是要求医疗机构不告知其家属，一旦医疗机构违背其意愿，告知其家属，家属悲伤不已，患者也会因愤怒而与医疗机构产生纠纷。向左抑或向右，医院也处于两难之中，究竟什么情况下应该告知什么，什么情况下不应告知，确实难以把握。

3.因患者同意或不同意而产生的纠纷

知情同意权是患者的一种权利,权利意味着可以行使也可以放弃,在患者知情不同意或者患者不知情不同意的情形下也会导致相应的纠纷。

(1)知情不同意产生的纠纷

2007年的"李某云"案,患者昏迷,家属知情不同意,后患者死亡,遂产生纠纷。虽然《侵权责任法》对此作出规定,在紧急情况下,无法取得患者及其家属同意的,经医疗机构的负责人同意,医务人员可以实施紧急救治措施。但实践中对什么是紧急情况仍有争议。

(2)不知情不同意产生的纠纷

在患者不知情不同意的情况下,医疗机构实施的诊疗行为如出现损害就会产生纠纷,并且医疗机构要承担相应的责任。

案例 2-9[①]

2010年,患者到某镇卫生院分娩,当晚8点48分,患者及家属在手术同意书上签字后,某镇卫生院为患者实施"子宫下段剖宫产手术"产出一女性活婴。后因患者"胎盘剥离面渗血,结扎双侧子宫动脉仍无效",又为其实施了"子宫全切术",但未另行提供手术同意书,仅是在"子宫下段剖宫产手术"同意书的家属及患者签名后,另行书写"同意切除子宫",并由患者及其家属签名。但患者否认系由其签名。2011年,司法鉴定中心出具的鉴定书显示:

---

① 平顶山市汝州市人民法院(2011)汝民初字第1136号民事判决书。

被告提供的手术同意书中"同意切除子宫"处的签名笔迹不是患者所书写。据此,法院认定医疗机构存在过失。

(3)既知情又同意仍产生纠纷

有一则医患之间的对话是这样开场和结束的:"医生,你说的风险我们都知晓,可是我们不承担。"于医务人员而言,这非常无奈,但这其实也代表了很大一部分患者的真实心态。确实,医生只是客观陈述来自医学的风险,只要接受这种治疗无论是谁,风险都是一样的,所以医生并不需要考虑患者是谁。但对于患者来说,面临风险的是自己而不是别人,在风险面前,患者无法逃避和解决,只好在一定程度上将风险转嫁,让医疗机构这个在患者眼中可以解决这种风险的机构来承担。

案例 2-10[①]

患者意外受伤送至医院急救,急救过程中医院告知家属本医院的诊疗水平不足以处理这种复杂情况,但如果患者转院,在转院途中也会面临较大的风险。患者家属慎重考虑后要求转院,医院于是让患者家属签署了"要求转院,承担全部责任"的保证书,患者家属也签署了。转院过程中,患者死亡,其家属认为医院明知患者会发生风险却仍给患者办理出院手续,导致患者在转院过程中死亡,故和医院发生纠纷。此案经过了一审、二审和再审,确认医疗机构在转院过程中存在一定过错,未派医务人员护送,只有静脉滴注,据此判决医疗机构承担一定的责任。

---

① 河南省平顶山中级人民法院(2011)平民再终字第43号民事判决书。

综上所述，医疗纠纷的发生，技术原因实际上只占一小部分，其他原因导致的医疗纠纷实际上占据了较大比例。"在某种程度上，医学叙述的原本是人与人之间的故事，却一下成为人与商业利益的故事，人与医疗器械的故事。'视病犹亲'，'爱和关怀'遥不可及的故事。"[①]

[①] 黄丁全:《医疗法律与生命伦理》，法律出版社，2007，第7页。

第三章 社会变迁中的医疗纠纷处理机制

第一节 1949—1986 年的医疗纠纷处理机制

一、本阶段医疗纠纷处理的立法沿革

(一) 国家层面立法沿革

新中国成立初期,为了迅速改变卫生领域存在的诸多问题,提高人民群众的健康水平,卫生行政部门在短时间内发布了一些与医疗卫生有关的规章。这些规章对医疗机构和医务人员的行为作出了相应的规范,以提高医疗卫生技术,防止纠纷的发生。从这一时期相关规章的规定来看,主要侧重于防止医疗事故的产生,主要规定

的是涉及医疗事故的法律责任问题。这些规定主要包括：[1]

1951年1月19日政务院批准，1951年3月15日卫生部公布了《医疗诊所管理暂行条例》，其第25条规定：凡违反本条例者，依情节轻重，得分别予以警告、停业、撤销开业执照、撤销证书等处分；其情节严重者送交司法机关处理。[2]

1951年4月18日政务院批准，1951年5月1日卫生部公布了《医师暂行条例》，其第27条规定：医师依法执行业务时，应受法律充分之保障。但违反本条例及犯有业务过失者，依情节轻重，得分别予以警告、停业、撤销开业执照或证书等行政处分；情节严重者，应受法律处分。[3]

1951年4月18日政务院批准，1951年5月1日卫生部公布了《中医师暂行条例》，其第27条规定：中医师依法执行业务时，应受法律充分之保障，但违反本条例及犯有业务过失者，依情节轻重，得分别予以警告、停业、撤销开业执照或证书等行政处分；情节严重者，应受法律处分。

---

[1] 除相关规章规定了对医疗事故的处理之外，卫生行政机关、有关新闻机构也对医疗事故给予了高度关注，例如，1954年2月25日政务院第206次政务会议批准的第三届全国卫生行政会议决议指出：医院中的不合理制度，尚未彻底改革，病床周转率一般很低，忙乱现象十分严重，医疗事故不断发生。1955年11月30日《人民日报》发表社论《消灭医疗事故》，指出医疗事故仍然严重且带有普遍性。该社论也同时指出，必须肯定地说，对医疗责任事故应该进行严肃处理，并认真地找出事故原因，总结教训，来教育造成事故的本人和其他人员，以改进工作，杜绝今后事故的发生，在医疗事故的处理上，既不应当放任姑息，也不应当单纯惩办。

[2] 张培田：《新中国法制研究史料通鉴：第九卷卫生法制篇》，中国政法大学出版社，2003，第10876-10877页。

[3] 张培田：《新中国法制研究史料通鉴：第九卷卫生法制篇》，中国政法大学出版社，2003，第10885-10887页。

1982年1月12日卫生部发布的《全国医院工作条例》第22条规定：要积极预防和减少医疗差错事故。一旦发生事故，必须采取严肃认真、实事求是的态度查明原因，总结经验，吸取教训。凡是医疗、行政、后勤人员疏忽、贻误所致的差错事故都要按规定上报，严肃处理。隐瞒事故真相者，要追究责任。

1982年4月7日卫生部颁布的《医院工作制度》专门规定了差错事故登记报告处理制度，其中规定了差错事故登记制度，对发生的事故应进行严肃处理。

1982年5月19日卫生部发布的《全国中医医院工作条例（试行）》规定：要预防和减少医疗差错事故，一旦发生事故，必须采取严肃认真、实事求是的态度，积极查明原因，吸取教训。在鉴定医疗事故时，要以中医理、法、方、药，辨证论治为依据，采取同行鉴定的方法。

（二）地方层面立法沿革

在这一时段，为了解决医疗纠纷，主要是医疗事故，各省、自治区、直辖市也颁布了一些地方性的专门解决医疗事故的规范，如表3-1所示。

表3-1　1949—1986年部分省份不同时间解决医疗事故所依据的规范及其内容

省份	时间和/或规范名称	主要内容
上海市	20世纪50年代	通常由医院、卫生行政部门与患者协商处理，出现争议时，请医学会审议、鉴定，患者不服，可向法院起诉，法院听取各方意见后调解，调解不成或属重大责任事故触犯法律者，由法院判决

续表

省份	时间和/或规范名称	主要内容
上海市	20世纪60年代	以卫生行政部门定性处理为主
	20世纪70年代	卫生行政部门着手起草规范性文件，医疗事故处理由卫生行政部门和司法部门"医法结合"处理
	1981年3月，上海市卫生局制定并印发《医疗事故登记报告制度暂行规定》	对医疗事故的概念、性质、范围提出统一要求，对医疗事故的报告时限和方式作出了要求。严重责任事故应在24小时内向上级主管部门和市卫生局报告，其他医疗事故一周内上报；医疗事故和严重差错的总结报告每年上报两次
	1985年3月，上海市政府颁布《上海市医疗事故处理暂行规定》	医疗事故分级：一级、二级、三级、四级。 医疗事故的处理：医疗单位发生的医疗事故交由本单位医疗事故处理小组调查、处理；个体开业医务人员发生的医疗事故或事件，由区、县卫生行政管理部门组织调查、处理。 是否可以起诉：医疗事故当事双方对医疗事故处理不服，可以向法院起诉。 医疗事故的鉴定：区、县鉴定委员会、医学院鉴定委员会和市鉴定委员会两级医疗事故鉴定委员会。 医疗事故经济补偿：医疗单位一次性经济补偿。 医疗事故处罚：给予行政处分或并处经济处罚。构成犯罪的责任者，由司法机关依法追究刑事责任
	1985年10月，上海市政府颁布《上海市医疗事故处理暂行规定实施细则》	医疗事故的类别：责任事故（七类）、技术事故。 医疗事故的处理：各级医疗单位均应成立医疗事故处理小组、企业事业单位的主管公司或主管局也应成立相应的医疗事故处理小组，负责所属单位医务室、保健站等发生的医疗事故的处理。 医疗事故处理结论复查：病员或其家属、当事医务人员对医疗事故或事件的处理结论不服，可以要求相应的卫生行政机关复查，对复查结论不服的，可以在接到复查结论的15天内，向人民法院起诉

续表

省份	时间和/或规范名称	主要内容
云南省	20世纪60年代以前	云南省没有制定统一的医疗事故处理办法，发生医疗事故后，由各医疗单位根据事故的性质、后果、责任、当事人的态度和工作表现等决定处分
	1966年1月，云南省卫生厅颁发《云南省医疗事故差错区分及处理规定（试行草案）》	在处理医疗事故时，应本着"惩前毖后，治病救人，教育从严，处理从宽"的精神，严肃认真地进行处理。对平时工作一贯认真负责，细心谨慎，偶尔疏忽造成事故，事后又能大胆承认，虚心检查者，一般不予处分或从宽处理；对确系玩忽人命，情节严重的责任事故，当事人又屡教不改者，应严肃处理。对技术事故，一般不宜行政处分，但必须严肃讨论，认真检查，从中吸取教训，提高技术水平。对事故当事人，应按错误性质及轻重情况，给予教育、批评、处分
	1981年12月，云南省人民检察院、高级人民法院、公安厅、劳动局、卫生厅联合印发《云南省区分和处理医疗事故的暂行规定（试行草案）》	规定了医疗事故差错的区分、分类、分级、鉴定、处理原则和善后工作

续表

省份	时间和/或规范名称	主要内容
安徽省	1979年8月，安徽省人民检察院、高级人民法院、公安局、卫生局、劳动局联合印发《安徽省医疗事故暂行办法》	医疗事故的分类：责任事故、技术事故。 医疗事故的分级：一级、二级、三级。 医疗事故的处理：调查事故时，领导干部必须及时深入科室，广泛听取群众包括当事人的意见；在查清事故发生的原因、情节、造成的后果的基础上，由医院技术委员会（小组）对事故的性质、分级作出鉴定并提出处理意见，由院部审查确定。一级、二级事故要报卫生主管部门审批。责任事故处理从严、技术事故处理从宽，一般医疗事故原则上给予批评教育，但态度很坏、坚持错误的也要给予必要的行政纪律处分；对造成严重事故的要酌情给予行政纪律处分或经济制裁，必要时停止处方权、手术权。 医疗事故的善后处理：凡确定为严重的医疗责任事故导致病情恶化或造成残废、死亡者，是厂矿、企业的职工，可由所在单位按劳动保险有关规定比照因公待遇处理；是国家行政、事业单位职工，由所在单位按因公发生意外事故处理；社员、城镇居民，医院可减免住院、医疗费用，其生活有困难者，由社队或当地政府给予照顾。 医疗事故的报告：各级医院必须建立医疗事故登记制度，发生医疗事故应逐级上报
	1981年3月，安徽省公安厅、安徽省卫生厅颁布《关于维护医院公共秩序的通告》	病员对医院工作和工作人员服务方面有意见的，不得借故取闹，影响医院正常工作。凡因工伤或民事纠纷致伤的病员，伤口治愈后按医生决定的时间办理出院，不得借故拖延和拒不出院。死亡病人的尸体停放太平间不得超过48小时，有特殊原因者可停放96小时，过时不处理者，医院有权移送火葬场存放。违反本通告规定者，医院有权进行严肃批评教育，不听劝阻或违反情节严重者，由医院驻地公安派出所或公安局，根据《治安管理处罚条例》有关规定，分别给予责令检讨、警告、罚款、拘留的处罚

续表

省份	时间和/或规范名称	主要内容
山东省	1980年5月，山东省人民检察院、高级人民法院、公安厅、劳动局、民政厅、第二轻工业厅、卫生厅联合发布《关于印发〈山东省预防和处理医疗事故的暂行规定（试行草案）〉的通知》	区分了医疗事故和医疗差错，未造成不良后果者属于医疗差错。 医疗事故的类别：责任事故、技术事故。 医疗事故的分级：一级、二级、三级。 医疗事故赔偿：一次性经济赔偿
	1980年	山东省医疗事故鉴定委员会成立（1980—1985年，山东省卫生厅先后鉴定处理医疗事故若干起）
甘肃省	1956年5月，甘肃省卫生厅发布《医疗事故处理暂行办法（草案）》	医疗事故的分类：医疗缺点、医疗差错、医疗事故（医疗事故分为责任性医疗事故、技术性医疗事故）。[1] 医疗事故的分级：一级、二级、三级。 医疗事故的处理：技术事故从宽、责任事故从严，关于医疗事故的处理问题，一般应以主管卫生行政领导机关为主，如卫生部门在处理当中，认为事故情节严重，涉及法律性质，须由法院审理时，可将原案及卫生部门之意见，一并提交当地法院处理。 医疗事故的登记、统计及报告：各单位必须建立医疗事故的登记、统计和报告制度
河南省	1954年，河南省政府发布《关于今后处理医疗事故的指示》	划分了医疗事故的范围和性质，明确了医疗事故的责任区分、处理原则和方法步骤等
	1981年，河南省卫生厅发布《河南省预防和处理医疗事故的暂行规定（试行草案）的通知》	河南省医疗事故鉴定委员会成立，主要承担各市、地卫生局和省直各医院因技术原因难以确定的疑难复杂医疗纠纷的技术鉴定任务

续表

省份	时间和/或规范名称	主要内容
江苏省	1958年,江苏省第一次地、市、县文教部长会议通过决议	要求对所发生的医疗事故进行实事求是地调查分析,正确地鉴别其性质,对高级医务人员追究刑事责任的,须经省政府批准
	1963年,江苏省卫生厅发布《医疗事故和医疗差错处理办法(草案)》	规定了医疗事故和差错、责任事故和技术事故
	1979年11月,江苏省公安局、劳动局、民政局、卫生局联合发布《江苏省医疗事故处理暂行办法》	规定由医院技术委员会对医疗事故性质、分级进行裁定,作出处理结论并报院审查确立。一级、二级医疗事故,填写事故报告表,逐级报送卫生行政部门
	1984年2月,江苏省政府颁布《江苏省医疗事故处理暂行办法》	成立江苏省医疗事故技术鉴定委员会,成员包括专家级技术人员、法医和省卫生行政领导等共17人。1984年5月7日增补中医委员4人。此后,医疗事故鉴定形成省、市、县三级
辽宁省	1958年1月,辽宁省卫生厅发布《辽宁省关于处理医疗事故的规定(草案)》	医疗事故的界定:凡是由于医务人员工作中的过失,给病人造成不应有的死亡、残废或增加病人的重大痛苦的,均称为医疗事故。医疗事故的分类:甲类医疗事故、乙类医疗事故
	1964年9月,辽宁省卫生厅发布《辽宁省关于处理医疗事故的暂行几项规定》	对医疗事故的概念再次作出界定:凡因医疗上的过失,造成病人死亡、残废、组织器官损伤者为医疗事故。尽管医务人员认真负责,作了最大努力,但因目前医学科学技术水平所限而发生难以预料的意外,则不属于医疗事故
	1983年8月,辽宁省人民政府颁布《辽宁省医疗事故处理试行规定》	省、市(地)、县(区)要成立医疗事故技术鉴定委员会,各级医疗单位要成立医疗事故技术鉴定小组

续表

省份	时间和/或规范名称	主要内容
陕西省	1981年,陕西省检察院、法院、公安厅、劳动局、民政局、卫生局联合印发《陕西省预防和处理医疗事故的规定》	医疗事故分为责任、技术、破坏事故三类

资料来源:

1.《上海卫生志》编纂委员会:《上海卫生志》,上海社会科学院出版社,1998,第125页。

2.《云南省志·卫生志》编纂委员会:《云南省志·卷六十九·卫生志》,云南人民出版社,2002,第119-120页。

3.安徽省卫生志编纂委员会:《安徽卫生志》,黄山书社,1993,第635-638页。

4.山东省卫生史志编纂委员会:《山东省卫生志》,山东人民出版社,1992,第87页。

5.甘肃省地方史志编纂委员会、《甘肃省志·医药卫生志·卫生》编纂委员会:《甘肃省志·医药卫生志·卫生》,甘肃文化出版社,1999,第550页。

6.河南省地方志编纂委员会:《河南省·卫生志·医药志》,河南人民出版社,1993,第309页。

7.江苏省地方志编纂委员会:《江苏省志·卫生志(上)》,江苏古籍出版社,1999,第98-99页。

8.李仁、辽宁省卫生志编纂委员会:《辽宁省卫生志》,辽宁古籍出版社,1997,第400-401页。

9.陕西省地方志编纂委员会:《陕西省志·第七十二卷·卫生志》,陕西人民出版社,1996,第601页。

注:①根据《医疗事故处理暂行办法(草案)》的规定,医疗缺点是指在诊疗工作中不够正规,而对病人身体健康无直接影响的行为,包括:(1)诊疗工作中不按正规技术操作或不合正常工作规程;(2)对处方、病历、医嘱等,错写或漏写不要紧的字以及书写不清晰;(3)其他类似情况。医疗差错是指在诊疗工作中妨碍诊治工作的正常进行,但不直接影响病人健康的行为,包括:(1)服药、打针、处方上的年龄和剂量、配制药剂及填写各种诊疗报告单等,发生差错而被纠正未成事故的;(2)给患者多服或少服一次其本人应服之普通药品或补养剂,对健康无直接影响的;(3)订有查对制度而不进行查对的(其虽未发生差错亦以差错论);(4)各种医疗表格未按规定进行记载或逐项填写的;(5)处方、病历及各种诊疗报告单等,不签名或漏填年月日的;(6)其他类似情况。

二、本阶段医疗纠纷处理的机制

(一) 医疗纠纷的分类与医疗事故的分级

1. 医疗纠纷的分类

这一时期的医疗纠纷如果从大类上来看，可以分为因医疗事故引起的医疗纠纷和非因医疗事故引起的医疗纠纷，当时的一些学者的研究文献也对这一时期的医疗纠纷按发生原因进行了分类，如表3-2所示。

表 3-2 医疗纠纷的分类

医疗纠纷的分类	引起纠纷的原因	表现形式
医源性纠纷	服务态度生硬引起的纠纷	对病人的询问很不耐烦、爱答不理、态度蛮横、出言不逊，甚至冷言冷语、恶语伤人
	当着病员面议论以前的诊治过程，诱发医疗纠纷	对初诊的医疗单位的诊疗行为进行评价，甚至在病床前、手术台上、治疗室、抢救过程中毫无根据地发表议论
	在医患之间拨弄是非，挑起医疗纠纷	个别医务人员企图利用病员制造矛盾，达到发泄私怨的结果
	对事故不做实事求是的处理，激发医疗纠纷	发生事故差错后，回避矛盾，推卸责任
非医源性纠纷	乱开病休证明及诊断证明书引起的纠纷	开具不实的诊断证明或不实的假条
	工伤事故、伤害案件转嫁为医疗纠纷	在伤害事故中开具诊断证明、病情证明引起纠纷
	加害医院的纠纷	家属为了骗取钱财或其他目的，嫁祸医院、制造纠纷

续表

医疗纠纷的分类	引起纠纷的原因	表现形式
非医源性纠纷	不尊重医务人员人格而引发纠纷	部分病员稍不顺心,对医务人员轻则训斥、重则谩骂,甚至动手殴打
	寻隙要挟医务人员	病员对医疗效果提出异议,无理纠缠

资料来源:刘振声:《医疗事故纠纷的防范与处理》,人民卫生出版社,1985,23-28页。

注:医源性纠纷系指引起纠纷的主要原因出自医疗过程中的医务人员方面。主要是因为其责任心不强、服务态度强硬、医术不精湛、抢救不得力、造成病员伤残、死亡的严重后果,又不认真处理,引起患者、家属或单位的不满,提出追究责任而形成的纠纷。

从上述分类看,医疗纠纷并不都是由医疗事故而引起,医疗事故只是引起医疗纠纷的一种原因,但从这一时期的法律法规等规范的规定来看,主要是关于医疗事故的规定。无论是卫生部等国家卫生行政部门的规章,还是地方性法规规章主要规定的均是医疗事故。在这些法律法规等规范中也对医疗事故的类别作出了规定,将医疗事故主要分为责任事故和技术事故,有的地方性法规还专门区分了差错和事故,认为差错不属于事故的范畴,差错一般是不造成患者健康损害的情形,同时,大部分规范以列举的方式规定了不属于医疗事故的情形。区分不同类别医疗事故的意义在于,处理原则和方式是不同的。

2. 医疗事故的分级

为了对医疗事故进行定性并解决医疗事故,这一时期国家的行政法规和地方性法规均对医疗事故进行了分级,一般将医疗事故分为三级,即一级、二级、三级医疗事故。一级医疗事故是造成患者死亡的情形,二级医疗事故是造成患者残疾、生活不能自理的情形，三级医疗事故是造成患者器官损伤、功能障碍、部分丧失劳动能力等影响生活自理的情形。对医疗事故进行分级，主要涉及医务人员承担责任的大小和经济补偿的数额问题。

（二）医疗纠纷的处理方式

这一时期，医疗纠纷的处理方式从横向角度来说，分为因医疗事故引起的纠纷与非因医疗事故引起的纠纷，两种纠纷的处理方式不同。非因医疗事故引起的医疗纠纷按照一般的纠纷处理方式处理，因医疗事故引起的医疗纠纷则处理方式有所不同。

从时期跨度来说，不同时期对医疗事故的主要处理方式存在一定差异。1959年之前，医院普遍建立起了医疗事故、差错的报告和登记制度；有的医院还组织了医疗事故鉴定委员会等。但这些措施都未在处理医疗纠纷中发挥应有的作用，不少医疗事故还是直接由人民法院处理，尤其是责任事故。[1] 除法院外，其他机构也会处理医疗事故，如政务院人民监察委员会在1953年内处理了35个医院中的医疗事故和医务人员不良作风案件26起，其中医疗事故主要包括：（1）严重的死亡事故；（2）医疗上严重的不负责任，致病情加重、病期延长；（3）护理方面普遍存在的不负责任。对35个医院医疗事故的处理结果主要是：16件交由当地监委及有关部门检查处理，对严重的违法失职人员给予纪律处分，其中受到刑事处分者7人，行政处分者18人。[2] 但这种状况在1959年以后出现了

---

[1] 梁华仁：《医疗事故与法律责任》，人民卫生出版社，1992，第21页。
[2] 《中央人民政府政务院关于政务院人民监察委员会处理若干医院中的医疗事故和医务人员不良作风案件的通报》，《山西政报》1954年第10期，第70-72页。

一些变化，特别是在 1959—1977 年，对医疗事故纠纷主要是由卫生行政部门定性处理，即由当地卫生行政部门或其上级出面解决。①此外，在责任的承担上仍然以行政责任、严重情形下的刑事责任为主，医疗事故中基本不涉及民事责任。同时，医疗事故被细分为医疗责任事故和医疗技术事故，如果是责任事故，由医院或者上级卫生行政部门根据不同的情况给予行政处分，情节严重构成犯罪的，则由司法部门审理；如果是技术事故，则主要是行政处分或者对当事医务人员进行一定经济上的处罚，一般不承担刑事责任，大部分地方性法规均规定了责任事故从严、技术事故从宽处理的原则，对于差错等不造成患者实质性损害的情形，对医务人员主要采用批评教育为主的原则。1980 年以后，部分地方性法规对医疗事故规定得更为细致，医疗事故的处理由各医疗单位成立的医疗事故处理小组首先处理，对处理结果不服的，可以由卫生行政部门来复查，如果对复查结论不服的，可以向人民法院提起诉讼。对构成医疗事故的人员，如果是责任事故的，一般要给予行政处分和经济处罚；如果是技术事故的，情节不严重或者非多次出现的，一般可以免予行政处分，但可能会承担一定的经济处罚。因此，这一阶段，医疗事故的责任也主要是行政责任。

（三）医疗纠纷的鉴定问题

1950 年以后，一些地方医学会内部设立了专门的医疗纠纷（事故）鉴定委员会或研究会，这些学会一方面对医疗纠纷（事故）

---

① 梁华仁：《医疗事故与法律责任》，人民卫生出版社，1992，第 25 页。

进行研究，另一方面协助卫生行政管理部门判断、分析医疗事故发生的原因和性质。例如，1950年，天津医务工作者工会成立了"天津医务纠纷鉴定委员会"；1953年，西安市医学会建立起"医疗事故研究会"。[1]但有的地方也规定了各级医院成立医疗事故鉴定小组，由医院的领导、科室主任和相关的医务人员组成，负责本院的医疗事故的鉴定。20世纪80年代以后，各省市开始成立省、市、区级等各级医疗事故技术鉴定委员会对医疗事故进行鉴定。例如，1985年，上海市政府批准建立"上海市医疗事故鉴定委员会"，主要由医学专家和学者组成，但这一时期的医疗事故鉴定委员会的成员往往还包括卫生行政机关的工作人员。

同时，为了查明患者的死因，有时还需要进行尸体解剖，1957年4月28日国务院批准，1957年7月15日卫生部发布的《解剖尸体规则》规定：在国家医疗机构住院部内死亡，为了研究死因必须进行病理解剖的尸体，可以进行尸体解剖，但应先取得亲属或机关负责人的同意为原则，涉及刑事案件需要判明死因的法医解剖，在必要时也可以进行。

（四）医疗纠纷的赔偿问题

这一阶段，由于医疗纠纷特别是医疗事故主要是通过当事人承担行政责任的方式来解决，因而相关的法律法规等规范都没有规定经济赔偿的问题。如前所述，1952年河南省卫生厅发布《关于处

---

[1] 张杰、张路、孔令杰等：《从"医疗事故"鉴定向"医疗过错"鉴定的演变》，《中国司法鉴定》2012年第6期，第129页。

理医疗事故应以教育为主,不能另立赔偿费的通知》。1964 年 1 月 18 日,《最高人民法院关于处理医疗事故案件不应判给经济补偿问题的批复》明确,法院在处理医疗事故案件时,不宜判决医疗部门给予经济补偿。可以采取其他的救济办法来解决患者及其家庭的生活困难问题。一旦发生医疗事故,患者及其家属可以通过其他途径获得一定的补偿,如所在单位的经济补偿。1956 年 12 月 1 日,《财政部、卫生部关于清理病人欠费问题的联合通知》规定:凡因医疗事故,所发生的欠费,除对医疗事故本身作认真处理外,对患者欠费的未交付部分,应一律免收,由医院报销。这一时期,虽然法律法规等规范中未规定经济赔偿,但并不意味着患者得不到任何补偿。一般的处理方式主要是:属于国家行政、事业单位人员的,由所在单位按因公发生意外处理;属于全民所有制企业职工的,由所在单位按工伤待遇处理;属于集体所有制企业单位职工的,由所在单位根据经济条件比照工伤待遇处理;属于城镇居民的,如果是职工家属,可以由职工所在单位按照相关规定处理;如果无生活来源的,通过救济处理;属于农村社员的,由集体给予补助。

20 世纪 80 年代以后,部分省、市的地方性立法对经济补偿作了相关规定,例如,1985 年 3 月 8 日,上海市人民政府发布的《上海市医疗事故处理暂行规定》规定,医疗事故确定后,由医疗单位对患者给予一次性经济补偿,同时生效的《上海市医疗事故处理暂行规定实施细则》规定,补偿标准的区间为 200~3000 元。1985 年 11 月 27 日,山西省人民政府发布的《山西省医疗事故鉴定处理试行办法》规定,判定为医疗事故的,由发生医疗事故的医疗机构给予患者及其家属一次性的经济补助。补助的金额根据医疗事故的等级及患者是否为主要劳动力者、患者的年龄段来确定,区间为 400~3000 元。

三、本阶段医疗纠纷处理机制的特点

（一）法律法规主要规定的是关于医疗事故的处理

1955 年 9 月，卫生部颁发《关于处理医疗事故的草案》《医疗事故处理暂行办法草案》。草案规定了医疗事故的类别和分级。1978 年 5 月，卫生部颁发《关于预防和处理医疗事故的暂行规定（草案）》。1980 年 9 月，卫生部颁发《卫生部关于坚决防止医疗责任事故的通知》。上述这些文件主要规定的是对医疗事故的处理。实际上，在这一时期乃至后面很长一段时间，对医疗纠纷处理的主线都是医疗事故。构成医疗事故的，依据相关的法律法规等规范进行处理。各地的卫生行政部门也比较重视对医疗事故的处理，从 20 世纪 50 年代开始，各地的医疗机构都建立起医疗事故登记和报告制度，事故发生后，要进行逐级报告，特别是一级、二级医疗事故，必须进行报告。

（二）医疗事故中医疗机构的医务人员承担的责任主要是行政责任

从本阶段法律法规的规定可以发现，这一时期，处理医疗事故主要是通过行政方式。实际上，一旦发生医疗事故，各级医疗机构需要向卫生行政机关报告，由卫生行政机关对医疗事故进行处理。而根据医疗事故的不同类别，对医疗事故的处理也采用不同的原则,一般来说,技术事故从宽、责任事故从严,简而言之,出现技术事故,医疗机构对医务人员主要是批评教育为主,一般不给予行政处分,只有情形严重的,才给予行政处分和经济制裁。但是对责任事故,一般会给予行政处分和经济制裁,但这种经济制裁并不是一种民事责任的承担。总体而言,出现医疗事故,医务人员承担的责任主要是行政处分,包括:记过、记大过、降级、降职、撤职、留用察看、开除等。

(三)刑事责任的罪名多样化

这一时期的大部分法律法规均规定医疗人员因重大责任事故触犯法律,需要追究刑事责任。而通过检索这一时期的文献还可以发现,有一些专门讨论医务人员定罪问题的文献,如讨论医疗事故中医务人员的行为是否构成重大责任事故罪、玩忽职守罪、过失杀人罪、过失重伤罪等罪名。而实践中,对因医疗事故而承担刑事责任的情形也涵盖了上述罪名。

(四)医疗事故中患者及其近亲属在很长一段时间都无法主张损害赔偿

在这个时期的很长一段时间内,即便构成医疗事故,患者及其近亲属也无法主张民事损害赔偿。1964年,最高人民法院以批复的方式确定法院在处理医疗事故案件时不宜判决医疗部门给予经济补偿。①患者及其家属一般是通过其他途径,如工伤等途径来获得救济。但是20世纪80年代以后,部分地方性立法开始规定患者及其家属可以从医疗机构处获得一次性的经济补偿,但补偿的数额是固定的。

(五)缺乏第三方专门鉴定机构

从20世纪50年代起,出现了一些医学会的鉴定机构,但是大部分时候是医院的技术委员会对是否构成医疗事故进行鉴定。20世纪80年代后,陆续成立了省、市、区级的鉴定机构,但这些鉴定机构的组成人员既包括医疗机构的专家也包括卫生行政部门的工作人员,总体而言,这些鉴定机构还不属于第三方鉴定机构。

(六)出台了关于禁止扰乱医疗机构正常诊疗秩序的规范性文件

部分省份通过地方性法规等规范性文件的方式对扰乱医疗机构正常诊疗秩序的行为进行规范。主要是依据治安管理处罚的相关规定对扰乱医疗机构正常诊疗秩序的行为进行处罚,目的是维护医疗机构的正常秩序。

---

① 《最高人民法院关于处理医疗事故案件不应判给经济补偿问题的批复》。

第二节　1987—2009 年的医疗纠纷处理机制

一、本阶段医疗纠纷处理的立法沿革

（一）国家层面立法沿革

1986 年 4 月 12 日公布，1987 年 1 月 1 日施行的《民法通则》第 119 条规定了侵害生命健康权的民事责任。该条文以法律的形式规定了侵害公民身体造成伤害的，应当承担民事责任，主要是赔偿医疗费等各项损失。《民法通则》成了这一时期解决民事侵权案件最重要的依据。

1987 年 6 月 29 日，国务院发布《医疗事故处理办法》，该办法对医疗事故的概念、医疗事故的分类与等级、医疗事故的处理程序、医疗事故的鉴定、医疗事故的处理等作出规定。实际上，从 20 世纪 50 年代以来，司法实践和理论研究均涉及医疗机构过错导致患者损害的行为，一般都是医疗事故，医疗事故成为患者出现损害，医疗机构承担责任的关键词，当然这里的责任并不单指民事责任。该办法依然沿用医疗事故这个概念，将医疗损害直接称为医疗事故和医疗事故责任，此后在司法实践中被普遍适用。[1]

1989 年 10 月 10 日公布和施行的《最高人民法院关于医疗事

---

[1] 杨立新：《医疗损害责任研究》，法律出版社，2009，第 32 页。

故争议案件人民法院应否受理的复函》明确，如果病员及其亲属对医疗事故鉴定结论有异议的，可以向上一级鉴定委员会申请重新鉴定，如因对鉴定结论有异议向人民法院起诉的，人民法院不予受理。如果当事人对卫生行政机关作出的医疗事故处理决定不服，向人民法院提起行政诉讼的，人民法院应当受理。当事人仅主张赔偿经济损失的，按民事案件立案受理。

1992年3月24日公布的《最高人民法院关于李新荣诉天津市第二医学院附属医院医疗事故赔偿一案如何适用法律问题的复函》明确，医疗事故赔偿可以依照《民法通则》《医疗事故处理办法》的相关规定进行处理。

1990年11月7日公布的《最高人民法院关于当事人对医疗事故鉴定结论有异议又不申请重新鉴定而以要求医疗单位赔偿经济损失为由向人民法院起诉的案件应否受理的复函》明确，当事人对鉴定有异议不申请重新鉴定，只要求医疗单位赔偿经济损失的，符合《民事诉讼法》规定的按照民事案件受理。

2000年11月28日发布的《卫生部关于医疗事故鉴定申请期限问题的批复》明确，自2000年1月14日起，患者或其家属提请医疗事故鉴定的，时效为其知道或应当知道权利受到侵害之日起1年。

2001年3月10日施行的《最高人民法院关于确定民事侵权精神损害赔偿责任若干问题的解释》规定了自然人人格权遭受侵害造成精神损害而承担精神损害赔偿责任的方式和确定精神损害赔偿的因素。非因医疗事故的原因造成患者精神损害的，也可以依据该司法解释主张精神损害赔偿。

2002年4月1日施行的《最高人民法院关于民事诉讼证据的

若干规定》规定了医疗侵权纠纷的举证责任,第一次使用了"医疗侵权纠纷"这个概念,但它和"医疗事故"概念的关系在该司法解释中并没有进一步解释,因此,在理论研究中出现了混用的状况。同时,也使医疗行为引起的侵权诉讼,在一段时期内实行举证责任倒置。

2002年8月2日,卫生部和国家中医药管理局公布了《医疗事故争议中尸检机构及专业技术人员资格认定办法》,对尸检的概念、承担尸检任务的机构、承担尸检任务的机构应具备的条件、承担尸检工作专业技术人员应具备的条件等内容进行了规定。

2002年4月4日,国务院发布了《医疗事故处理条例》,对医疗事故的概念、医疗事故的预防与处置、医疗事故的技术鉴定、医疗事故的行政处理与监督、医疗事故的赔偿、罚则等内容作出了规定。相较《医疗事故处理办法》,《医疗事故处理条例》的规定更全面,赔偿的项目和计算也有了相应的标准。

2003年1月6日施行的《最高人民法院关于参照〈医疗事故处理条例〉审理医疗纠纷民事案件的通知》规定,《医疗事故处理条例》生效后因医疗事故引起的医疗赔偿纠纷,诉到法院的,法院参照《医疗事故处理条例》的有关规定办理,其他原因引起的医疗赔偿纠纷,适用《民法通则》的规定。法院根据当事人的申请或依职权委托鉴定的,如果是进行医疗事故鉴定的,交由医学会组织鉴定,其他医疗赔偿纠纷需要进行司法鉴定的,根据《人民法院对外委托司法鉴定管理规定》组织鉴定。医疗事故赔偿,按照《医疗事故处理条例》办理。

2004年5月1日施行的《最高人民法院关于审理人身损害赔偿案件适用法律若干问题的解释》规定了人身权益遭受损害的赔偿

责任项目和计算方式。非因医疗事故而造成的医疗损害赔偿可以依据该司法解释的规定进行。

2005年2月28日公布的《全国人民代表大会常务委员会关于司法鉴定管理问题的决定》明确了司法鉴定的作用，规定法医类鉴定包括法医病理鉴定和法医临床鉴定等。

2005年9月22日施行的《全国人大常委会法工委关于对法医类鉴定与医疗事故技术鉴定关系问题的意见》规定，医疗事故技术鉴定中涉及有关法医类鉴定的范围时，在进行医疗事故技术鉴定时，由列入鉴定人名册的法医参加鉴定为宜。

2008年4月1日施行的由最高人民法院发布的《民事案件案由规定》在人格权纠纷下规定了医疗损害赔偿纠纷的案由，这个案由和之前普遍称谓都有所不同。

（二）地方层面立法沿革

在这一时段，部分地方也颁布了一些专门解决医疗纠纷的规范，如表3-3所示。

表3-3　1987—2009年部分省份不同时间解决医疗纠纷所依据的规范及其内容

省份	规范名称	主要内容
北京市	1990年3月，北京市人民政府发布《北京市〈医疗事故处理办法〉实施细则》	医疗事故：责任事故和技术事故。 适用对象：各级医疗单位、私人医疗院所和个体开业医务人员。 责任事故：9种（包括中医人员不懂西医知识擅用西药西医疗法或西医人员不懂中医知识擅用中药中医疗法等）。 不属于医疗事故的情形：3种（包括在对主要病症的治疗过程中，病员潜在性、迟发性疾病突然发作造成不良后果的；住院病员神志清醒，发生自伤、自杀的；住院精神病人在正常医疗过程中发生的难以防范的自伤、自杀或伤害他人的）。

续表

省份	规范名称	主要内容
北京市	1990年3月，北京市人民政府发布《北京市〈医疗事故处理办法〉实施细则》	医疗事故的鉴定：市级和区县两级医疗事故鉴定委员会。区县级鉴定委员会的鉴定结论，在没有争议的情况下，可以作为处理医疗事故或事件的依据。市级鉴定委员会的鉴定结论为最终鉴定，是处理医疗事故或事件的依据。鉴定结论在受理鉴定申请后的两个月内作出，经出席鉴定会半数以上委员同意才能成立。 医疗事故的处理：(1)医疗单位对医疗事故的处理意见，应在发生医疗事故两个月内向病员或其家属宣布。病员或其家属和当事医务人员对处理意见无异议时，双方在处理意见书上签字后生效。任何一方有异议、不能达成协议的，可向医疗单位所在地区、县医疗事故鉴定委员会申请鉴定，由区、县卫生局处理。市、区、县卫生局对医疗单位的处理意见有异议的，可决定提交同级医疗事故鉴定委员会进行鉴定。(2)当事人对区、县级医疗事故鉴定委员会所作的鉴定结论或者对区、县卫生局所作的处理不服的，可在接到结论或处理通知书之日起15日内，向市级医疗事故鉴定委员会申请重新鉴定或者向市卫生局申请复议；也可直接向人民法院起诉。 其他规定：医疗事故或事件发生时间超过两年申请鉴定的，不予受理。 医疗事故的补偿：一次性经济补偿，补偿金额最高8000元。 直接责任人的责任：负担补偿费用的5%~10%，根据事故等级、情节轻重、本人态度和一贯表现，给予行政处分。情节严重、构成犯罪的，依法追究刑事责任
	2005年7月，北京市高级人民法院发布《北京市高级人民法院关于审理医疗损害赔偿纠纷案件若干问题的意见（试行）》	基本概念：医疗损害赔偿纠纷。 适用范围：医疗侵权行为民事纠纷、医疗美容损害赔偿纠纷。 医疗损害赔偿纠纷种类：医疗事故损害赔偿纠纷、一般医疗损害赔偿。 举证责任：举证责任倒置。

续表

省份	规范名称	主要内容
北京市	2005年7月，北京市高级人民法院发布《北京市高级人民法院关于审理医疗损害赔偿纠纷案件若干问题的意见（试行）》	鉴定种类：医疗事故技术鉴定、医疗过错、伤残等级的其他医疗鉴定（一方当事人申请进行有关医疗过错的司法鉴定，而另一方当事人申请进行医疗事故技术鉴定的，人民法院应当委托进行医疗事故技术鉴定。人民法院已经委托进行有关医疗过错的司法鉴定并有鉴定结论，当事人又申请进行医疗事故技术鉴定的，是否准许，应从严掌握。医疗行为经鉴定构成医疗事故，当事人又申请就医疗过错进行司法鉴定的，不予支持。医疗行为经鉴定不构成医疗事故，当事人申请就医疗过错进行司法鉴定，人民法院认为有必要的，应予支持）。 赔偿标准：医疗事故损害赔偿标准参照《医疗事故处理条例》；一般医疗损害赔偿标准适用《民法通则》及相关司法解释
云南省	1989年1月，云南省人民政府发布《云南省〈医疗事故处理办法〉实施细则》	医疗事故处理：对事故的经济补偿和当事人的行政处分作了明确的规定。 医疗事故经济补偿：一次性经济补偿。 行政处分：对造成医疗技术事故的直接责任人员，医疗单位应责令其作出书面检查，吸取教训，一般可免予行政处分；对情节严重的，也应当依照相关规定，酌情给予行政处分。 特别规定：病员及其家属所在单位不得因给予医疗事故补偿费而削减病员或其家属依法应该享受的福利待遇和生活补贴
	1998年10月，云南省人民政府发布《云南省医疗损害事件处理规定》	基本概念：医疗损害事件（包括医疗事故、医疗差错、医疗意外）。 医疗鉴定：省、地、县三级医疗事故技术鉴定委员会改为医疗技术鉴定委员会，鉴定结论应当在接受鉴定之日起3个月内作出。鉴定委员会的鉴定结论，作为处理医疗损害事件的依据。 经济补偿：（1）鉴定结论为医疗事故、医疗差错的，病员或者病员亲属应当获得一次性经济补偿。（2）鉴定结论为医疗意外的，医疗机构及医务人员不承担责任。（3）对办理了医疗执业保险的医疗机构发生的医疗事故、医疗差错，由保险公司依据鉴定结论，按照补偿标准，向病员或者病员亲属支付一次性补偿金，向医疗机构支付必要的继续治疗费及发生的医疗欠费。

续表

省份	规范名称	主要内容
云南省	1998年10月，云南省人民政府发布《云南省医疗损害事件处理规定》	其他规定：（1）逾期未申请医疗技术鉴定的，经主管卫生行政部门同意后，医疗机构可以启封封存的原始病历等医疗资料。（2）医疗机构及其医务人员应当办理医疗执业保险
天津市	1988年11月，天津市人民政府发布《天津市医疗事故处理办法实施细则》	医疗事故：责任事故和技术事故。 适用对象：各级各类医疗单位和个体开业医生、乡村医生。 责任事故：未作细化规定。 不属于医疗事故的情形：4种［例如，限于目前医学水平或医疗条件，难以及时作出正确诊断的疾病；属病情重笃、变化急剧、特殊体质及先天畸形原因，难以救治的疾病；各种符合规定的药物过敏试验及治疗发生的过敏反应和副作用，导致病员死亡（包括猝死）、残废、组织器官损伤导致功能障碍的。应用新的诊疗技术和方法，执行了请示报告制度，做了充分的准备，并征得病员或家属同意签字后，在医务人员无过失的情况下，发生的病员死亡、残废和组织器官损伤导致的功能障碍的］。 医疗事故的鉴定：区县和市两级医疗事故技术鉴定委员会。在鉴定中鉴定委员会成员出现重大意见分歧时，应在进一步核查之后，再次组织鉴定。如果仍有分歧，可进行表决，以参加鉴定半数以上人的意见为鉴定结论。鉴定结论在表决后1个月内以书面形式通知与医疗事故有关的病员或家属、医疗单位和个体开业医生、乡村医生。 医疗事故的处理：医疗单位发生医疗事故或事件后，应在逐级报告的同时，立即进行调查，听取病员或家属的意见，核对事实，作出处理结论，并报本单位主要负责人同意。经单位主要负责人同意的处理结论应书面报送所在区（县）卫生行政主管部门，抄报市卫生行政主管部门。市级医疗单位直接报市卫生行政主管部门。

续表

省份	规范名称	主要内容
天津市	1988年11月，天津市人民政府发布《天津市医疗事故处理办法实施细则》	医疗事故的补偿：（1）一次性经济补偿，费用区间：500~4000元。社会办医、联合办医的，补偿金由办医各方负担，各方负担比例按合同执行。（2）患者方在处理医疗事故中不得提出的要求：病员或者家属不得借口医疗事故要求转迁户口、调动或安置工作、调配房屋等。 直接责任人的责任：一级责任事故负担补偿金额的5%~10%，二级和三级责任事故负担补偿金额的3%~5%。行政处分适用《医疗事故处理办法》
内蒙古自治区	1989年6月，内蒙古自治区人民政府发布《内蒙古自治区医疗事故处理办法实施细则》	医疗事故：责任事故和技术事故。 适用对象：各级各类医院（包括中国人民解放军医院、武警部队医院、驻区单位医院对地方开放部分），疗养院，防治站（所）企、事业单位所属卫生所（室）或门诊部，保健站（所），城乡卫生院（所）以及乡村医生和个体开业医务人员。 责任事故：17种［包括中（蒙）西医结合治疗过程中，无西医、药学知识，擅自采用西医、药学治疗方法的；无中（蒙）医、药知识，擅自采用中（蒙）医、药治疗方法的等］。 不属于医疗事故的情形：8种（包括在抢救治疗过程中，医生为保护病员的生命安全和健康，经上级批准征得家属同意实施了截肢、脏器切除及损害组织和功能的情形等）。 医疗事故的鉴定：自治区、盟（市）、旗县（市）三级医疗事故技术鉴定委员会；在鉴定过程中有重大意见分歧时，由参加鉴定的委员表决，以半数以上人的意见为鉴定意见。自治区鉴定委员会的鉴定为最终鉴定，是处理医疗事故的依据。盟（市）、旗县（市）鉴定委员会的鉴定，如无争议，也是处理依据。 医疗事故的处理：医疗事故发生后，应根据情节和职责范围，区别主要责任承担者和次要责任承担者。 医疗事故的补偿：一次性经济补偿，根据事故等级，费用为3000元以内；病员为无工资收入的农民、牧民、市民，补偿标准根据事故等级，费用为3500元以内。 直接责任人的责任：未作细化规定。 其他规定：医疗事故除一次性经济补偿外，当事的医疗单位、个体开业医务人员和卫生行政部门不负责抚养遗属、安排工作、迁移户口等

续表

省份	规范名称	主要内容
辽宁省	1989年1月，辽宁省人民政府发布《辽宁省医疗事故处理实施细则》	医疗事故：责任事故和技术事故。 适用对象：医疗单位及个体开业的医务人员。 医疗责任事故：10种（包括对急、重、危病员，因就诊手续不完备拒绝收治，或接诊后不做急救处置即让病员转院、转科，或擅离职守贻误抢救时机的情形等）。 不属于医疗事故的情形：3种（包括在对主要病症的常规治疗中，病员潜在性、迟发性疾病突然发作，经抢救无效的；住院病员神志清醒，发生自伤、自杀的；精神病病员患有其他疾病不能确切主诉，又无明显症状，或在精神病恢复期内病情突然发作，发生不良后果的）。 医疗事故的鉴定：省、市、县鉴定委员会；鉴定结论，必须有鉴定委员会主要负责人签字；受理鉴定申请后三个月内作出书面结论。 医疗事故的处理：医疗单位及其主管部门，应成立处理医疗事故或事件的工作组织，负责调查处理本单位或所属单位发生的医疗事故或事件，并在医疗事故或事件发生后1个月内提出处理意见，报所在县卫生行政部门。 医疗事故的补偿：一次性补偿；区别补偿对象和事故等级，补偿费用不超过4000元。 直接责任人的责任：未作细化规定。 其他规定：因医疗事故致残的病员，无工作单位、无家属的，其中部分丧失劳动能力的，由当地人民政府接收并适当安排；完全丧失劳动能力的，由当地民政部门接收安置
吉林省	1989年4月，吉林省人民政府发布《吉林省医疗事故处理实施办法》	医疗事故：责任事故、技术事故。 适用对象：各级各类医疗单位，包括村卫生所、联合医疗机构、个体开业和对地方开放的驻军医疗单位。 责任事故：12种（包括中医人员不懂西医知识，擅用西药、西医疗法造成不良后果和西医人员不懂中医知识，擅用中药、中医疗法造成不良后果的情形等）。 不属于医疗事故的情形：5种。 医疗事故的鉴定：省、市（地、州）和县（市、区）三级医疗事故技术鉴定委员会；鉴定委员会进行鉴定表决时，有关的专业鉴定委员必须有2/3以上的委员参加，并以到会者的多数意见为鉴定结论。

续表

省份	规范名称	主要内容
吉林省	1989年4月,吉林省人民政府发布《吉林省医疗事故处理实施办法》	医疗事故的处理：县级和县级以上医疗单位均应成立医疗事故处理小组，负责对医疗事故和事件的调查，听取病员或家属意见，经集体讨论提出处理意见。医疗单位的查处工作一般应在事发后的30天内结束，并提出处理意见，以书面形式报告同级卫生行政部门和答复病员或家属。 医疗事故的补偿：一次性经济补偿，根据事故等级，标准不同，但费用不超过3000元。 直接责任人的责任：未作细化规定。 其他规定：（1）可能是医疗事故的事件是指可能是医疗事故，但因未经技术鉴定而暂时无法确认为医疗事故的事件。（2）医疗事故的行为人是指经过县级以上卫生行政部门考核或确认并取得相应资格的各级各类卫生技术人员。（3）医疗单位不负责办理和解决与医疗事故无直接关系的其他事宜。（4）计划生育工作中出现的事故不适用本办法
黑龙江省	1988年4月,黑龙江省人民政府发布《黑龙江省实施〈医疗事故处理办法〉细则》	医疗事故：责任事故和技术事故。 适用对象：各级各类医疗卫生单位和个体开业的医务人员。 责任事故：9种（包括不认真执行首诊负责制，对急诊病员互相推诿，贻误丧失抢救时机的情形等）。 不属于医疗事故的情形：未作细化规定。 医疗事故的鉴定：省、市、县医疗事故技术鉴定委员会。鉴定委员会在鉴定过程中，对是否属医疗事故、医疗事故的类别或等级有重大分歧意见时，应记录在案，深入调查、核实或邀请有关专家讨论研究，最后由参加鉴定的委员表决，以多数人的意见为鉴定结论。 医疗事故的处理：医疗单位对发生的医疗事故，应立即进行调查、处理，并在事故发生后立即报告上级卫生行政部门。同时抄报省卫生行政部门。企业系统的医疗单位还应及时报告其主管部门。医疗单位或卫生行政部门在对医疗事故调查处理结束后，应形成书面意见，交当事医务人员、病员或其家属、病员所在单位各一份，并同时报上级卫生行政部门和省卫生行政部门备案。企业系统的医疗单位还应及时报送其主管部门。

续表

省份	规范名称	主要内容
黑龙江省	1988年4月，黑龙江省人民政府发布《黑龙江省实施〈医疗事故处理办法〉细则》	医疗事故的补偿：一次性补偿，补偿区间为1000~3000元（1994年修改为2000~6000元）。 直接责任人的责任：依照《医疗事故处理办法》的规定处理。 其他规定：凡确定为医疗事故导致死亡、残疾或功能障碍者，厂矿、企业职工，由其所在单位比照因工伤亡待遇处理；国家行政、事业单位的干部、职工，由其所在单位按因公发生意外处理；农民由所在村屯从公益金列支适当补助，个别贫困村屯补助有困难的，可按农村社会救济办法，由民政部门酌情给予一次性救济；城镇居民，如系职工供养的直系家属，由职工所在单位按照国家有关规定予以解决；家中无职工的城镇居民生活有困难的，可由民政部门作为城市社会困难户给予一次性救济；集体单位职工及其家属，按所在单位有关保险福利规定处理
上海市	1989年8月，上海市人民政府发布《上海市医疗事故处理办法实施细则》	医疗事故：责任事故和技术事故。 适用对象：各级医院（包括部队医院对地方开放的部分）、疗养院（所）、防治站（所）等医疗服务单位，机关、团体、企事业单位、街道与乡村所属的卫生科、医务室、保健站、卫生站（室）等非独立医疗机构以及个体开业医务人员。 责任事故：13种。 不属于医疗事故的情形：10种。 医疗事故的鉴定：（1）市和区、县、医科大学两级医疗事故技术鉴定委员会。市鉴定委员会的鉴定结论，是处理医疗事故或事件的依据，区、县、医科大学鉴定委员会的鉴定，在没有争议的情况下，也是处理医疗事故或事件的依据。（2）鉴定成员对鉴定结论有不同意见时，按少数服从多数原则表决。但各种不同意见应记录在案，以备查阅。鉴定结论应加盖公章。

续表

省份	规范名称	主要内容
上海市	1989年8月，上海市人民政府发布《上海市医疗事故处理办法实施细则》	医疗事故的处理：各医疗单位应成立医疗事故处理小组，负责本单位医疗事故或事件的调查与处理。 医疗事故的补偿：一次性经济补偿，区分补偿对象和事故等级，补偿区间一般为800~4000元（1993年修改为800~15000元）。 直接责任人的责任：根据事故等级、情节轻重、本人态度和一贯表现，给予行政处分。情节严重、构成犯罪的，依法追究刑事责任。 其他规定：（1）病员及其家属在提出医疗事故鉴定申请后，可以指派一至两名代表（包括律师）在医院或卫生行政部门工作人员陪同下查阅一次病案，允许摘录和复制。（2）对积极采取措施有效防止和避免医疗事故的医务人员，可根据防止和避免的医疗事故可能发生的类别和等级，由医疗单位给予一次性300元以下的奖励。奖励经费在院长基金中开支，不征收奖金税
	2002年9月，上海市卫生局发布《上海市卫生局关于医疗事故赔偿若干问题的通知》	部分赔偿项目的计算标准：细化了基本医疗费用，上一年度职工年平均工资，国家机关一般工作人员的出差伙食及住宿补助标准，居民年平均生活费，丧葬费补助标准，居民最低生活保障标准的具体计算标准。 医疗过失行为责任程度与赔偿：一般情况下，责任程度为完全责任的，医疗机构承担100%的赔偿责任；为主要责任的，承担70%的赔偿责任；为次要责任的，承担30%的赔偿责任；为轻微责任的，承担10%的赔偿责任
	2009年2月，上海市卫生局发布《上海市医疗事故争议中尸检工作管理规定》	尸检的操作流程：其第四章对尸检的操作流程作出了较为详细的规定，包括尸检流程应遵循的12项原则。 尸检报告的内容与规范：对尸检报告的法律效力、内容、主体、医疗事故争议中相关尸检的主要目的、初检和复检双签名制、报告签发的时间等作了明确的规定

续表

省份	规范名称	主要内容
江苏省	1989年2月,江苏省人民政府发布《江苏省〈医疗事故处理办法〉实施细则》	医疗事故:责任事故和技术事故。 适用对象:各类医院、疗养院(包括其他行业的医疗单位和中国人民解放军所属向地方开放的医院)、个体开业医务人员。 医疗责任事故的种类:13种。 不属于医疗事故的情形:3种(其中对由于病情或病员体质特殊而发生难以预料和防范的不良后果作出了详细规定)。 医疗事故的鉴定:(1)省、市、县(区)三级医疗事故技术鉴定委员会。讨论鉴定结论时,须有鉴定委员会2/3以上的成员出席,以出席者半数以上通过的意见作为鉴定结论,不同的意见均应记录在案。鉴定结论须以书面形式作出,由鉴定委员会正副主任签发,分送申请(委托)鉴定的单位和个人。(2)县(区)以上鉴定委员会的鉴定结论,在医患双方没有争议的情况下,是处理医疗事故或事件的依据,省级鉴定委员会的鉴定为最终鉴定。病人及其家属或医疗单位委托他人或外省、市所作的技术鉴定结论,不能作为本地区处理医疗事故或事件的依据。 医疗事故的补偿:一次性经济补偿,补偿区间1500~3000元。 直接责任人的责任:依照《医疗事故处理办法》的规定处理。 其他规定:医疗事故技术鉴定限于事故发生后3个月内提出,逾期不受理
安徽省	1988年6月,安徽省人民政府发布《安徽省医疗事故处理实施细则》	医疗事故:责任事故和技术事故。 适用对象:各级各类医院(包括军队医院对地方开放的部分)、疗养院,各级各类妇幼保健、疾病防治所(站),机关、团体和企事业单位所属的卫生所、医务室、门诊部,区乡卫生院和村卫生室,个体诊所。 责任事故:11种。 不属于医疗事故的情形:诊疗过程中,因非医疗单位原因造成的机械故障、停电等而发生意外的。

续表

省份	规范名称	主要内容
安徽省	1988年6月，安徽省人民政府发布《安徽省医疗事故处理实施细则》	医疗事故的鉴定：省、地（市）、县（市、区）三级鉴定委员会。省单独成立中医医疗事故鉴定委员会，各地、市、县可在鉴定委员会下设立中医鉴定组。鉴定委员会成员对鉴定结论存在重大分歧时，应邀请有关专家讨论研究，如仍有分歧，可进行表决，以鉴定委员会成员数的1/2以上人员意见为鉴定结论，但其他不同意见也应记录在案，以备查阅。 医疗事故的处理：发生医疗事故或可能是医疗事故的事件先由医疗单位调查处理。是医疗事故的，由医疗单位作出结论，医患双方没有异议的，签署处理协议。病员及其家属、医疗单位、当事医务人员对结论和处理有争议的，属省、地、市及同级其他各类医院发生的医疗事故或事件，提请所在地的地、市卫生行政部门进行鉴定和处理；属县（区）医院、中心卫生院、区乡卫生院、村卫生室、个体诊所的医疗事故和事件，提请所在县（区）卫生行政部门进行鉴定和处理。 医疗事故的补偿：一次性经济补偿，区分补偿对象和医疗事故等级，补偿区间一般为500~3500元。 直接责任人的责任：未作细化规定。 其他规定：未经卫生行政部门注册发证而行医的，属非法行医，其发生的医疗事故，由司法机关依法处理
福建省	1989年5月，福建省人民政府发布《福建省〈医疗事故处理办法〉实施细则》	医疗事故：责任事故和技术事故。 适用对象：各级各类医院（包括企业厂矿或高等院校医院、部队医院对地方开放部分）、疗养院、防治院（所）、妇幼保健院（所、站）、门诊部；乡（镇）、街道卫生院、医务所（室）、保健站、村卫生所（室）以及个体开业医务人员。 责任事故：12种。 不属于医疗事故：5种（其中医务人员按工作制度，操作规程检查治疗，仍发生以下难以预料和防范的意外，造成不良后果的包括五类；发生难以避免的并发症包括四类）。

续表

省份	规范名称	主要内容
福建省	1989年5月，福建省人民政府发布《福建省〈医疗事故处理办法〉实施细则》	医疗事故的鉴定：省、地（市）、县（市、区）三级医疗事故技术鉴定委员会。鉴定委员会作出鉴定的时间从接到申请书之日起，一般不超过3个月，特殊情况可适当延长。医疗事故鉴定会议参加鉴定的成员不得少于应参加人数的2/3。需临时聘请参加鉴定的有关专业人员由鉴定委员会决定，并有表决权。鉴定委员会在鉴定过程中有不同意见时，可由参加鉴定的成员表决，以到会人数的半数以上的意见为鉴定结论。鉴定结论由同级卫生行政部门发出。各级鉴定委员会成员不负有解释的义务，不能擅自解释和泄露鉴定过程及情况。鉴定结论应以书面形式作出鉴定报告书，通知申请（委托）鉴定的单位、个人、医疗单位和上级卫生行政部门及有关单位。医疗事故鉴定应详细记录或录音，以备存查。 医疗事故的处理：医疗单位对发生的医疗事故或事件，应立即进行调查、处理，并按规定时间和管理办法报告当地卫生行政部门。 医疗事故的补偿：一次性补偿，区分补偿对象和医疗事故等级、医疗单位性质，补偿金额不超过3000元。集体所有制医疗单位发生医疗事故参照上述事故级别的补偿标准减半执行。 直接责任人的责任：根据事故等级、情节轻重、本人态度和一贯表现，给予行政处分。情节严重、构成犯罪的，依法追究刑事责任。 其他规定：对积极采取有效措施避免和挽回医疗事故的医务人员，可由医疗单位根据实际情况，给予适当的奖励
山东省	1989年5月，山东省人民政府发布《山东省实施〈医疗事故处理办法〉细则》	医疗事故：责任事故和技术事故。 适用对象：各级各类医疗单位以及乡村医生、个体行医者。 责任事故：14种。 不属于医疗事故的情形：5种（其中，由于病情或病员体质特殊或其他原因而发生难以预料和防范的不良后果的，包括六种情形；以病员及家属不配合诊治为主要原因而造成不良后果的，包括两种情形；由于医院条件所限或其他原因发生不良后果的，包括五种情形）。

续表

省份	规范名称	主要内容
山东省	1989年5月，山东省人民政府发布《山东省实施〈医疗事故处理办法〉细则》	医疗事故的鉴定：省、市（地）、县（市、区）分别成立医疗事故技术鉴定委员会。鉴定委员会以出席会议的1/2以上相同意见作出书面鉴定结论。但各种意见均应记录在案，以备查阅。鉴定结论是处理医疗事故的依据。各级鉴定委员会的鉴定结论在没有争议的情况下效力相同。鉴定结论如有争议，可申请上一级鉴定委员会重新鉴定，以上一级鉴定委员会的鉴定结论为准。省鉴定委员会的鉴定为最终鉴定。 医疗事故的处理：医疗单位发生的医疗事故或事件，由本单位负责调查处理；各机关及企事业单位所属的医疗单位发生的医疗事故或事件，由其主管部门负责调查处理；乡村医生和个体行医者发生的医疗事故或事件，由当地卫生行政部门负责调查处理。 医疗事故的补偿：一次性经济补偿，区分补偿对象和医疗事故等级，补偿区间为1000~3000元。 直接责任人的责任：根据情节轻重，承担部分经济补偿费，行政处分依照《医疗事故处理办法》的规定进行。情节严重、构成犯罪的，依法追究刑事责任
河南省	1988年12月，河南省人民政府发布《河南省〈医疗事故处理办法〉实施细则》	医疗事故：责任事故和技术事故。 适用对象：各级各类医疗卫生单位、个体开业医务人员和乡村医生。 责任事故：14种。 不属于医疗事故的情形：4种。 医疗事故的鉴定：鉴定委员会一般应在3个月内作出鉴定。讨论中出现重大分歧时，应核查后再组织鉴定，不应急于做结论。鉴定委员会各成员的意见，应对外保密。最后形成的鉴定意见应以书面形式作出。 医疗事故的处理：（1）发生医疗事故或事件，病员及家属可以向医疗单位或其主管部门提出查处要求。病员死亡的，其家属或单位应在病员死亡后48小时（夏季24小时）内，向医疗单位或其主管部门提出查处要求；非死亡事件，病员出院后应在15日内（组织深部及体腔遗留纱布、器械等自发现之日起计算）提出查处要求，逾期不再受理。（2）各级医疗单位均应成立医疗事故处理小组，负责本单位医疗事故或事件的调查处理。凡本单位发生的医疗事故，均应在1个月内作出处理结论。

续表

省份	规范名称	主要内容
河南省	1988年12月，河南省人民政府发布《河南省〈医疗事故处理办法〉实施细则》	医疗事故的补偿：一次性经济补偿，区分补偿对象和医疗事故等级，补偿区间为1000~3000元。 直接责任人的责任：根据事故等级、情节轻重、本人态度和一贯表现，给予行政处分。情节严重、构成犯罪的，依法追究其刑事责任。 其他规定：病员或其家属领取医疗事故补偿费时，必须由医疗单位、病员或其家属共同签订协议书。协议书一式四份，分别交医疗单位、病员所在单位、病员或其家属和卫生行政部门保存
湖南省	1988年12月，湖南省人民政府发布《湖南省〈医疗事故处理办法〉实施细则》	医疗事故：责任事故和技术事故。 适用对象：各级各类医疗卫生单位以及个体开业的医务人员。 责任事故：14种。 不属于医疗事故的情形：7种。 医疗事故的鉴定：医疗事故技术鉴定的申请应在事故或事件发生后3个月内提出，过期不予受理。医疗事故或事件的鉴定结论应当从收到申请之日起3个月内作出。 医疗事故的处理：医疗单位或卫生行政部门对医疗事故或事件调查处理后，应形成书面意见，交当事医务人员、病员或病员家属、病员所在单位各1份。 医疗事故的补偿：一次性经济补偿，补偿金额不超过3000元。 直接责任人的责任：根据《医疗事故处理办法》的规定处理。 其他规定：由于责任和技术两种原因造成的医疗事故，应根据造成事故的主要原因确定事故的性质

续表

省份	规范名称	主要内容
湖北省	1990年12月，湖北省人民政府发布《湖北省医疗事故处理实施细则》	医疗事故：责任事故和技术事故。 适用对象：各级各类医疗单位及乡村医生、个体开业医务人员。 责任事故：11种。 不属于医疗事故的情形：6种［包括病员（含精神病人）不遵医嘱自行用药或擅自采用医疗方法，造成不良后果，以及在住院期间服毒、跳楼或采取其他方法自杀、自残的情形等］。 医疗事故的鉴定：省、地区、县三级医疗事故技术鉴定委员会，省医疗事故鉴定委员会的鉴定为最终鉴定，是处理医疗事故或事件的依据。地区、县鉴定委员会的鉴定，在没有争议的情况下也是处理医疗事故或事件的依据。发生争议时，经过申请重新鉴定，上一级鉴定委员会可以否定下级鉴定委员会的结论。鉴定委员会一般应在3个月内作出书面鉴定。每次鉴定会议参加人数不得少于7人。经过认真审议后，根据出席者1/2以上的多数意见，作出结论写出鉴定意见书，鉴定讨论意见应真实记录并存档，以备查阅。 医疗事故的处理：各级医疗单位均应成立医疗事故处理小组，负责对医疗事故或事件的调查取证、核对事实，作出处理决定。 医疗事故的补偿：一次性经济补偿，补偿金额不超过3000元。 直接责任人的责任：责任人员所承担的补偿金额可占补偿总额的5%~10%。根据事故等级、情节轻重、本人态度和一贯表现，给予行政处分。情节严重、构成犯罪的，依法追究刑事责任。 其他规定：在医疗事故或事件鉴定过程中，医疗纠纷当事人各方均可聘请代理人。代理人须持有关单位证明和本人居民身份证，经鉴定委员会同意后，可代理医疗纠纷当事人在鉴定会讨论前陈述意见

续表

省份	规范名称	主要内容
湖北省	2009年9月，湖北省高级人民法院发布《湖北省高级人民法院关于审理医疗损害赔偿案件若干问题的指导意见(试行)》	基本概念：医疗损害赔偿纠纷。 适用范围：医疗行为引起的医疗损害赔偿纠纷、非医疗行为引起的损害赔偿纠纷。 医疗损害赔偿纠纷种类：因医疗事故引起的医疗赔偿纠纷，不构成医疗事故但与患者的损害后果存在因果关系的纠纷，非医疗行为引起的损害赔偿纠纷[因医疗机构的设施、安全管理瑕疵致患者损害而发生的赔偿纠纷，因在医疗机构进行生活美容、美体而产生的损害赔偿纠纷，因医疗机构擅自解剖(留用脏器)、火化尸体产生的损害赔偿纠纷，因其他非医疗行为产生的损害赔偿纠纷]。 举证责任：举证责任倒置。 鉴定种类：医疗事故技术鉴定、医疗过错鉴定。 赔偿标准：构成医疗事故的医疗损害赔偿纠纷涉及具体的赔偿项目和赔偿标准，适用《医疗事故处理条例》。《医疗事故处理条例》未作规定的，根据《最高人民法院关于审理人身损害赔偿案件适用法律若干问题的解释》的规定结合具体案情予以确定。非医疗行为引起的人身损害赔偿纠纷，适用《民法通则》及《最高人民法院关于审理人身损害赔偿案件适用法律若干问题的解释》的规定

续表

省份	规范名称	主要内容
广东省	1988年2月，广东省人民政府发布《广东省医疗事故处理办法实施细则》	医疗事故：责任事故和技术事故。 适用对象：各级各类医疗单位以及乡村医生、个体开业的医务人员。 责任事故：13种（包括对急、危、重病人，片面强调制度、手续而拒收病人，或不顾病危放弃救治而转院转科，以致贻误、丧失抢救时机，造成严重不良后果者；医院领导、行政、医技、后勤及其他有关人员，在抢救病人过程中，玩忽职守，借故推诿，不积极领导、组织、配合医疗护理工作，拖延时间造成严重不良后果者的情形等）。 不属于医疗事故的情形：9种。 医疗事故的鉴定：省、市、县（市、市辖区）三级医疗事故技术鉴定委员会。省鉴定委员会的鉴定为最终鉴定，是处理医疗事故的依据。市、县（市、市辖区）鉴定委员会的鉴定，在没有争议时，也是处理医疗事故的依据。中央所属医学院校附属医院发生的医疗事故或事件，由医学院校负责处理。对处理结果有争议的，可向省鉴定委员会申请鉴定。以出席鉴定会议1/2以上专家多数意见为鉴定结论。 医疗事故的处理：各级医疗单位均应成立医疗事故处理小组，负责对医疗事故或事件进行调查，医疗事故处理小组经集体讨论后作出处理结论。 医疗事故的补偿：一次性经济补偿。区分补偿对象和事故等级，补偿金额不超过3000元，其中一级医疗事故死者生前系主要劳动力、家庭负担三人以上（含三人）的，最高不超过3000元；三级医疗事故，未满三周岁婴幼儿最高不超过300元。 直接责任人的责任：根据事故等级、情节轻重、本人态度和一贯表现，给予行政处分。情节严重构成犯罪的，依法追究刑事责任。 其他规定：属医疗事故死亡的，医疗单位不负责安葬费

续表

省份	规范名称	主要内容
广东省	2007年12月，广东省高级人民法院发布《广东省高级人民法院关于审理医疗损害赔偿纠纷案件若干问题的指导意见》	基本概念：医疗损害赔偿纠纷。 适用范围：医疗事故损害赔偿纠纷、医疗过错损害赔偿纠纷。 医疗损害赔偿纠纷种类：因医疗事故引起的医疗损害赔偿纠纷、因医疗事故以外原因引起的医疗损害赔偿纠纷。 举证责任：患者隐匿真实姓名与医疗机构发生的诊疗护理关系，不影响其在医疗纠纷发生后的诉讼地位和有关病历资料的真实性，但其应对隐名事实负举证责任。 鉴定种类：医疗事故技术鉴定、医疗过错鉴定（人民法院在审理医疗损害赔偿纠纷案件时，依据当事人的申请和根据案件审理的需要，可以委托医学会进行医疗事故技术鉴定，也可以委托司法鉴定机构进行医疗过错鉴定。患者一方申请进行医疗过错鉴定，而医疗机构申请进行医疗事故技术鉴定的，人民法院应先委托医学会进行医疗事故技术鉴定。医疗行为经鉴定不构成医疗事故，患者一方申请对医疗过错进行司法鉴定，如有证据证明，医疗机构的诊疗护理行为确有可能存在医疗过错的，人民法院应予以支持。医疗行为经鉴定构成医疗事故，患者一方又申请进行医疗过错司法鉴定的，应不予准许）。 赔偿标准：医疗事故损害赔偿纠纷案件中赔偿责任的范围及标准，应依照《医疗事故处理条例》的规定确定。医疗过错损害赔偿纠纷案件中，赔偿责任的范围及标准应依照《民法通则》及《最高人民法院关于审理人身损害赔偿案件适用法律若干问题的解释》的规定确定。对经鉴定不构成医疗事故但存在医疗过错的案件，人民法院应依据医疗机构的过错程度、原因力大小等因素判决医疗机构承担一定的赔偿责任。医疗事故技术鉴定结论认为医疗机构的医疗行为不构成医疗事故，但确认医疗机构的医疗行为存在不足、不当或过失，如人民法院认定上述过错与医疗损害存在因果关系的，可直接判决医疗机构承担医疗过错损害赔偿责任

续表

省份	规范名称	主要内容
广西壮族自治区	1989年12月，广西壮族自治区人民政府发布《广西壮族自治区医疗事故处理办法实施细则》	医疗事故：责任事故和技术事故。 适用对象：地方各级医疗单位，中国人民解放军、人民武装警察部队驻我区医院对地方开放部分，乡村医生、个体开业医务人员。 责任事故：11种。 不属于医疗事故的情形：12种（包括医疗器械在使用前经过检查正常，但在操作运转中发生非人为的难以避免故障或临时停电等意外，造成不良后果的情形等）。 医疗事故的鉴定：自治区、地区、市、县、自治区直属医疗单位分别成立医疗事故技术鉴定委员会。鉴定委员会成员在鉴定讨论时应有2/3以上成员参加，按少数服从多数的原则进行表决，作出书面鉴定结论。鉴定结论由鉴定委员会发给双方当事人（单位）。县鉴定委员会受理医疗事故或事件鉴定后，应在2个月内作出结论；地、市鉴定委员会受理的，应在4个月内作出结论；自治区鉴定委员会受理的，应在6个月内作出结论。 医疗事故的处理：（1）病人或其家属认为是医疗事故或事件的，可在事故或事件发生后15天内向医疗单位提出查处要求。（2）各级各类医疗单位均要成立医疗事故鉴定小组，负责本单位医疗事故或事件的调查、鉴定和处理。医疗事故鉴定小组应在事故或事件发生后一月内作出鉴定结论，提出处理意见，并以书面形式通知病员或其家属以及当事医务人员，同时分别抄报卫生行政部门。 医疗事故的补偿：一次性经济补偿，补偿区间为1000~3000元。 直接责任人的责任：根据事故等级、情节轻重、本人态度和一贯表现，给予行政处分。情节严重构成犯罪的，依法追究刑事责任。 其他规定：参加了医疗事故责任保险的医疗单位、乡村医生和个体开业行医者，发生医疗事故的，其补偿费由保险公司支付给病员或其家属。病员由于医疗事故所增加的医疗费用，由医疗单位支付；属乡村医生、个体行医，由乡村医生、个体行医者支付。参加了医疗事故责任保险的则由保险公司按规定支付

续表

省份	规范名称	主要内容
四川省	1989年1月，四川省人民政府发布《四川省医疗事故处理办法实施细则》	医疗事故：责任事故和技术事故。 适用对象：各级各类医疗单位和个体开业医务人员。 责任事故：12种（包括行政、后勤管理混乱，常用急救药品、物资配备不足，设备及其他设施维护保养不善，直接影响及时、准确诊治的情形等）。 不属于医疗事故的情形：4种。 医疗事故的鉴定：省级、市（地、州）、县（市、区）三级鉴定委员会，鉴定委员会作出的鉴定结论，如有分歧意见，须经2/3以上鉴定委员会成员通过，方能有效。医疗事故的鉴定结论，由当地卫生行政部门正式通知当事人，任何人不得擅自解释。 医疗事故的处理：医疗单位对本单位发生的医疗事故或事件，县级卫生行政部门对本辖区个体开业医务人员发生的医疗事故或事件，应立即进行调查、处理，并在事故定性后10天内填写医疗事故报告表报上一级卫生行政部门，一级医疗事故应同时报省卫生行政部门。 医疗事故的补偿：一次性经济补偿，区分补偿对象和医疗事故等级，补偿金额不超过4000元。 直接责任人的责任：根据《医疗事故处理办法》的规定处理。 其他规定：医疗事故、事件发生后，医疗单位或个体开业医务人员必须采取有效措施积极医救，减轻损害程度
贵州省	1989年5月，贵州省人民政府发布《贵州省实施〈医疗事故处理办法〉细则（试行）》	医疗事故：责任事故和技术事故。 适用对象：各级各类医院（含对地方开放的部队医院）、卫生院（所）、康复疗养院、疾病防治站（所）、行政机关、企事业单位所属的医务、卫生室（所、站）、联合医疗机构，乡村医生、个体开业医务人员。 责任事故：14种。 不属于医疗事故的情形：4种。

续表

省份	规范名称	主要内容
贵州省	1989年5月，贵州省人民政府发布《贵州省实施〈医疗事故处理办法〉细则（试行）》	医疗事故的鉴定：省、地（州、市）、县（市、特区、区）三级医疗事故技术鉴定委员会，各级鉴定委员会的鉴定结论在没有争议的情况下，是认定和处理医疗事故的依据，各医院鉴定小组的鉴定，在没有争议的情况下，也可作为认定和处理医疗事故的依据，其他任何单位均无权对医疗事故进行技术鉴定。各级鉴定委员会独立进行鉴定，需要重新鉴定时，上级鉴定委员会可以否定下级鉴定委员会的结论，省鉴定委员会的鉴定是最终鉴定。鉴定委员会以出席者的1/2以上意见作出书面鉴定结论。鉴定应当以事实为依据，符合医疗科学原理。各种不同意见也应记录在案，以备查阅。 医疗事故的处理：凡发生医疗事故或事件，当事人要从主观上作深刻检查，写出书面报告，经所在科室讨论后，由本单位医疗事故鉴定小组调查鉴定，由医疗单位负责处理。病员及其家属和医疗单位对医疗事故或事件的确认和处理有争议时，可提请当地鉴定委员会进行鉴定，由卫生行政部门处理。 医疗事故的补偿：一次性经济补偿，补偿区间为800~3500元。 直接责任人的责任：属责任事故的，个人承担补偿金的10%；属技术事故的，个人承担补偿金的3%。根据事故等级、情节轻重、本人态度和一贯表现，给予行政处分。情节严重构成犯罪的，依法追究刑事责任。 其他规定：由于责任和技术两种原因造成的医疗事故，应根据造成事故的主要原因确定事故的性质。在诊疗护理工作中，由于责任或技术原因发生错误，虽给病员造成一定痛苦，延长了治疗时间，但无不良后果者，是严重差错，未给病员造成痛苦者，是一般差错。对工作一贯认真负责、积极采取措施、及时发现和防止医疗事故的医务人员，可由医疗单位给予一定的奖励

续表

省份	规范名称	主要内容
陕西省	1992年4月，陕西省人民政府发布《陕西省医疗事故处理实施细则》	医疗事故：责任事故和技术事故。 适用对象：各级各类医疗单位，包括个体开业医务人员、乡村医生和中国人民解放军、人民武装警察部队驻陕医院对地方开放诊疗发生医疗事故的处理。 责任事故：14种。 不属于医疗事故的情形：9种。 医疗事故的鉴定：省、地（市）、县（市、区）三级医疗事故技术鉴定委员会，鉴定委员会负责本地区各类医疗单位及个体开业诊所的医疗事故或事件的技术鉴定工作。省级鉴定委员会的鉴定为最终鉴定，其鉴定是处理医疗事故或事件的依据。地（市）、县（市、区）级鉴定委员会的鉴定，在没有争议的情况下，也是处理医疗事故或事件的依据。鉴定委员会一般应在3个月内作出鉴定，特殊情况下不得超过6个月。鉴定委员会设若干学科组，鉴定时每个学科组至少要有3名专业人员参加，方可作出鉴定结论，否则鉴定结论无效。鉴定成员对鉴定结论持有不同意见时，应按少数服从多数的原则表决。但对各种不同意见应记录在案，以备查阅。 医疗事故的处理：医疗单位对发生的医疗事故或事件应立即组织调查和处理，于1个月内作出结论，并报告上级卫生行政部门。 医疗事故的补偿：一次性经济补偿，补偿区间为1000~3000元。 直接责任人的责任：根据《医疗事故处理办法》的规定给予行政处分。情节严重构成犯罪的，依法追究刑事责任。 其他规定：医务人员，指经过考核和卫生行政机关批准或承认，取得相应资格的各级各类卫生技术人员（含个体开业医务人员、乡村医生），以及医疗单位的管理和后勤服务人员

续表

省份	规范名称	主要内容
陕西省	2008年1月，陕西省高级人民法院发布《陕西省高级人民法院关于审理医疗损害赔偿纠纷案件的指导意见（试行）》	基本概念：医疗损害赔偿纠纷。 适用范围：医疗损害赔偿纠纷、医疗美容损害赔偿纠纷。 医疗损害赔偿纠纷种类：医疗事故损害赔偿纠纷、一般医疗损害赔偿纠纷（因医疗事故以外的原因引起的医疗损害赔偿纠纷）。 举证责任：举证责任倒置。 鉴定种类：医疗事故技术鉴定、有关医疗过错、伤残等级的其他医疗鉴定（人民法院需要委托进行医疗事故技术鉴定的，应当委托医学会组织鉴定；需要委托进行其他医疗鉴定的，可以委托具有相应资质的鉴定机构鉴定。一方当事人申请进行有关医疗过错的司法鉴定，而另一方当事人申请进行医疗事故技术鉴定的，人民法院应当委托进行医疗事故技术鉴定。医疗行为经鉴定构成医疗事故，当事人又申请进行医疗过错司法鉴定的，不予支持。医疗行为经鉴定不构成医疗事故，当事人申请就医疗过错进行司法鉴定，人民法院认为确有必要的应予支持）。 赔偿标准：构成医疗事故的，参照《医疗事故处理条例》的规定，但《医疗事故处理条例》未涉及的赔偿项目，应适用《最高人民法院关于审理人身损害赔偿案件适用法律若干问题的解释》的规定，一般医疗损害赔偿，应适用《民法通则》及《最高人民法院关于审理人身损害赔偿案件适用法律若干问题的解释》等相关规定
甘肃省	1990年8月，甘肃省人民政府发布《甘肃省医疗事故处理办法实施细则》	医疗事故：责任事故和技术事故。 适用对象：各级各类医疗单位、村卫生所（室）、向地方开放的部队医院、企业或事业单位所属职工医院、卫生所（室）、疗养院、防治所（站）以及有行医执照的联合医疗机构、民办医院和个体开业医务人员。 责任事故：11种。 不属于医疗事故的情形：6种。 医疗事故的鉴定：省、地（州、市）、县（市、区）三级医疗事故技术鉴定委员会，医疗事故或事件鉴定申请限于事故或事件发生后6个月内提出，逾期不予受理；病员死亡的，其家属应在病员死亡或收到尸检报告单后15天内提出申请。各级鉴定委员会的鉴定，为处理医疗事故的依据。省级医疗事故技术鉴定委员会的鉴定为最终鉴定。省级医疗单位可直接向省鉴定委员会申请鉴定。

续表

省份	规范名称	主要内容
甘肃省	1990年8月,甘肃省人民政府发布《甘肃省医疗事故处理办法实施细则》	医疗事故的处理:医疗单位在接到当事的医务人员、科室负责人、病员及其家属反映的医疗事故或事件后,应及时组织人员进行调查研究,作出鉴定和处理;乡卫生院、村卫生所和个体开业的医务人员发生的医疗事故或事件由当地卫生行政部门组织调查处理。企业、事业单位所属的卫生所(室)由上级主管部门负责调查处理。 医疗事故的补偿:一次性经济补偿,补偿金额不超过3000元。 直接责任人的责任:根据事故等级、情节轻重、本人态度和一贯表现,给予行政处分。如对工作一贯不负责任,医疗作风恶劣,认识态度又不端正,不愿吸取教训者,除给予行政处分外,应由个人承担5%~10%的医疗事故经济补偿费。情节严重构成犯罪的,依法追究刑事责任。 其他规定:医疗事故的行为人必须是经过县以上卫生行政部门考核或确认并取得相应资格的各级各类卫生技术人员。对积极采取措施,预防医疗事故发生作出显著成绩的科室和个人,可由医疗单位在年终给予奖励
宁夏回族自治区	1988年10月,宁夏回族自治区人民政府发布《宁夏回族自治区医疗事故处理办法实施细则》	医疗事故:责任事故和技术事故。 适用对象:各级各类医疗单位和乡村医生,个体开业医务人员。 责任事故:14种(包括营养、饮食工作人员,违反膳食治疗原则,错配、错发禁忌饮食或因管理不善引起病员食物中毒的;行政、后勤及有关人员,在抢救病员过程中玩忽职守,借故推诿,影响诊疗护理工作的情形等)。 不属于医疗事故的情形:8种(包括应用新技术、新疗法、新药物之前,执行了请示报告制度,向病员家属说明情况,征得其签字同意并做了充分的技术准备仍发生意外的情形等)。 医疗事故的鉴定:自治区、地、县(市、区)三级医疗事故鉴定委员会,自治区级鉴定委员会的鉴定为最终鉴定,其鉴定结论是处理医疗事故的依据。地、县(市、区)鉴定委员会的鉴定,在没有争议的情况下,也是处理医疗事故的依据。其他证明材料,不能作为处理医疗事故的依据。鉴定委员会经集体讨论,以出席者的1/2以上多数意见作出书面鉴定结论。

续表

省份	规范名称	主要内容
宁夏回族自治区	1988年10月,宁夏回族自治区人民政府发布《宁夏回族自治区医疗事故处理办法实施细则》	医疗事故的处理：各级医疗单位均应成立医疗事故处理小组，负责对本医疗单位医疗事故或事件的调查处理工作，并为各级医疗事故技术鉴定委员会提供所需资料。乡村医生、个体开业的医务人员发生医疗事故或事件，应立即向当地卫生行政部门报告，由当地卫生行政部门负责调查、处理。医疗事故处理小组对医疗事故或事件调查清楚后，经集体讨论提出处理意见。 医疗事故的补偿：一次性经济补偿，区分补偿对象和事故等级，补偿区间为100~3000元。其中规定了待分娩胎儿一级医疗事故的补偿费为200~300元，三级医疗事故三周岁以下婴儿补偿费为100~200元。 直接责任人的责任：根据事故等级、情节轻重、本人态度和一贯表现，给予行政处分。情节严重构成犯罪的，依法追究刑事责任。 其他规定：发生医疗事故或事件后，医务人员丢失、涂改、隐匿、伪造、销毁病案和有关材料，或私自向病员及其家属提供资料，唆使病员及其家属无理取闹的，要给予行政处分；情节严重构成犯罪的，由司法机关依法追究刑事责任
海南省	1989年3月,海南省人民政府发布《海南省实施〈医疗事故处理办法〉细则》	医疗事故：责任事故和技术事故。 适用对象：各级各类医疗单位以及经县以上卫生行政部门批准，发给开业执照的联合诊所、民办医院和个体开业的医务人员。 责任事故：13种（包括医院领导、行政、医技、后勤以及其他有关人员，在抢救病人过程中，玩忽职守，借故推诿，不积极领导、组织、配合医疗护理工作，拖延时间造成严重不良后果者的情形等）。 不属于医疗事故的情形：9种（包括以病员及其家属不配合诊治为主要原因而造成不良后果的情形等）。 医疗事故的分级：一级；二级（甲等19种情形，乙等13种情形）；三级（甲等15种情形，乙等5种情形）。

续表

省份	规范名称	主要内容
海南省	1989年3月，海南省人民政府发布《海南省实施〈医疗事故处理办法〉细则》	医疗事故的鉴定：省、市、县三级医疗事故技术鉴定委员会，省鉴定委员会的鉴定为最终鉴定，是处理医疗事故的依据。市、县鉴定委员会的鉴定，在没有争议的情况下，也是处理医疗事故的依据。各级鉴定委员会没有隶属关系，独立进行鉴定，其所作出的鉴定结论在没有争议的情况下效力相同；需要重新鉴定时，上级鉴定委员会可以否定下级鉴定委员会的结论。鉴定委员会受聘专家在鉴定中有表决权，以出席者1/2以上多数意见作出书面鉴定结论。 医疗事故的处理：各级医疗单位应当成立医疗事故处理小组，负责对医疗事故或者事件进行调查，听取病员或者家属的意见，核对事实，经集体讨论作出处理结论。 医疗事故的补偿：一次性经济补偿，补偿区间为2000~4000元。 直接责任人的责任：根据事故等级、情节轻重、本人态度和一贯表现，给予行政处分。 其他规定：(1)属医疗事故死亡的，医疗单位不负责安葬费。(2)非卫生行政部门批准"行医"者的事故，应按无照行医人员从严处理

二、本阶段医疗纠纷的处理机制

（一）医疗事故的处理机制

1.《医疗事故处理条例》生效前的医疗事故处理机制

1987年《医疗事故处理办法》开始实施，延续了此前医疗纠纷主要是以医疗事故为主线的处理方式。但是，相较此前的医疗事故处理，《医疗事故处理办法》及各地的立法均对医疗事故的处理作出了相对明确的规定，主要体现在以下几个方面。

（1）医疗事故的分类

首先，明确了医疗事故分为责任事故和技术事故，并且对责任事故和技术事故都作出了细化规定。虽然《医疗事故处理办法》未作细化规定，但各地的地方性法规均对责任事故和技术事故作了细化规定，特别是责任事故的情形基本上覆盖了医疗机构中医、药、护、技、行政管理、后勤等人员在诊疗活动中可能涉及的重大过错。其次，《医疗事故处理办法》对不属于医疗事故的情形以列举的方式作出了规定，总共列举了四种情形，在此基础上，各地方的立法进一步细化，有的省份列举的情形多达十余种，使法律、法规的适用更加明确。最后，医疗事故的等级分为三级，一级医疗事故不分等，二级、三级又分为甲等和乙等。

（2）医疗事故的鉴定

《医疗事故处理办法》对医疗事故的鉴定作出了明确规定，基本上建立了省、市、县三级医疗事故技术鉴定委员会，医疗事故技术鉴定委员会的组成人员包括了技术专家、卫生行政机关工作人员等，并且明确了医疗事故技术鉴定委员会的鉴定结论是处理医疗事故的依据。一般来说，省医疗事故鉴定委员会的鉴定为最终鉴定，是处理医疗事故或事件的依据。地、县鉴定委员会的鉴定，在没有争议的情况下也是处理医疗事故或事件的依据。发生争议时，经过申请重新鉴定，上一级鉴定委员会可以否定下级鉴定委员会的结论。针对鉴定的时限问题，卫生部的批复和部分地方性立法还对当事人双方申请医疗事故鉴定的时限作出了明确规定。

（3）医疗事故的处理

《医疗事故处理办法》和地方性立法均规定了医疗事故的处理一般是由医疗机构先自行处理。首先，医疗机构要成立相应的医疗事故处理小组，乡村医生、诊所等则由卫生行政机关处理。发生医疗纠纷后，先由医疗事故处理小组对医疗纠纷进行调查和处理。其次，对医疗事故处理小组的调查和处理结论不服的，可以申请鉴定，由卫生行政机关处理。对卫生行政机关处理不服的，可以向人民法院提起诉讼。这里的诉讼包括两种情形：一种是对卫生行政机关处理结论不服的，可以提起行政诉讼；另一种是基于医疗事故提起民事诉讼。

（4）医疗事故的责任承担

《医疗事故处理办法》和地方性立法均规定，构成医疗事故的应承担一次性经济补偿。补偿的标准则各有不同，根据事故等级，补偿金额的区间一般是1000~3000元，但有的地方区别补偿对象不同而略有不同。相较于之前医疗事故不承担经济补偿的规定，《医疗事故处理办法》明确规定了经济补偿，无论构成责任事故还是技术事故都应承担一次性经济补偿责任，一般由医疗机构承担，但值得注意的是，有的地方还规定了直接责任人要承担一定比例的经济补偿责任。同时，构成责任事故的直接责任人可能还要承担行政责任，情节严重构成犯罪的，甚至要承担刑事责任。而技术事故一般不需要承担行政责任。

2.《医疗事故处理条例》生效后的医疗事故处理机制

1987—2009年，时间跨度十余年，鉴于《医疗事故处理办法》在后期已经不适应处理纠纷的需要，因此，2002年国务院出台了《医疗事故处理条例》。《医疗事故处理条例》对《医疗事故处理办法》有关医疗事故处理的规定进行了较大修改。自2002年《医疗事故处理条例》生效后，这一时期医疗事故处理的主要内容包括以下几个方面。

（1）医疗事故的分类

首先，从医疗事故的概念上，《医疗事故处理条例》仍采用"医疗事故"的概念，但概念的内涵发生了变化，不再需要造成患者死亡、残废、组织器官损伤，而采用了人身损害的表述。其次，医疗事故不再区分责任事故和技术事故。不属于医疗事故的情形也增加到六种。最后，关于医疗事故的等级规定更细化和合理。将医疗事故分为四级，其中一级分为甲、乙两等；二级分为甲、乙、丙、丁四等；三级分为甲、乙、丙、丁、戊五等；四级不分等。

（2）医疗事故的鉴定

根据《医疗事故处理条例》的规定，医疗事故的鉴定主要由省、市、县的医学会负责，鉴定专家不再包括卫生行政机关的人员，而是从医学会的专家库里抽取相关的专家组成，但仍是一种医疗事故鉴定。2005年以后，司法鉴定机构出现，相应的，在医疗纠纷中出现了医疗过错鉴定。但这一时期的鉴定仍主要是以医疗过错鉴定为主。

（3）医疗事故的处理

根据《医疗事故处理条例》的规定，医疗事故的处理主要有以下几种方式：一是医患双方自行协商；二是卫生行政机关的行政处理；三是向人民法院提起诉讼。不再规定医疗机构必须成立医疗事故调查小组对医疗事故进行处理。申请卫生行政机关处理的，有时间的限制，同时，对构成医疗事故的，卫生行政机关只能对赔偿进行调解。除此之外，还包括法律法规规定的其他途径。

（4）医疗事故的赔偿

《医疗事故处理条例》对构成医疗事故的赔偿项目和计算标准作出了明确的规定，相较《医疗事故处理办法》，赔偿的标准大大提高。在这一时期,实践中如果构成医疗事故,一般是依据《医疗事故处理条例》的规定来承担民事赔偿。

(二)非医疗事故引发的医疗纠纷的处理机制

虽然在这一时期的立法中,医疗纠纷的处理仍然是以医疗事故为主线,但是2000年以后,通过民事侵权纠纷的处理方式来处理非医疗事故引发的医疗纠纷也在实践中开始探索。《民法通则》作为我国的民事基本立法,其中关于民事责任的一般规定与后续出台的几个关于人身损害赔偿的司法解释可以作为非医疗事故造成损害承担民事责任的依据。但这种处理方式只涉及民事责任的承担,由于不构成医疗事故或者没有鉴定是否构成医疗事故,只是由司法鉴定机构对医疗机构是否存在过错进行鉴定,就不涉及承担行政责任和刑事责任的问题。如果要主张医疗机构或其医务人员承担其他责任,首先得鉴定为医疗事故,才会涉及行政责任的承担,情节严重构成犯罪的承担相应的刑事责任。相较于《医疗事故处理条例》的规定,民事立法的赔偿数额和计算标准较高,因此,实践中,部分当事人特别是患方更倾向于主张民事侵权责任。

三、本阶段医疗纠纷处理机制的特点

(一)有明确的处理医疗纠纷的法规依据,但仍以关于医疗事故的规定为主线

这一时期《医疗事故处理办法》和《医疗事故处理条例》两部

行政法规作为处理医疗纠纷最主要的依据，在实践中发挥了十分重要的作用。因此，这一时期，处理医疗纠纷的主线仍是医疗事故，患方在诊疗过程中出现人身损害，一般通过鉴定是否构成医疗事故，如果构成医疗事故，则开启按照相关程序解决医疗事故的进程，反之，如果经鉴定不构成医疗事故，患者可以启动民事诉讼程序解决民事责任承担问题。

（二）立法中出现了医疗侵权纠纷、医疗损害赔偿纠纷等概念

虽然在这一时期，医疗纠纷的立法主线是医疗事故，在理论和实践中，人们也往往用医疗事故这个概念来指代在医疗过程中患方出现损害的这种情形，甚至法院长期以来也将受理的这类案件称为医疗事故赔偿纠纷，但在立法实践中，还是出现了诸如医疗侵权纠纷、医疗纠纷、医疗损害赔偿纠纷等概念，特别是在部分地方高级人民法院出台的关于审理这些案件的意见中出现了上述概念。这些概念的外延大于医疗事故这个概念，不仅包括医疗事故赔偿纠纷，也包括医疗事故以外的其他医疗赔偿纠纷。从实践来看，这些规定有利于解决相关的纠纷，但是由于概念不统一，也在一定程度上造成了法律适用的混乱。

（三）三个"二元化"的出现

这一时期医疗纠纷处理最大的特点莫过于由于立法的不同而出现的三个"二元化"，即案由、鉴定和赔偿的"二元化"。首先，"案由的二元化"主要是由于涉及患者因医疗行为而造成损害这一

事实有不同的概念表述，虽然主要是医疗事故这个概念，法院受理案件也多用"医疗事故赔偿纠纷"这个案由，但是随着民事法律立法的完善，"医疗过错损害赔偿纠纷"也成为案由，导致案由的"二元化"。其次，由于司法鉴定机构作为对诉讼中专门问题进行鉴定的机构，可以对医疗过错进行鉴定，而医疗事故技术鉴定委员会／医学会是医疗事故的鉴定主体，这样就出现了"鉴定的二元化"。最后，《医疗事故处理办法》和《医疗事故处理条例》虽然是行政法规，但对经济补偿／损害赔偿也进行了规定，同时期的民事立法也对民事侵权责任作出了相关的规定，由于在医疗过程中造成的损害也是一种民事侵权，所以民事侵权的赔偿责任也可以得以适用。最高人民法院在司法解释中明确规定，对医疗事故参照《医疗事故处理条例》的标准赔偿，但对非医疗事故引发的医疗纠纷按照相关民事规定的标准赔偿，因此，出现了"赔偿的二元化"问题。三个"二元化"的出现，对这一时期医疗纠纷的处理产生了重大影响，是这一时期医疗纠纷处理的典型特点。

（四）医疗纠纷举证责任一段时期内以"举证责任倒置"为主

2002年4月1日施行的《最高人民法院关于民事诉讼证据的若干规定》规定，由医疗机构对医疗行为和患者之间的损害不存在因果关系承担举证责任。这一规定被称为举证责任倒置，在一定程度上减轻了患者的举证负担，毕竟医学知识的专业性决定了患者方只能依靠同样掌握医学专业知识的医学共同体才能实现。但医方举证在实践中也产生了一定影响，主要是一定程度的防御性医疗行为的出现。

（五）重视医疗事故的预防工作

《医疗事故处理条例》相较于《医疗事故处理办法》新增较多的内容是关于医疗事故预防的规定，它规定了医疗机构应当如何预防医疗事故的发生。虽然都是原则性的规定，但也使这一时期的地方性立法纷纷都规定了相关的内容，同时，值得肯定的是，部分地方立法还规定了关于避免医疗事故的奖励制度。

（六）医疗事故的承担涉及多种责任

本时期医疗事故的责任，不仅包括行政责任，还包括民事责任和刑事责任，责任的承担体现多元化，不再是以行政责任为主，甚至在 2000 年以后，不仅非医疗事故的责任承担，甚至医疗事故的责任承担更多的也是民事责任。

第三节　2010—2015 年的医疗纠纷处理机制

一、本阶段医疗纠纷处理的立法沿革

（一）国家层面立法沿革

2010 年 1 月 8 日发布的《司法部、卫生部、保监会关于加强医疗纠纷人民调解工作的意见》明确，在县（市、区）设立专门的医疗纠纷人民调解组织——医疗纠纷人民调解委员会，解决医疗纠纷。

2010 年 7 月 1 日，《侵权责任法》开始实施，其第七章以专章的形式规定了医疗损害责任。其中规定了一般医疗损害责任是过错责任，只有在三种情形下是推定过错责任。《侵权责任法》摒弃了之前"医疗事故责任"和"医疗过错责任"的概念，使用统一的"医疗损害责任"概念，这不仅仅是《侵权责任法》对医疗责任概念的统一，更重要的是统一了法律适用规则。

2010 年 6 月 30 日发布的《最高人民法院关于适用〈中华人民共和国侵权责任法〉若干问题的通知》规定，医疗损害鉴定主要采用司法鉴定方式进行。

2013 年 12 月 20 日，国家卫生和计划生育委员会、中央社会治安综合治理委员会办公室、中共中央宣传部、最高人民法院、最高人民检察院、公安部、民政部、司法部、国家工商行政管理总局、中国保险监督管理委员会、国家中医药管理局联合发布的《关于印发维护医疗秩序打击涉医违法犯罪专项行动方案的通知》明确，依法惩治暴力伤害医患双方合法权益的违法犯罪活动，维护医疗机构的正常诊疗秩序，严厉打击职业"医闹"等行为。

2014 年 4 月 22 日，最高人民法院、最高人民检察院、公安部等联合印发的《关于依法惩处涉医违法犯罪维护正常医疗秩序的意见》明确，严格依法惩处涉医违法犯罪。医疗机构应当设立专门的投诉机构，及时解决患者的投诉问题。发生医疗纠纷，要及时解决，如果协商不成，要及时采取医疗纠纷人民调解等方式解决纠纷。当事人双方起诉的，开展诉讼调解，调解不成的，及时依法判决。

(二)地方层面立法沿革

在这一时段,部分地方也颁布了一些专门解决医疗纠纷的规范,如表 3-4 所示。

表 3-4 2010—2015 年部分省份解决医疗纠纷所依据的规范及其内容

省份	规范名称	主要内容
上海市	2010 年 4 月,上海市卫生局发布《上海市医疗事故行政处罚的若干规定(试行)》	对医疗机构的行政处罚:根据医疗事故等级和情节,处罚包括给予警告、责令限期停业整顿、吊销执业许可证。对医疗事故责任人的行政处罚:根据医疗事故的等级,处罚包括警告、责令暂停执业活动、吊销执业证书(特殊情形下加重处罚)
天津市	2014 年 11 月,天津市人民代表大会常务委员会发布《天津市医疗纠纷处置条例》	基本概念:医疗纠纷。医疗纠纷处理的途径:(1)协商(索赔金额 1 万元以下的,医疗机构可以与患者或者其家属协商解决);(2)调解(索赔金额超过 1 万元的,医患双方当事人可以通过市医疗纠纷人民调解委员会调解解决,公立医疗机构不得与患者或者其家属自行协商解决);(3)诉讼。其他规定:医疗责任保险承保公司应当依据医患双方当事人自行和解协议书、医疗纠纷人民调解协议书和人民法院生效的判决书、调解书,在保险合同约定的责任范围内进行赔偿,并及时支付赔偿金
江西省	2014 年 3 月,江西省人民代表大会常务委员会发布《江西省医疗纠纷预防与处理条例》,2021 年 7 月修正	基本概念:医疗纠纷。医疗纠纷的预防:医疗机构、医务人员、患者及其近亲属应遵守相关的规定预防医疗纠纷的发生。医疗纠纷处理的途径:(1)自行协商;(2)向医疗纠纷人民调解委员会申请人民调解(患者及其近亲属或者其代理人请求赔付金额 2 万元以上的医疗纠纷,医疗机构应当告知患者及其近亲属或者其代理人可以向医疗纠纷人民调解委员会申请调解;医患双方当事人申请医疗纠纷人民调解委员会调解,对索赔金额 2 万元以上 10 万元以下且医患双方对医疗责任存在争议的医疗纠纷,医疗纠纷人民调解委员会应当委托其专家库中相关专家进行咨询;专家出具的书面咨询意见应当明确医患双方的责任。对索赔金额 10 万元以上且医患双方对医疗责任存在争议的医疗纠纷,应当先进行医疗事故技术鉴定或者医疗损害鉴定,明确责任。鉴定应当委托医学会等具有资质的鉴定机构进行);(3)向卫生主管部门申请行政处理(2021 年 7 月修改为向医疗纠纷发生地县级人民政

续表

省份	规范名称	主要内容
江西省	2014年3月，江西省人民代表大会常务委员会发布《江西省医疗纠纷预防与处理条例》，2021年7月修正	府卫生健康主管部门申请行政调解）；（4）向人民法院提起诉讼；（5）法律、法规、规章规定的其他途径。 其他规定：（1）医疗机构应当制定医疗纠纷应急处置预案，报其执业登记的卫生主管部门和所在地公安机关备案，并组织相关应急演练。（2）参加医疗责任保险的医疗机构，其医疗责任保险保费支出，从医疗机构业务费中列支，按照规定计入医疗成本。按照收入支出两条线管理的医疗机构，保险费用由财政列支。医疗机构不得因参加医疗责任保险而提高现有收费标准或者变相增加患者负担。（3）医疗责任保险的承保机构应当将医患双方当事人自行和解协议书、医疗纠纷人民调解协议书、卫生主管部门行政调解协议书、人民法院判决书等作为医疗责任保险理赔的依据，按照合同约定及时、足额支付赔偿款项
湖北省	2013年12月，湖北省人民政府发布《湖北省医疗纠纷预防与处理办法》	基本概念：医疗纠纷。 医疗纠纷的预防：卫生行政机关、公安机关、医疗机构、医务人员、患者及其近亲属应遵守相关的规定预防医疗纠纷的发生。 医疗纠纷处理的途径：（1）自行协商；（2）向医疗纠纷人民调解委员会申请人民调解；（3）向卫生行政部门申请医疗事故行政处理；（4）向人民法院提起诉讼。 其他规定：医疗机构不得因参加医疗责任保险而提高医疗收费标准或者变相增加患者负担。医疗责任保险的承保机构应当按照保险合同约定，提供相关保险服务，及时理赔并足额支付赔款。医疗纠纷人民调解委员会生效的调解协议，应当作为医疗责任保险理赔的责任认定依据
广东省	2013年4月，广东省人民政府发布《广东省医疗纠纷预防与处理办法》，2017年7月修订	基本概念：医疗纠纷。 医疗纠纷的预防：卫生行政机关、医疗机构、医务人员、患者及其近亲属应遵守相关的规定预防医疗纠纷的发生。 医疗纠纷处理的途径：（1）自行协商解决；（2）向医疗纠纷人民调解委员会或者医患纠纷人民调解委员会申请调解；（3）向卫生行政部门申请行政处理；（4）向人民法院提起诉讼；（5）法律、法规、规章规定的其他途径。有条件的地级以上市可以试行医疗纠纷仲裁。

续表

省份	规范名称	主要内容
广东省	2013年4月，广东省人民政府发布《广东省医疗纠纷预防与处理办法》，2017年7月修订	其他规定：(1)医疗纠纷发生后，医疗机构应当根据医疗纠纷的实际情况，采取以下措施进行处理：①告知患者或者其近亲属有关医疗纠纷处理的办法和程序；患者或者其近亲属要求协商解决的，应当告知其推举不超过5名代表参加协商，并确定1名主要代表。②应患方要求，在医患双方共同在场的情况下，按照《广东省医疗纠纷预防与处理办法》第18条规定封存和启封相关病历资料。③患者在医疗机构内死亡的，应当按照《广东省医疗纠纷预防与处理办法》第20条规定进行尸体处理。④必要时组织专家讨论，并将讨论意见反馈患者或者其近亲属。⑤配合卫生行政部门、公安机关、医调委等部门、机构做好调查工作。⑥医疗纠纷处理完毕后，医疗机构应当向患者或者其近亲属提交书面答复。处理医疗纠纷需要启动应急预案的，应当按照预案规定采取相应措施，防止事态扩大。(2)医疗责任保险的承保机构应当按照保险合同约定，将双方当事人依法自行协商达成的赔偿或者补偿金额在1万元以内的协议、医调委调解达成的协议、卫生行政部门的行政调解协议、人民法院作出的生效调解书或者判决书，作为医疗责任保险理赔的依据之一，及时支付赔偿或者补偿款项
湖南省	2012年11月，湖南省人民政府发布《湖南省医疗纠纷预防与处理办法》，2022年10月修改	基本概念：医疗纠纷。 医疗纠纷的预防：卫生行政机关、医疗机构、医务人员、患者及其近亲属应遵守相关的规定预防医疗纠纷的发生。 医疗纠纷的处理：(1)自行协商（医患双方可以各自推举5名以下代表参加协商。协商应当在医疗机构的接待场所或者医疗机构以外的地方进行，不得妨害医疗机构的正常秩序）；(2)申请医疗纠纷人民调解委员会调解；(3)申请卫生行政部门或者其他有关机关调解；(4)申请卫生行政部门医疗事故争议行政处理；(5)向人民法院起诉；(6)其他合法的纠纷解决途径。 其他规定：(1)医疗机构应当在其接待场所的显著位置公布医疗纠纷的解决途径、程序以及卫生行政部门、医疗纠纷人民调解委员会等相关机构的职责、地址和联系方式。(2)已经投保医疗责任险的医疗机构发生医疗纠纷的，应当及时通知承保保险公司，承保保险公司应当参与医疗纠纷处理活动。需要理赔的，保险公司应当依据保险合同的约定，及时赔付

续表

省份	规范名称	主要内容
浙江省	2010年1月，浙江省人民政府发布《浙江省医疗纠纷预防与处理办法》，2021年2月废止	基本概念：医疗纠纷。 医疗纠纷的预防：卫生行政机关、公安机关、医疗机构、医务人员、患者及其近亲属应遵守相关的规定预防医疗纠纷的发生。 医疗纠纷处理的途径：（1）自行协商（医疗纠纷索赔金额1万元以上的，公立医疗机构不得自行协商处理）；（2）申请医疗纠纷人民调解委员会调解（双方当事人申请医调会调解，索赔金额10万元以上的，应当先行共同委托医疗事故技术鉴定，明确责任）；（3）向卫生行政部门申请医疗事故争议行政处理；（4）提起诉讼。 其他规定：（1）医疗纠纷发生后，需要保险理赔的，医疗机构应当如实向保险机构提供医疗纠纷的有关情况。保险机构应当及时参与医疗纠纷的处理，并按照医疗责任保险合同的约定承担赔偿保险金责任。（2）实行医疗责任风险金制度的市、县（市、区）的公立医疗机构，应当按照本级人民政府的规定缴纳医疗责任风险金，非公立医疗机构可以自愿缴纳医疗责任风险金。医疗责任风险金制度，是指由多家医疗机构按照一定的比例缴纳资金，实行统一管理、统筹使用，为分散医疗机构的医疗责任风险，保障因遭受医疗损害的患者获得及时赔偿而建立的互助共济制度。医疗纠纷发生后，需要支付医疗责任赔偿金的，医疗责任风险金管理机构应当将双方当事人协商达成的协议、医调会调解达成的协议、人民法院作出的生效的调解书或者判决书，作为支付赔偿款的依据，及时予以支付

二、本阶段医疗纠纷的处理机制

（一）医疗纠纷多元处理机制

在本时期，医疗纠纷的解决途径主要包括自行协商、行政调解、医疗纠纷人民调解委员会调解、向人民法院提起诉讼等。例如，广东省通过地方立法探索通过仲裁解决纠纷。基本上，医疗纠纷在本时期已经形成合理的多元处理机制，各种机制之间相互衔接，对医疗纠纷加以解决，但就不同的解决机制而言，特别是地方立法也有一些特别的规定，如自行和解一般有金额和参加人数的限制。自行和解的一方主体如果是公立医疗机构，赔偿金额一般不超过 2 万元，有的省份不超过 1 万元；参加和解的当事人双方人数，一般不超过 5 人，有的省份规定不超过 3 人。通过医疗纠纷人民调解方式解决纠纷的也有金额的限制。这些规定是实践经验的总结，是一段时期内解决医疗纠纷的合理做法。

（二）医疗纠纷人民调解委员会调解医疗纠纷

通过医疗纠纷人民调解委员会调解解决医疗纠纷是本时期纠纷解决的最大特色，在 2010 年之前，通过民间调解解决纠纷是处理民间纠纷的一种途径，广泛存在的人民调解委员会是调解民间纠纷的群众性组织，但并不是解决医疗纠纷的专门性组织。由于医疗纠纷的专业性，通过不具有专业性的群众性组织解决医疗纠纷并不具有优势，因而医患双方较少选择这种方式解决纠纷。但是在 2010 年之后，医疗纠纷人民调解委员会作为专门解决医疗纠纷的专业性调解机构逐渐覆盖到县、区，通过医疗纠纷人民调解委员会解决纠纷成为医患双方的一个重要选择。一方面，医疗纠纷人民调解委员会的组成人员具有一定的专业性，有的地方调解员有医学专家，即使没有医学专家，医疗纠纷人民调解委员会也可以进行专家咨询；另一方面，医疗纠纷人民调解委员会具有中立性，这种中立性既体现在医疗纠纷人民调解委员会工作经费一般由政府保障，也体现在医疗纠纷人民调解委员会并不隶属于卫生行政机关，其在和卫生行政机关、医疗机构无关的专门场所开展调解工作，调解员也和卫生行政机关、医疗机构的人员无关，于是医患双方均愿意接受这样的中立机构调解纠纷。因此，通过专门的医疗纠纷人民调解委员会调解纠纷成为从这一时期开始的一种颇具特色又行之有效的纠纷解决方式。

（三）对扰乱医疗机构正常诊疗秩序行为的规制

自 2013 年始，多个部委连续发文，均涉及打击涉医犯罪，保障医疗机构正常的诊疗秩序，这主要是因为这一时期出现了一些超越普通医疗纠纷范畴的涉医犯罪和扰乱医疗机构正常诊疗的行为，这些行为的出现往往会同时侵害医患双方的合法权益。同时，多个部委通过联合开展专项行动的方式打击涉医犯罪和扰乱医疗机构正常诊疗秩序的行为。特别是 2015 年 8 月 29 日《刑法修正案（九）》的通过，"医闹"正式入刑，对"医闹"行为进行了有力的规制，此后，涉医犯罪也逐渐减少。

三、本阶段医疗纠纷处理机制的特点

（一）医疗损害责任的概念得到统一

自《侵权责任法》生效以后，"医疗事故"不再是立法和实践中主要使用的概念，理论上和实践中都用"医疗损害责任"这个概念来概括患者因医疗机构及其医务人员的过错行为造成损害应承担的责任，它既包括了原有的医疗事故责任的内涵和外延，也包括了医疗过错责任的内涵和外延。这一概念在使用上得到统一，也为法律规则的统一适用奠定了基础。

（二）医疗纠纷多元解决机制之间进一步良性互动

医疗纠纷多元化解决机制一直存在，但是在很长一段时期内都是通过各自发挥作用对纠纷进行解决。在这一时期，由于医疗纠纷人民调解委员会调解医疗纠纷成为一种正式的、法定的纠纷解决方式，这一方式起到了一种衔接的作用，可以把和解、行政调解、诉讼有效地衔接在一起，实现和解、调解、诉讼的良性互动。实践证明，医疗纠纷多元解决机制的良性互动，共同发挥作用，对医疗纠纷的解决起到了十分重要的作用。同时，部分地方还探索其他新的途径解决医疗纠纷，如广东省鼓励有条件的地方可以通过仲裁方式解决医疗纠纷。

（三）举证责任上回归过错责任原则

《侵权责任法》规定，医疗机构承担医疗损害责任的前提是医疗机构因过错造成患者的损害，这意味着立法上肯定了医疗损害责任是一种过错责任，患者在诉讼过程中要证明医疗机构的诊疗行为存在过错，其诊疗行为和患者的损害之间存在因果关系，因此，医疗损害侵权的举证责任又回归了"谁主张、谁举证"的原则。借助专家辅助人等制度设计，加之互联网等手段，患方获得医学知识的渠道得到大大拓展，患方医学知识不对等的劣势得到了一定程度的弥补，于是由患方承担证明医疗机构的诊疗行为存在过错，其诊疗行为和患者的损害之间存在因果关系具有很大程度的可行性和合理性。

（四）扰乱医疗机构正常诊疗秩序的行为得到极大遏制

维持医疗机构正常的诊疗秩序是对患者生命健康权益的有效保

障,否则,就是对广大患者生命健康权益的侵犯。以"医闹"为代表的扰乱医疗机构诊疗秩序的行为为例,表面看只是针对医务人员个体或者某个科室,但实际上往往给一个医疗机构的正常诊疗秩序带来极大困扰,还会给潜在的违法行为实施者带来相应的示范效应,从历时性和共时性的角度来分析这些违法行为就会发现,实际上它侵犯的不仅是作为个体的医务人员和医疗机构的合法权益,还是作为整体的医患双方的合法权益,这些超越普通医疗纠纷范畴的涉医犯罪和扰乱医疗机构正常诊疗的行为必须得到遏制。在这一时期,通过多个部门和医患双方的共同努力,扰乱医疗机构正常诊疗秩序的行为得到了极大遏制。

(五)医疗责任保险成为承担因医疗纠纷而产生的赔偿责任的重要方式

医疗责任保险并不是《保险法》规定的强制险种,在很长一段时间内也并没有得到医疗机构和保险机构的广泛青睐,虽然一些地方在此之前也尝试过通过医疗责任保险的方式来承担因医疗纠纷而产生的赔偿责任,但适用的范围并不广泛。在这一时期,大多数的地方立法都规定了鼓励医疗机构参加医疗责任保险,允许医疗机构从业务费中列支医疗责任保费,按规定计入医疗成本。对保险公司要求根据相应的医患双方的和解协议、调解协议书、判决书等合法有效的文书支付医疗纠纷的合法赔偿款项。实际上,在实践中,这一时期许多地方的医疗纠纷人民调解委员会调解成功率升高的重要原因之一就是医疗责任保险承担了赔偿责任,患者可以相对容易和及时地获得赔偿。

（六）鉴定和赔偿的二元化仍然存在

在这一时期，《医疗事故处理条例》关于鉴定和赔偿的规定仍然有效，《侵权责任法》也延续了相关司法解释关于赔偿的规定，所以关于医疗纠纷赔偿的二元化的问题仍然存在。在医疗损害鉴定方面，司法鉴定历经十余年，也得到了极大的发展，特别是《最高人民法院关于适用〈中华人民共和国侵权责任法〉若干问题的通知》中对医疗损害鉴定的规定，更是促进了医疗损害司法鉴定的增长，但医学会的医疗事故鉴定也同时发挥着相应的作用，所以鉴定二元化依然存在。

第四节　2016 年至今的医疗纠纷处理机制

一、本阶段医疗纠纷处理的立法沿革

（一）国家层面立法沿革

2017 年 12 月发布的《最高人民法院关于审理医疗损害责任纠纷案件适用法律若干问题的解释》（2020 年 12 月修正）明确，医疗损害责任包括医疗机构侵权责任，医疗产品生产者、销售者、药品上市许可持有人或者血液提供机构侵权责任，医疗美容侵权责任。医疗产品的生产者、销售者、药品上市许可持有人明知医疗产品存在缺陷仍然生产、销售，造成患者死亡或者健康严重损害的，

适用惩罚性赔偿。

2018年7月发布的《医疗纠纷预防和处理条例》对医疗纠纷的处理途径作出了明确规定，特别是对医疗纠纷人民调解委员会调解医疗纠纷作出了细化规定。较之《医疗事故处理办法》和《医疗事故处理条例》，《医疗纠纷预防和处理条例》没有对损害赔偿的项目和计算标准作进一步规定，这就彻底消弭了医疗纠纷处理中长期存在的赔偿"二元化"问题。

2019年3月发布的《医疗机构投诉管理办法》规定了医疗机构应当做好医疗机构投诉管理与医疗纠纷人民调解、行政调解、诉讼等的衔接。医疗机构应当提高医务人员职业道德水平，增强服务意识和法律意识，注重人文关怀，加强医患沟通，努力构建和谐医患关系。

2019年12月发布的《基本医疗卫生与健康促进法》第96条规定：国家建立医疗纠纷预防和处理机制，妥善处理医疗纠纷，维护医疗秩序。该法作为我国卫生领域的第一部基本法，对医疗纠纷的预防和处理作出原则性规定，体现了对妥善解决医疗纠纷、维护医疗秩序的重视。

2021年1月1日实施的《民法典》第七编侵权责任编第六章医疗损害责任以专章规定了医疗损害责任。相较《侵权责任法》，《民法典》关于医疗损害责任的规定并没有作较大修改或者新增，只是进行了一些细微的修改。

2020年12月修正的《最高人民法院关于确定民事侵权精神损害赔偿责任若干问题的解释》进一步对民事侵权的精神损害赔偿责任承担作出明确。

2021年2月发布的《医学会医疗损害鉴定规则（试行）》对医疗损害鉴定的概念作出界定，明确了医疗损害鉴定是过错鉴定。鉴定意见书由鉴定专家组成员签名或者盖章,载明其学科专业和职称,并加盖医疗损害鉴定专用章。

2022年4月修正后的《最高人民法院关于审理人身损害赔偿案件适用法律若干问题的解释》,进一步对人身损害赔偿各个赔偿项目的计算标准作出明确和细化。

(二)地方层面立法沿革

在这一时段,部分地方也颁布了一些专门解决医疗纠纷的规范,如表3-5所示。

表3-5 2016年至今部分省份解决医疗纠纷所依据的规范及其内容

省份	规范名称	主要内容
福建省	2016年5月,福建省人民政府发布《福建省医疗纠纷预防与处理办法》,2020年11月修订	基本概念:医疗纠纷。 医疗纠纷预防:卫生行政部门、医疗机构、医务人员、患方、公安机关在医疗纠纷的预防中应遵守相关的规定预防医疗纠纷的发生。 医疗纠纷的处理:(1)自行协商解决(医疗纠纷发生后,患方索赔金额不超过2万元的医患双方可以自行协商解决;医患双方参与协商人数均不得超过5名,并出示有效身份证明,超过5人的,应当推举代表进行协商);(2)向医疗纠纷人民调解委员会申请调解(对索赔金额2万元以上、10万元以下的医疗纠纷,医疗纠纷人民调解委员会应当向其专家库中相关专家进行咨询,征得专家咨询意见和调解建议,对索赔金额10万元以上的医疗纠纷,应当先进行医疗损害鉴定或者医疗事故技术鉴定,明确责任);(3)向人民法院提起诉讼;(4)法律、法规、规章规定的其他途径。 医疗纠纷应急处置:医疗机构应当建立健全医疗纠纷处置制度,制定医疗纠纷预防与处置预案,明确医疗机构负责人、科室负责人和医务人员在医疗纠纷处置中的职责,规范医疗纠纷处置程序,定期分析医疗纠纷的成因,预防医疗纠纷的产生。 其他规定:医疗责任保险的承保机构应当按照保险合同约定,将人民法院作出的生效调解书或者裁决书、医疗纠纷人民调解委员会作出的调解协议、承保机构认可的医患双方当事人依法达成的和解协议作为医疗责任保险理赔的依据,及时赔付,并提供相关保险服务

续表

省份	规范名称	主要内容
河北省	2022年3月，河北省人民代表大会常务委员会发布《河北省医疗纠纷预防和处理条例》	基本概念：医疗纠纷。 医疗纠纷预防：医院协会、医师协会、医疗机构、医务人员、患方在医疗纠纷的预防中应遵守相关的规定预防医疗纠纷的发生。 医疗纠纷的处理：（1）双方自愿协商；（2）申请人民调解；（3）申请行政调解（卫生健康主管部门应当明确负责医疗纠纷行政调解的机构）；（4）向人民法院提起诉讼；（5）法律、法规、规章规定的其他途径。鼓励当事人优先选择协商、调解等方式解决纠纷。 医疗纠纷应急处置：（1）医疗机构应当制定医疗纠纷事件应急处置预案，组织开展相关培训和演练。（2）医疗机构应当建立健全安全防范管理制度，完善安全防范措施，加强人防、物防、技防建设，提高安全防范能力。 其他规定：（1）医疗机构应当参加医疗责任保险或者建立、参加医疗风险基金。（2）鼓励医务人员参加执业责任保险，鼓励患者参加医疗意外保险。（3）医疗责任保险承保机构应当按照保险合同约定，将人民法院作出的生效判决书、调解书和医疗纠纷人民调解委员会、卫生健康主管部门主持作出的调解协议以及承保机构认可的医患双方依法达成的和解协议，作为医疗责任保险理赔的依据，及时赔付并提供相关保险服务
江苏省	2017年3月，江苏省人民代表大会常务委员会发布《江苏省医疗纠纷预防与处理条例》，2021年5月修正	基本概念：医疗纠纷。 医疗纠纷预防：卫生行政部门、医疗机构、医务人员、患方、公安机关在医疗纠纷的预防中应遵守相关的规定预防医疗纠纷的发生。 医疗纠纷的处理：（1）与医疗机构自行协商（医疗纠纷索赔金额2万元以上的，公立医疗机构不得自行协商处理）。（2）申请医疗纠纷人民调解委员会调解（患方索赔金额2万元以上10万元以下的，医疗纠纷人民调解委员会应当组织专家咨询，或者由医患双方共同委托医疗损害鉴定；索赔金额10万元以上的，应当由医患双方共同委托医疗损害鉴定）。（3）向人民法院提起诉讼。（4）法律、行政法规规定的其他途径。 其他规定：设区的市、县（市）人民政府应当在征求公立医疗机构意见后，选择推行医疗责任保险制度或者医疗风险互助金制度，建立适应本地区实际需要的统一的公立医疗机构医疗责任风险分担制度

续表

省份	规范名称	主要内容
黑龙江省	2023年11月，黑龙江省人民政府发布《黑龙江省医疗纠纷预防和处理规定》	基本概念：医疗纠纷。 医疗纠纷预防：卫生行政部门、医疗机构、医务人员、患方、公安机关在医疗纠纷的预防中应遵守相关的规定预防医疗纠纷的发生。 医疗纠纷的处理：（1）自愿协商；（2）申请人民调解；（3）申请行政调解；（4）提起诉讼；（5）法律、法规规定的其他途径。 其他规定：医疗纠纷发生后，医疗机构应当及时与患者及其近亲属沟通，认真倾听其诉求及意见，告知其医疗纠纷处理的法定途径、具体程序和自身合法权益。发生重大医疗纠纷不能及时化解的，医疗机构负责人应当及时组织协调处理
贵州省	2022年3月，贵州省人民政府发布《贵州省医疗纠纷预防和处理办法》	基本概念：医疗纠纷。 医疗纠纷预防：卫生行政机关、新闻媒体、医院协会、医师协会、医疗机构、医务人员、患方在医疗纠纷的预防中应遵守相关的规定预防医疗纠纷的发生。 医疗纠纷的处理：（1）双方自愿协商；（2）申请人民调解（医患双方分歧较大或者患方索赔数额较高的，鼓励双方通过人民调解途径解决）；（3）申请行政调解；（4）向人民法院提起诉讼；（5）法律、法规规定的其他途径。 其他规定：医疗机构应当提高应对各类突发事件的医疗救治能力，根据不同患者的就医需求进行全力救治。对未成年人、老年人、残疾人、孕期和哺乳期的妇女等予以优先救治。对需要紧急救治的患者，应当采取紧急措施进行救治，不得拒绝急救处置

续表

省份	规范名称	主要内容
河南省	2020年7月,河南省人民政府发布《河南省医疗纠纷预防与处理办法》	基本概念：医疗纠纷。 医疗纠纷预防：医疗机构、医务人员、患方在医疗纠纷的预防中应遵守相关的规定预防医疗纠纷的发生。 医疗纠纷的处理：（1）双方自愿协商（每方代表不超过5人）；（2）申请人民调解（医患双方分歧较大或者患方索赔数额较高的，鼓励通过人民调解途径解决）；（3）申请行政调解；（4）向人民法院提起诉讼；（5）法律、法规规定的其他途径。 其他规定：医疗责任保险承保机构应当按照保险合同约定，将人民法院作出的生效调解书或者判决书、医疗纠纷人民调解委员会或者卫生健康部门调解达成的调解协议、承保机构认可的医患双方依法达成的和解协议作为医疗责任保险理赔的依据，在保险合同约定的责任范围内及时赔付，并提供相关保险服务
山西省	2017年8月,山西省人民政府发布《山西省医疗纠纷预防与处理办法》	基本概念：医疗纠纷。 医疗纠纷预防：医疗机构、医务人员、患方在医疗纠纷的预防中应遵守相关的规定预防医疗纠纷的发生。 医疗纠纷的处理：（1）协商解决（患方索赔金额不超过2万元，双方参加协商人数不超过3人）；（2）向医疗纠纷人民调解委员会申请调解；（3）向人民法院提起诉讼；（4）法律、法规、规章规定的其他途径。 其他规定：医疗责任保险的承保机构应当按照保险合同约定，将医患双方当事人依法达成的和解协议、调解协议、人民法院作出的生效调解书或者判决书，作为医疗责任保险理赔的依据，及时、据实赔付
安徽省	2017年7月,安徽省人民政府发布《安徽省医疗纠纷预防与处置办法》	基本概念：医疗纠纷。 医疗纠纷预防：医疗机构、医务人员、患方在医疗纠纷的预防中应遵守相关的规定预防医疗纠纷的发生。 医疗纠纷的处理：（1）协商解决（参加协商人数不超过5人）；（2）向卫生行政部门申请调解；（3）向医疗纠纷人民调解委员会申请调解（医患双方可以共同或者分别向医疗纠纷人民调解委员会提出申请，患方单独提出申请的，公立医疗机构应当予以配合）；（4）向人民法院提起诉讼。 其他规定：公立医疗机构应当按照国家和省有关规定参加医疗责任保险，鼓励非公立医疗机构参加医疗责任保险

二、本阶段医疗纠纷的处理机制

（一）医疗投诉机制

《医疗纠纷预防和处理条例》从狭义的角度界定了医疗纠纷，认为医疗纠纷是一种造成损害的争议，但从广义的角度，医疗纠纷实际上并不限于造成损害的争议，甚至在许多情形下，没有造成实质损害，医患双方也会产生相应的争议。例如，医患双方因态度问题产生纠纷、医患双方因后勤工作产生纠纷等，这些纠纷也是产生于诊疗活动中，主体也是医患双方，纠纷虽小，但得不到及时解决可能会导致矛盾升级。从社会学的角度看，纠纷的升级有一个过程，如果纠纷在升级之前得到及时解决，纠纷就不会升级到不可收拾的地步。在很长一段时间内，立法和实践中都只重视对狭义的造成损害的纠纷进行解决，但对患者提出的意见、建议和投诉并没有给予应有的重视，也缺乏反馈机制。《医疗机构投诉管理办法》明确提出，医疗机构的投诉应当贯彻"以患者为中心"的理念，设置专门的部门和人员负责投诉工作，加强医患沟通，使患者在诊疗过程中的咨询、意见和建议能够得到及时的回应。只有患者的问题得到及时解决，纠纷才不会升级。可见，本阶段通过部门规章的方式规定了医疗机构医疗投诉机制，对医疗纠纷的解决起到十分重要的作用。

（二）医疗纠纷多元解决机制

1. 医疗事故的解决机制

《医疗纠纷预防和处理条例》的立法初衷是替代《医疗事故处理条例》，但从结果看，并未使《医疗事故处理条例》失效。"医疗事故"作为行政法上规制医疗机构和医务人员行为的一个概念无法取消，同时也与《刑法》上的医疗事故罪的概念相对应，并且在实践中，也不乏出现医疗事故的情形。因此，对医疗事故的解决仍采用的是《医疗事故处理条例》关于行政处罚的相应规定，医疗机构和医务人员依其承担相应的行政责任，民事赔偿责任则依据相应的民事法律法规的规定承担。如果情节严重，构成犯罪的，则承担相应的刑事责任。

2. 非医疗事故的解决机制

这一时期，非医疗事故的解决机制仍是多元化的，主要包括：自行和解、行政调解、医疗纠纷人民调解和诉讼。如果出现损害，医方承担的责任主要是民事责任，而承担赔偿责任的主要依据是《民法典》和根据《民法典》修改的关于人身损害和精神损害的司法解释。对医疗纠纷责任承担中的一些特殊问题，如多侵权主体、多法律关系交叉等特殊案件的责任承担规定得更加明确，而这些问题也是以往医疗损害案件复杂、诉讼周期长的主要原因。由于《民法典》和相关司法解释的生效，法律适用问题更加明确，也使医疗纠纷的多元解决机制作用发挥得更加顺畅。

三、本阶段医疗纠纷处理机制的特点

（一）处理医疗纠纷的民事法律法规的规定更加完善

在本阶段，《民法典》在侵权责任编中用专章规定了医疗损害责任，该法所遵循的指导原则是："要妥善处理医疗纠纷，界定医疗损害责任，切实保护患者的合法权益，也要保护医务人员的合法权益，促进医学科学的进步和医药卫生事业的发展。"[1] 这样的立法原则科学合理，兼顾各方的利益，所以《民法典》已经成为解决医疗损害责任的主要民事法律依据。在总结《医疗事故处理办法》和《医疗事故处理条例》实施三十余年实践经验的基础上，《医疗纠纷预防和处理条例》对医疗纠纷的预防、处置等事项作出了明确规定。与此同时，在本阶段，相关的民事侵权司法解释大量修正，也极大地完善了处理医疗纠纷的规范依据。

（二）重视医疗机构的投诉机制

医疗纠纷的发生有多种原因，其中很重要的原因是医患双方对诊疗事实和纠纷事实的构建往往是不一致的，医方是凭借专业技术知识来构建，而患方则是凭借生活经验来构建，这两者的差异甚大。大多数情况下，诊疗活动正常开展，这种差异被患者恢复健康或者疾病得到控制、患者肌体功能得到改善而掩盖，但一旦出现偏

---

[1] 黄薇主编：《中华人民共和国民法典侵权责任编释义》，法律出版社，2020，第146页。

差,特别是出现超越患者基于生活经验而构建的对诊疗的认知,包括对诊疗行为的不理解、对医务人员态度不满、诊疗过程和结果与自己的期待不符,甚至出现严重背离自己接受诊疗的初衷的医疗损害时,医患认知的不一致可能就会被放大。而此时,患方的怀疑能否及时被解决是能否恢复医患双方信任、避免医疗纠纷升级的关键。如果能够被及时解决,许多纠纷就不会由小纠纷发展成为大矛盾;如果得不到及时解决,患方的情绪和不满会被逐渐放大,并不是所有的患者面对这样的情形都会选择回避和退让,此时,有的患方就会选择以更激烈的方式试图让医疗机构和医务人员正视自己的问题。在本阶段之前,虽然大部分医疗机构都有相关的部门解决患方的投诉问题,但法律法规没有明确投诉机构和人员应该如何进行医患沟通、如何进行投诉接待和处理。实际上,这种规定体现的是要求医疗机构第一时间正视患者的诉求,对潜在的纠纷进行消弭,并且从实践来看,重视投诉工作也确实收到了十分良好的效果。

(三)医疗纠纷风险分担机制更加多元

医疗纠纷的处理除了认定诊疗事实是否存在过错外,最重要的问题还在于赔偿责任的承担。一方面,医疗机构的赔偿责任承担有严格的限制,即要有相关法律的依据;另一方面,在除诉讼之外的医疗纠纷解决机制中,医患双方当事人对赔偿是可以协商的,于是,赔偿的协商问题也成为纠纷解决过程中医患双方关注的一个焦点问题。无论实力多么强的医疗机构,其作为个体在承担风险责任的面前,力量都是有限的。现代社会已经构建出许多种风险分担机制,这些机制有些完全可以适用于医疗纠纷责任的承担,除医疗责任保险、医师执业险、医疗意外保险外，近几年，部分地方还通过立法的方式探索建立医疗风险互助金制度来承担医疗损害的赔偿责任。多元化的医疗纠纷风险分担机制的建立对纠纷的解决可以起到更好的托底作用。

（四）医疗纠纷人民调解委员会需要进一步发挥解决纠纷的作用

医疗纠纷人民调解委员会作为专门的医疗纠纷解决机构，在纠纷解决中起到了十分重要的作用，近几年的数据统计表明，大部分的医疗纠纷均是通过医疗纠纷人民调解委员会调解的，但在此之前的纠纷调解过程中，医疗纠纷人民调解委员会调解纠纷也反映出一些相应的问题。由于医疗纠纷人民调解委员会调解纠纷被证明是行之有效的一种机制，这就使社会大众、医患双方有理由对其产生更高的解决纠纷的期待，因而应进一步加强和规范医疗纠纷人民调解委员会解决医疗纠纷的机制，以更好地发挥其解决纠纷的作用和效能。

（五）赔偿二元化问题得到解决

《医疗纠纷预防和处理条例》对赔偿问题没有进行专门的规定，而是规定适用相关的法律法规，这就避免了二十余年来一直存在的医疗损害赔偿二元化问题，医疗损害赔偿责任纳入民事责任的范畴，适用相关的民事法律法规的规定。

（六）鉴定实施主体的二元化仍然存在

根据《医疗纠纷预防和处理条例》的规定，医学会和司法鉴定机构进行的鉴定均称为医疗损害鉴定,虽然两类鉴定主体在鉴定过程中遵循不同的鉴定规则,但鉴定的名称均为医疗损害鉴定,两种鉴定都是过错鉴定。从医学会和司法鉴定机构都可以开展医疗损害鉴定的角度而言,医疗损害鉴定实施主体的二元化仍然存在,这种鉴定主体二元化的存在有其相应的合理性和必要性,因此,从现阶段乃至长远看,这种鉴定实施主体的二元化将会在一定时期内长期存在。

（七）法律法规的规定注重恢复和构建和谐医患关系

在人们的一贯认知中,纠纷的出现是对当事人之间关系的破坏,而当事人之间关系的破坏又会导致纠纷的发生。作为纠纷的一种,医疗纠纷体现了这个特点,但由于医疗行为的特点,使医疗纠纷又区别于其他纠纷。从救死扶伤到医疗纠纷,是医患双方均不愿意看到的,但是纠纷的发生又实在地破坏着医患双方这对原本是抗击疾病共同体的队友之间的信任。长期以来,我们在理论上和实践中面对医疗纠纷的解决时只偏重于个案纠纷的解决,医患双方的认知、社会大众的认知、制度机制的构建均只是围绕个案的"案结事了",对通过纠纷的解决来恢复医患双方的关系,重建医患互信则缺乏必要的关注。值得欣喜的是,近年来,法律法规等规范的制定、修正均开始重视从源头上构建医患互信的机制,在纠纷的解决中也对通过纠纷的解决恢复医患关系、重建医患互信进行发力,这种做法是对医疗纠纷解决认知的一种极大跨越,也是回归医学作为关爱人本身的仁爱之学的题中之义。

第四章　一切为了健康

截至 2020 年 11 月 9 日，全国涉医刑事案件和医疗纠纷数量实现连续 7 年双下降。[1] 尽管我们在新闻报道中还偶有关于医疗纠纷的报道，但很显然，医疗纠纷已经不再是社会高度关注的热点问题。这种转变不是一夕之间发生的，它的转变经历了一段较长的时间，究其原因，主要在于我们的医疗卫生服务的定位从以治疗为中心转向以人民健康为中心，坚持预防为主，坚持医疗卫生事业公益性。实现了三个重大转变："一是目标定位的转变，即从'以治病为中心'向'以人民健康为中心'转变，全方位考量健康的影响因素，把维护健康放在首要位置。用'健康'这一关键词取代'卫生'、'医疗'作为全面建成小康社会的重要维度，促成了我国卫生政策领域一次历史性的范式转变。二是策略的转变，即从注重疾病诊疗向预防为主转变，实现关口前移，重心下沉。三是行动主体的转变，即从依靠卫生健康系统向全社会整体联动转变，真正把健康融入万策，形成多部门通力合作，个体负责、家庭支持，社会各

---

[1] 国家卫生健康委员会等 10 部委：《关于通报表扬 2018—2019 年度全国平安医院工作表现突出地区、集体和个人的通知》，http://www.nhc.gov.cn/yzygj/s7658/202011/81856307f24d48beb5f7e949b640352c.shtml，访问日期：2024 年 1 月 1 日。

界积极参与的良好局面。"①

第一节 以人民健康为中心，将健康融入各项政策

一、以人民健康为中心，将健康融入各项政策

健康是一种表现在身体上、心理上和社会层面的完满的状态，而不仅仅是没有疾病和不虚弱的状态。② 这种健康观是一种整体的健康观，不再是简单的身体无病的状态，而是指身心、社会等都处于一种良好的状态。这种健康观，要求建立以健康为中心的理念，将健康理念从"以治疗为中心"转变为"以人民健康为中心"。健康是人民生活幸福的支撑，是经济社会发展的基础。2016 年 10 月，中共中央、国务院印发了《"健康中国 2030"规划纲要》，提出推进健康中国建设，把健康融入所有政策，全方位、全周期维护和保障人民健康。2017 年 10 月召开的党的十九大明确提出，实施健康中国战略，提出要完善国民健康政策，为人民群众提供全方位全周期健康服务。深化医药卫生体制改革，全面建立中国特色基本医疗卫生制度、医

---

① 王俊、孔国书、Jun Wang、Guoshu Kong:《实施健康中国战略，创新与深化中国医改》，载梁万年、吴沛新、王辰:《中国医改发展报告（2020）》，社会科学文献出版社，2020，第 47 页。

② 方鹏骞、吴清明主编:《中国健康政策趋势与评价》，华中科技大学出版社，2020，第 3 页。

疗保障制度和优质高效的医疗卫生服务体系，健全现代医院管理制度。2019年6月24日，国务院公布了《国务院关于实施健康中国行动的意见》，提出加快推动卫生健康工作理念、服务方式从以治病为中心转变为以人民健康为中心，建立健全健康教育体系，普及健康知识，引导群众建立正确健康观，加强早期干预，形成有利于健康的生活方式、生态环境和社会环境，延长健康寿命，为全方位全周期保障人民健康、建设健康中国奠定坚实基础。

从以治疗为中心向以人民健康为中心的转变，将健康融入各项政策不仅是一种理念的转变，更意味着卫生政策的全面转变，让健康影响各项政策，从而使健康成为所有政策的综合结果。健康问题的改善不仅涉及卫生部门制定的政策，其他部门制定的政策也从影响健康的因素变为被健康影响的结果。这种健康理念，将最大限度地发挥政府、社会、家庭和个人等的作用，共同保护全社会的健康，实现涵盖全体人民的全周期的健康，不再仅仅将健康视为某个行业或者某个家庭和个人的事情，而是各个主体共同参与，打破壁垒、共建共享，构建"大卫生、大健康"的格局。

自健康融入各项政策提出以来，各地纷纷开展了有益的探索，总体而言，形成了以下实施路径[1]：

第一，必须坚持以人民为中心的发展思想。

第二，应从供给侧和需求侧两端发力，统筹社会、行业和个人三个层面，加强各部门各行业的沟通协作，促进全社会广泛参与，形成多层次、多元化的健康共治格局。

---

[1] 文进、赵莉主编：《健康中国新路径：将健康融入所有政策的理论与实践》，四川大学出版社，2022，第141—142页。

第三，应全面建立健康影响评价评估制度。

第四，推进健康城市和健康村镇建设。

第五，必须加强组织领导。

通过上述路径的实施，让政府、社会和个人均负起自己的责任，全面干预与健康有关的影响因素，全面防控重大疾病，全方位全周期地保障人民群众的身心健康。以人民健康为中心还要坚持卫生事业的公益性。卫生服务和其他服务相比最大的一个特点在于公益性。卫生服务的发展程度是衡量一个国家社会文明进步的重要标志。从政府公共卫生服务的职能来说，应服务社会的每位成员，政府应当保证医疗服务的公益性，保证公平公正。以"治疗为中心"的理念可能会导致公益性出现一定的偏差，但以"人民健康为中心"则将对"疾病"的关注转向了对"健康"的关注，让医疗行业回归"治病救人"的初心使命，将患者的利益放在第一位。

过去"以治疗为中心"的卫生工作理念使人们将主要的精力置于"事中治疗"的环节，带来了"看病难、看病贵"等问题，这加剧了医疗纠纷的产生。然而，在保障健康的全过程中，由于不重视事前预防与控制和健康相关的危险因素，也使人民出现了更多的健康问题，当健康问题不得不进入治疗环节时又加剧了治疗环节的负担，导致医患关系紧张。如此循环往复，成为过去十余年医疗纠纷频发的重要影响因素。但是，当全社会均开始重视健康，全面干预影响健康的因素时，有益于人民群众健康的因素得到加强，不利于人民群众健康的因素被消除，人民群众的健康水平得到普遍提高，新发疾病降低，慢性病得到较好控制，总体疾病发生率随之降低，治疗负担也会减轻，"看病难、看病贵"的状况得到逐步改善，人民群众的获得感增加，医患关系因为诊疗负担的减轻而改善，这是从根本上消除医疗纠纷的重要举措。实践证明，随着以人民健康为中心和健康融入所有政策的理念深入推进，医疗纠纷数量的下降则是情理中之事。

二、以人民健康为中心，不断完善健康法规体系

在医疗卫生基础性法律中把大健康的理念作为指导方针或基本原则加以规定，扭转单纯以治病为中心的错误导向，同时把大健康理念落实到统一规划和领导健康事业的机构建设、健康入万策的机制和程序制定、不健康产品的限制等一系列法律机制中；通过法律手段倡导健康生活方式；通过立法把医疗服务和公共卫生服务结合在一起；加强健康环境建设和保障；运用法治手段确保健康信息公平、及时、有效的传播。[①]健康中国建设的推进需要法治保障。通过立法把"大卫生、大健康、以治病为中心转变为以人民健康为中心"的理念法律化，使健康融入所有政策有法律制度的保证。2019年12月28日公布的《基本医疗卫生与健康促进法》系我国卫生健康领域第一部基础性、综合性的法律，该法坚持以人民为中心，为人民健康服务的宗旨，着力"保基本、强基层、促健康"，通过立法明确：（1）医疗卫生事业坚持公益性的原则，国家建立基本医疗卫生制度，保护公民获得基本医疗卫生服务的权利；（2）完善基本医疗卫生服务和医疗卫生服务体系；（3）加强医疗卫生人才队伍建设；（4）提升医疗卫生服务质量和发展医疗卫生技术；（5）完

[①] 王晨光：《健康中国战略的法制建构——卫生法观念与体制更新》，载冯果、武亦文、周围主编：《中国健康法治发展报告（2020）》，社会科学文献出版社，2020，第231-232页。

善各种健康管理和健康促进措施，公民是自己健康的第一责任人；（6）国家实施基本药物制度，完善药品供应保障；（7）加强医疗卫生事业发展的资金保障和监督管理。此法的出台，将医改中一些行之有效的经验上升为法律，也解决了卫生领域中一些根本性和全局性的问题。除《基本医疗卫生和健康促进法》之外，最近几年，卫生领域的立法进程加速，与卫生有关的多部法律法规出台或者修改。最典型的如制定《医师法》《生物安全法》《医疗纠纷预防和处理条例》《医疗机构投诉管理办法》《医疗质量管理办法》《医疗技术临床应用管理办法》；修改《药品管理法》《精神卫生法》《职业病防治法》《艾滋病防治条例》《药品管理法实施条例》《医疗器械监督管理条例》《医疗机构管理条例》《公共场所卫生管理条例》《职业健康检查管理办法》《产前诊断技术管理办法》《医疗机构临床用血管理办法》《健康保险管理办法》。目前，我们已经构建起包括健康促进、卫生监督、公共卫生服务、危机应对、医疗服务提供、医疗行为规制、医疗行业准入、健康权益保障（包括个人健康信息保障）、医疗新技术、医疗保障、医疗纠纷预防和处理等相关医疗卫生法律法规体系。这些法律法规特别是最近几年颁布和修改的法律法规秉承"大健康、大卫生"的理念，从以人民健康为中心的角度出发进行制度设计，目的是促进人民健康，为人民健康保驾护航。

第二节　不断健全健康服务体系

一、医疗服务供给的增加

首先，截至 2021 年底，全国县级医疗卫生机构、乡镇卫生院和村卫生室实现了县乡村的全覆盖，这不仅是机构的简单覆盖，更意味着基本医疗卫生服务提供的覆盖。在我们的医疗卫生机构的功能定位中，各级各类医疗卫生机构有各自不同的功能定位。就基层医疗卫生机构而言，应起到健康看门人的作用，即应起到满足居民看得上病的基本就医需求的作用，作为三级医疗卫生保健网的网底，首先要织密，做到全覆盖，才能起到托底的作用。同时，居民看病的便利性在一定程度上决定着居民的就医选择，除了诊疗水平，对非危急重症的患者，决定其就医选择的因素实际上是多元的，医疗机构地理位置的远近也是影响患者就医的因素之一，这里的距离远并不是我们通常认为的需要借助交通工具才能可及的那种远，而是指无法在较短时间内步行可及的距离，对这类医疗机构，有的患者也是不会选择的。但是，对"十五分钟"医疗圈可及的医疗卫生机构，患者选择的可能性就更大。特别是对一些慢性病、行动不便等的患者，"遥远"的大医院就医太过困难，而家门口的医疗卫生服务才是最优选，如果既无"遥远"的大医院又无家门口的医疗卫生服务，弃医不就，靠自己"抗"就是必然的选择。对于慢性病而言，日常的管理和控制才是控制疾病的最佳选择。如果慢性病日常得不到较好的控制,往往会出现较严重的后果,而危急重症的诊疗环节就是纠纷容易发生的重要环节。从目前我国疾病谱的特点来看,如果慢性病早期就得到良好医疗干预,危急重症的患者数量是可以下降的,因此,医疗服务的供给就直接决定了慢性病患者是否愿意就医、是否规律就医、是否持续就医。不断增加的医疗服务供给,可以解决慢性病患者的就医问题,使危急重症的绝对数量下降,从而也会间接使医疗纠纷的数量下降。

其次,长期以来,我国医疗卫生服务系统的资源结构呈现出"倒三角"的模式,医院和专科医疗机构拥有医疗卫生系统的绝大部分资源和承担绝大多数的诊疗工作,而作为基础卫生服务保障的基层医疗卫生服务机构尽管在数量上超过医院,但其所拥有的资源量和承担的诊疗工作却远远少于医院和专科医疗机构,致使完全无法实现以基层医疗卫生服务为基础的"全民享有基本医疗卫生服务"的目标。实际上,医疗卫生服务系统的资源结构和对疾病类型的诊疗应该是一致的,对于大多数的患者而言,尤其只是普通疾病的患者,主要由基层医疗卫生机构解决其问题,大型医疗机构则集中高端的设备、专业的人才解决疑难杂症,基层医疗卫生机构和大型医疗机构之间应当是一种分工配合的关系,而不应当成为一种竞争关系。但目前,我国大部分居民首诊选择的是医院,而不是基层医疗卫生机构,特别是在城市,这个趋势就更明显。医院级别越高,单病种平均总费用及日均费用就越高,而实际上,高达70%以上的疾病是可以在基层医疗卫生机构进行诊疗,而不需要由大型医疗机构来进行诊疗的。要实现这个目标,就需要社区卫生服务机构发挥重要作用,让居民能够就近就医、方便就医。同时,相对于大医院高额的医疗费用,基层医疗卫生服务机构的费用相对低廉,居民到基层医疗卫生服务机构就诊或将病情稳定的患者从医院转入基层医疗卫生服务机构继续治疗则可以极大地节省医疗成本，同时减轻患者自身的经济压力。

最后，大力发展基层卫生服务机构的服务能力是适应人口老龄化对卫生服务的需要。目前，我国已步入老龄化社会，相对于其他进入老龄化社会的发达国家而言，我国步入老龄化社会有以下几个特点：一是经济相对不发达；二是快速进入老龄化社会。老年人口的快速增长，对老年人的疾病诊治、康复护理、医疗保健带来了严重挑战，而基层医疗卫生服务机构的职能主要是老年病科常见病、多发病、慢性病的诊断与治疗；慢性非传染病的预防保健；健康教育；为家庭、个人提供健康管理和连续性的诊疗护理服务。相对于大型医疗机构，基层医疗卫生机构能够主动服务、上门服务、设立家庭病床。同时，老年人易患多发病、常见病、慢性病，一般情况下，基层医疗卫生服务机构就能满足老年人基本的卫生服务需求，当基层医疗卫生服务机构不能处理时，也可以及时向大型医院转诊，待病情稳定，涉及慢性病的康复和护理时，又可以转回社区，接受社区卫生服务机构提供的便利、稳定、长期的卫生服务。

在这十余年间，由于坚持和守住乡村医疗全覆盖底线，我国基本实现了城乡群众公平地享有基本医疗卫生服务，部分地区历史性地解决了缺机构的问题，城乡居民有机构可看病，有医生可以随时解决常见病、多发病的问题，慢性病可以得到及时控制，同时，随着卫生事业的理念向以人民健康为中心转向，在一定程度上实现了以患者利益为中心的医患关系重构，也为医疗纠纷数量的整体下降奠定了坚实的基础。

二、优质医疗资源下沉的持续推动

最近几年,国家致力于不断推动优质医疗资源下沉,主要体现在不断推进国家医学中心和国家区域医疗中心的建设,根据地域和疾病的发生情况科学合理地设置不同专业类别的国家区域医疗中心。国家医学中心和国家区域医疗中心代表了本领域内的最高医疗水平,从其定位来说,主要是针对疑难危重症进行诊疗和治疗,开展科学研究,带动全国医疗、预防和保健服务水平的提升,同时实现区域间医疗服务的同质化。国家医学中心和国家区域医疗中心最核心的作用和任务,就是辐射和引领全国和区域医学发展和医疗服务能力的提升,他们承载着为国家、社会培养高水平医学科研人才的任务,而不是单纯地只像普通高级别医疗机构一样简单地培养自己机构的医务人员,通过这些中心的辐射作用,居民无须跨区域就可以接受对重大疑难疾病的诊疗,缓解了优质医疗资源分布不均,重大疑难疾病就医困难的问题,医疗资源的使用效益得到进一步提升。

为了解决优质医疗资源供给总量不足,结构不合理的问题,国家还致力于城市医疗集团、县域医疗共同体、专科联盟和远程医疗协作网等医疗联合体的建设,这些医疗联合体的建设主要是为了加强城乡的联动和实现乡村一体化,通过城市医疗机构对农村医疗机构的支援,包括专家派驻、远程协同等方式建立帮扶机制,让优质医疗资源能直接服务城乡,帮助基层直接解决问题,提升城乡医疗服务水平的同质化,同时,医疗联合体的建设可以实现为居民提供全方位的包括预防、诊断、治疗、健康管理等全周期一体化的服务。急病和慢病均可以分类有针对性地应对,而且实现疾病预防、疾病诊疗和事后康复一体化。医疗机构自身竞争有序，患者自主就医也可以达到分级诊疗的目的。更重要的是，医疗联合体的建设还通过包括医学影像、检查检验、病理诊断和消毒供应等中心的统筹建设实现资源共享。这些中心的建设，起到一个十分重要的作用就是可以实现医疗联合体内的检查结果互认。长期以来，检查结果在各级各类医疗机构之间得不到互认是患者就医负担增加的一个重要因素，而检查结果得不到互认也并不单纯是医疗机构的原因，其中重要的原因是受诊断和检查水平的制约。然而，医联体内部统筹建立相应的检查检验和诊断中心，可以实现检查检验和诊断的同质化，检查结果的互认就成为顺理成章的结果。专科联盟的建设可以有效地弥补包括儿科等短缺医疗资源的不足，有效提升重大疾病的防控救治能力。远程医疗协作网利用互联网技术远程实现优质医疗资源的共享和下沉，通过远程检查、远程医疗、远程会诊等方式打破了传统的时空距离，使省—地—县—市—乡—村的医疗服务网络更加完善。特别是自 2019 年以来，国家重点推动紧密型县域医疗卫生共同体建设工作，对县域内的医疗卫生资源进一步整合，实现县域内医疗卫生资源的优化配置，对县域内的医疗服务水平起到了切实的提高作用。除县域内的医共体外，国家还加强县域医共体和城市高水平医疗机构之间的合作和结对帮扶，体现城市高水平医疗机构对农村医疗卫生服务工作的支持，实现以城带乡，让城乡居民可以享有更公平可及的、高水平的医疗卫生服务。目前，我国构建的公立医院高质量发展体系如图 4-1 所示。

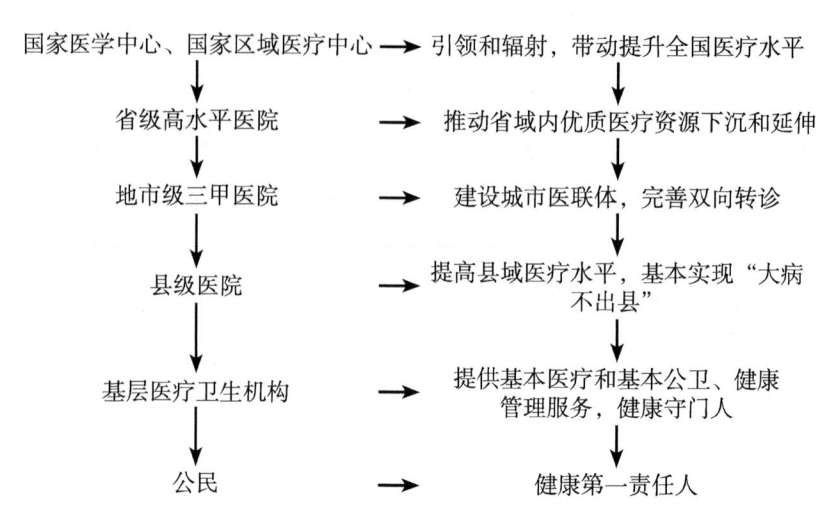

```
国家医学中心、国家区域医疗中心  →  引领和辐射,带动提升全国医疗水平
              ↓
      省级高水平医院            →  推动省域内优质医疗资源下沉和延伸
              ↓
      地市级三甲医院            →  建设城市医联体,完善双向转诊
              ↓
         县级医院              →  提高县域医疗水平,基本实现"大病
                                  不出县"
              ↓
      基层医疗卫生机构          →  提供基本医疗和基本公卫、健康
                                  管理服务,健康守门人
              ↓
           公民                →  健康第一责任人
```

图 4-1 我国构建的公立医院高质量发展体系

疾病的诊疗特点决定了包括机构、设备等物的因素只是其中一个因素,在疾病的预防、控制和治疗中,更重要的是人的因素,没有操作仪器设备的医务人员、没有能使患者相信的高水平的医务人员,只有仪器和设备是不行的。此前,许多基层医疗卫生机构存在人员匮乏、诊疗水平不高的问题。有的基层医疗卫生机构正式在编在岗的卫生人员不足十人,却要承担着一个大型乡镇医疗卫生机构的服务。有的基层医疗卫生机构每年都希望能招收到医学院校的本科毕业生,但从未实现。近些年来,国家为推动优质人力资源下沉采取了多种措施,具体包括:(1)人才培养机制的完善。对医学人才的培养,从 2011 年以后转向了八年制的人才培养模式,医学本科生先接受五年的院校基础知识教育,然后再进行三年规范化培训。对医学专科生则是三年医学基础知识教育和二年的助理全科医生培训,同时,逐步减少中专院校的招生数量,提高医学生的生源质

量。院校培养模式的变化从源头上提升了医务人员的能力素质水平。（2）继续教育的加强。医学是一个需要终身学习的行业，医疗卫生技术人员的水平和技能需要持续提升，《医师法》等法律法规明确规定了医疗卫生人员的继续教育与其考核、聘任等挂钩。近几年，国家行政机关和医疗机构通过各种形式为在职医疗卫生技术人员提供多种形式的培训，切实提高卫生技术人员的素质和水平。（3）紧缺型医疗卫生技术人才的培养。2009年开始，为了切实提升基层医疗卫生技术水平，国家实施免费为农村定向培养全科医生和招聘执业医师的计划，为农村定向培养全科医生，促使高素质的医学人才向农村流动。2010年，国家开始实施面向基层的培养计划，推动医学院校与基层签订协议，进行基层医生转岗至全科医生的培养。2011年以后，国家又采取多种措施建设全科医师队伍。2015年以后，国家卫生主管部门、教育部等实施"农村订单定向医学生免费培养"和"全科医生特设岗位计划"等项目，为基层培养高水平的医疗卫生技术人员。自项目实施以来，累计已经有四万余名定向学生至基层承担医疗卫生服务工作。2020年开始，国家卫生健康委员会允许具有全日制大专以上学历的临床医学类、中医学类、中西医结合类相关专业的应届毕业生免试申请乡村医生的注册。2021年以后，国家鼓励实施基层医疗卫生机构人员的"县聘乡用"和"乡聘村用"，保障基层医疗卫生机构人员的待遇，贯通其职业发展的渠道，为基层留住高水平的医疗卫生技术人员。（4）在职高水平医务人员的帮扶机制构建。《医师法》等法律明确规定，执业医师晋升为副高级技术职称的，应当有累计一年在县级以下或对口支援的医疗卫生机构提供医疗卫生服务的经历。《医师法》的规定使高级别医疗卫生机构的医务人员支援基层医疗卫生机构成了必须履行的义务，只要有晋升职称需求，就必须履行这种义务。除此之外，在医疗联合体的建设中，也有对医务人员支援基层医疗卫生机构的明确规定。（5）多点执业的开展。推动优质医疗人力资源下沉一方面是新增，另一方面需要充分利用好现有的优质医疗人力资源，多点执业的实施就是其中一个十分重要的组成方面。区别于医师只能在一个医疗机构执业，多点执业可以更有效地实现优质人力资源下沉。鼓励有条件的医师开展多点执业，也是有效缓解医疗人力资源不足的一个重要途径。

总之，近几年，通过增加各级医疗卫生机构的数量，完善医疗服务网，提升医务人员能力素质水平，推动了优质医疗资源下沉，这是从根源上消除医疗纠纷的重大举措。从医疗纠纷的发生原因来看，因技术水平不高而引发的纠纷是其中的主要纠纷。从历时性的角度来审视医疗纠纷的解决机制，在长达几十年的时间内，我们都将医疗事故区分为技术事故和责任事故，对技术事故的规制更加严格，从实践情况来看，技术原因容易导致纠纷升级。因为由技术原因导致患者受到损害，解决起来难度更大，纠纷也更容易升级，而要避免此类纠纷发生，最主要的举措就是从根源上提升医疗技术水平。这对常见病、多发病的正确合规诊疗，误诊、漏诊等问题的减少，发挥着十分重要的作用，可以有效减少因技术水平而出现过错的情形。

三、医疗质量管理的不断提升

（一）健全现代医院管理制度，实现公立医院的高质量发展

公立医院在我国的医疗卫生服务体系中居于主导地位，是对人

民群众提供医疗卫生服务的主力军。《基本医疗卫生与健康促进法》明确了公立医院坚持公益的性质。公立医院的高质量发展以建立健全现代医院管理制度为目标。"现代医院管理制度是在多年来公立医院综合改革实践基础上的制度升华,充分展示了作为我国基本医疗卫生制度'立柱架梁'关键制度安排的现代医院管理制度的精神内核。"[1] 现代医院管理制度包括八项核心制度,分别为:医疗质量安全管理制度、人力资源管理制度、财务资产管理制度、绩效考核制度、人才培养培训管理制度、科研管理制度、后勤管理制度、信息管理制度等。这八项制度均旨在实现医院治理体系和管理能力的现代化。其中,医疗质量安全管理制度是核心。医疗质量安全是医疗机构的生命线,医疗质量的提升关系到医疗服务的同质化,对保障患者生命健康权益起到至关重要的作用,也是医疗行业可持续良性发展的重要支撑,医疗机构通过最大限度地确保医疗服务要素安全和医疗服务过程安全才能更好地保护患者的安全。近几年来,随着各级各类医疗机构越来越重视提升医疗质量,患者的安全得到了进一步保障,医疗纠纷的发生率自然就下降了。"十三五"以来,我国在建立现代医院管理制度等重点领域集中发力,作为公立医院高质量发展的内在需要,现代医院管理制度可以较好地协调患者健康安全和医学科学技术发展的需要,在保障患者安全的基础上提升医学科学技术的发展,而医学科学技术的发展又反过来进一步保障患者的安全,两者的良性互动对医疗管理质量的提升具有十分重要的作用,同时医疗管理质量的提升对医疗纠纷发生的抑制作用十分明显。

---

[1] 王虎峰、曹琦、Hufeng Wang:《现代医院管理制度建设:演进、成效及政策趋势》,载梁万年、王辰、吴沛新主编:《中国医改发展报告(2020)》,社会科学文献出版社,2020,第75页。

（二）医疗服务模式的优化

近几年来，医疗卫生领域不断创新和优化医疗服务模式，着力提升医疗服务质量和改善患者就医体验，这种医疗服务模式的创新和优化涉及医疗服务的全环节和全周期，在就诊前服务、就诊中服务、就诊后服务、基础支持性医疗服务、重点人群的健康服务等环节发力，主要体现在以下几个方面

第一，就诊前服务。"看病难"是影响医患关系的一个十分重要的因素，"看病难"并不仅仅是描述一种现象，而是在一段时间存在的一种常态。"看病难"在就诊前表现得较为典型，而近十余年来得益于各级人民政府和各级卫生健康部门的努力，不断完善就诊前的各项服务，在一定程度上缓解了"看病难"的问题。这些制度包括：（1）预约诊疗制度。为减少患者就医等待的时间，卫生健康部门在二级及以上的医疗卫生机构建立预约诊疗制度，运用互联网等技术多渠道对患者开展就诊预约，合理安排号源并且向基层医疗机构开放一定比例的专家号源，配合人工智能分诊系统，实现智能分诊，有效提升患者就医的确定性。实际上，对于许多患者而言，只要能确定就医，特别是一些大病，患者的焦虑感就会大大降低，就不会在等待的过程中将无法就医、迟延就医的愤怒情绪转嫁到医务人员个体本身，毕竟，这部分患者和医疗机构及其医务人员产生纠纷的原因只是想得到一个就医的机会。[1] 对于慢性病等需要持续就诊的患者而言，可以提前根据自己的就医需要确定就

---

[1] 在本书作者长期的实践调研中发现，有许多患者，特别是大病患者，他们对就医机会的需求十分急切，只要能进入诊疗这个环节，他们的焦虑感就会大大降低，甚至对医疗机构和医务人员心存感激。

诊时间，不仅是一种时间的确定，更是对自己生命健康得到帮助的确定。(2)预就诊模式。对于许多患者而言，就医是一个持续的过程，与初诊患者希望确定就诊时间不同，复诊患者或者需要进一步治疗的患者，他们的需求是希望缩短治疗前的等待时间，毕竟等待意味着更高的就医成本、更重的就医负担，所以预就诊可以在一定程度上降低患者的就医负担，提升患者就诊前的就医体验。

第二，就诊中服务。就诊是患者接受诊疗的核心环节，患者的疾病是否能康复、得到控制或功能改善，以何种方式康复、得到控制或功能改善，在多长的时间康复、得到控制或功能改善是患者就诊多元需求中最重要的一种，因此，就诊中服务是患者就医体验的重要部分。值得欣喜的是，近十余年来，在这个环节，各级卫生行政部门和医疗卫生机构也作出了十分重要的努力，包括：(1)以需求为导向，满足多样化的医疗卫生服务。随着社会经济的发展和健康优先战略的提出，人民群众对医疗服务的需求更加多元，不仅包括疾病的诊疗，还包括健康促进、疾病预防、诊断治疗、护理康复、临终关怀等全方位全周期的医疗卫生服务。各级医疗卫生机构通过对群众提供多样化的医疗卫生服务，极大地改善了群众的健康状况和生活质量，满足了不同人群的医疗卫生服务，对医患关系的改善也发挥了十分重要的作用。(2)多学科诊疗服务的开展。多学科诊疗解决涉及多个学科的综合性疾病，通过这种方式的诊疗可以避免单一治疗和重复治疗，减轻患者的就医成本，为患者提供更有利于其疾病康复的个性化治疗方案。目前，全国二级以上的医疗卫生机构已经有两千余家开展了多学科诊疗，这种患者一次挂号后就无须到处找医生的就医模式提升了患者治疗的精准性，直接满足了患者重要的就医需求，使患者的就诊体验得到极大改善。(3)高效衔接的急救服务。院前及急危重症得不到及时救治也是医疗纠纷发生的重要原因，随着近些年来院前急救和院中救治高效衔接机制的构建，以及急危重症患者的分级救治，对保障患者的生命健康权益发挥了不可替代的作用。相对于常见病、慢性病的诊疗，急危重症患者的救治是等不了也不能等的，必须在第一时间使患者得到救治，《医师法》和《医疗机构管理条例》等法律法规规定了医疗机构和医务人员在执业场所的紧急救治义务，如果其未履行法定的救治义务，则需要承担相应责任。立法及实践中的做法较好地解决了社会比较关注的"不交费是否可以先急救"等问题。当患者处于危难之时，可以不用担心费用而在第一时间得到来自医疗机构的专业救治，体现的是医学对救死扶伤初心的回归。同时，立法关于履行法定救治义务造成被救治者损害无须承担民事责任的规定也解除了医务人员的后顾之忧，使他们在关键时刻敢于出手，如此，患者无忧、医者无惧，终将使医患关系回归医患双方均期望的原本状态。（4）住院患者的服务。住院患者在医疗机构接受诊疗的时间更长，相对于门诊就可以解决的疾病而言，住院病人的程度可能更严重一些，所以对住院患者提供的医疗服务往往较门诊更复杂、周期更长。对住院患者开展一体化的临床路径管理，对规范各类医疗机构的临床诊疗行为、提升其医疗服务的规范化水平、控制不合理的医疗费用、提高医疗机构服务的效率发挥着十分重要的作用。截至2023年，国家卫生健康行政管理部门组织有关专家，已经累计修订1400余个临床路径。这些实施临床路径管理的病种主要覆盖临床常见病、多发病的诊疗，这对患者通过支付合理的医疗费用接受适度的医疗行为至关重要，它既保障了对患者实施医疗行为的安全性和适度性，又妥善控制了患者的费用支付问题，不仅患者的就医安全得到保障、就医费用得到控制，更极大地改善了患者的就医体验，消除了患者对诊疗行为认知的偏差。

第三，就诊后服务。诊疗疾病只是医疗机构可以提供的众多医疗服务的一种。就目前的疾病谱而言，许多患者需要的医疗服务已经超越单纯的诊疗服务，特别是一些慢性病患者和需要康复的患者，对医疗服务的需求更多体现在就诊后，因此，畅通的双向转诊渠道，对向下转诊的患者能持续提供一体的医疗卫生服务，通过诊后管理和随访工作对患者开展延续性的医疗服务，慢性病和需要康复的患者会得到更好的保障。这种延续性的医疗服务可以极大地改善医患关系，在长期的诊疗互动中，医患之间会从完全的陌生人转变为相对熟悉的医患共同体，医患的长期互动沟通也会使医患之间更加了解彼此的状况，一方面有助于增强患者对医疗行为特点和规律的认知，另一方面会帮助医疗机构及时发现患者的病情变化，及时采取相应的医疗措施。当医患双方由陌生人转变为医患共同体时，患者的就医体验，特别是心理的体验就会发生变化，而这种变化更多的是一种良性的变化，这种变化对消除误解医务人员的行为起到积极的作用。

第四，基础支持性医疗服务。基础支持性医疗服务是指包括对患者提供延续性护理服务、用药服务等服务。因护理服务和患者不合理用药而产生的纠纷也是两类比较频发的纠纷。目前，护理服务主要是就诊过程中的服务，但是对于许多患者而言，出院以后康复期的护理服务也十分重要，因为科学优质的护理服务可以在一定程度上防止出院后患者疾病的恶化，患者病情的加重和反复会造成医疗资源的紧张，给医疗机构的诊疗行为带来风险，所以优质的延续性医疗服务作为基础支持性的医疗服务对改善患者状况、提高患者生命质量、降低患者家属的护理压力是十分有益的。相对于需要专业信息的诊疗行为而言，患者的用药似乎门槛更低一些，日常生活中，对常见病、多发病，患者也会根据以往就医的经验和日常生活经验自行用药，这种情况虽然给患者带来便利，毕竟药房购买非处方药自行用药相较于到医疗机构就医来说要方便很多，但这种自行用药实际上也是有一定风险的，常常伴随着不合理用药的情形。实际上，对药品的合理使用，即便是接受过专业训练的药师也需要十分的谨慎，因此，合理用药实际上也成为人民群众对多元医疗服务的一个新的需求点。科学合理的用药服务能够较好地避免患者因不合理用药及因药品不良反应而带来的损害，也可以使患者的用药更具有针对性。总之，基础支持性医疗服务能够满足患者日常更进一步的就医需求，有助于改善患者的就医体验，更加体现全方位全周期的关注人民健康。

  第五，重点人群的健康服务。在健康的道路上，一个都不能落下。在人群中，有一些特殊的群体需要更加关注他们的健康状况，这些特殊的群体包括妇幼群体、老年人群体、残疾人群体、慢性病群体等。在《"健康中国2030"规划纲要》中，对这些群体的健康保护进行了明确规划。国家还通过专项规划，制定各项政策，推动重点群体健康水平的提升，家庭医生也将这些人群纳入签约的重点服务人员，对其做好规范的健康管理和健康服务。在实践中，对重点人群的健康服务，各地均有一些好的做法和经验，特别是上门治疗、康复护理、健康指导及家庭病床等服务的开展，构建了医养护一体化服务，满足重点人群个性化、多元化的健康需求，为重点人群的健康提供多重保障。一般而言，重点人群对医疗护理服务的需求比普通人群更为迫切，而且由于疾病的特殊性增加了诊疗环节的困难，如果他们的整体健康水平得到改善，健康需求得到满足，因健康出现问题而必须进入诊疗环节的人员绝对数量也就会减少，发生医疗纠纷的概率也会相应减少。

发生医疗纠纷，就医体验和就医感受是十分重要的因素。有些医疗纠纷的发生，并不单纯是出于技术原因，而是因为就医体验和就医感受，让患者对医疗行为和医务人员行为认知产生了一定偏差。随着医疗服务模式的优化，患者的就医体验和就医感受得到改善，此类的医疗纠纷的数量也势必会下降。

（三）分级诊疗格局的构建

分级诊疗制度是新医改的一项重要举措，"作为中国特色基本医疗制度之首，分级诊疗制度实现之日，乃是我国医疗体制改革成功之时。"[1] 从这种观点可见，理论上对分级诊疗制度期望之高，同时，分级诊疗格局的构建也在实践中受到高度重视。早在 2015 年，国务院办公厅就印发了《关于推进分级诊疗制度建设的指导意见》，对以强基层为重点完善分级诊疗服务体系等方面作出了规定。《基本医疗卫生与健康促进法》更是以立法的方式将分级诊疗制度写入法律。分级诊疗的制度框架围绕 16 个字构建，即"基层首诊、双向转诊、急慢分治、上下联动"的分级诊疗模式。分级诊疗表面上解决的是就医秩序和就医格局的问题，实质上关系到医疗资源优化配置和合理利用、医疗卫生事业的长远有序健康发展、基本医疗卫

---

[1] 中国医学科学院医学信息研究所：《2019 年中国医改进展与展望》，载梁万年、王辰、吴沛新主编：《中国医改发展报告（2020）》，社会科学文献出版社，2020，第 5 页。

生服务均等化发展及最终保障人民群众健康权实现的基础性制度架构。分级诊疗制度从一开始就需要破解的是如何让人民群众以最小的医疗支付获取最佳的健康服务，实现最大的健康收益。因此，分级诊疗的制度设计不仅是一种回归，更是一种持续深化，不仅是解决居民自主就医对三级医疗网络的冲击问题，更是坚持医疗卫生事业公益性，实现人人享有基本医疗卫生服务目标的有力抓手。具体来说，分级诊疗制度实现的基础在于强基层，以健康为导向，整合各类医疗卫生资源，保障人民群众全方位、全周期的健康。基层首诊解决的就是强基层的问题，它意味着基层医疗卫生机构有能力、有条件解决大部分常见病、多发病、慢性病的诊疗问题，也意味着基层医疗机构能够为居民提供健康促进、健康管理等健康服务，更意味着居民愿意相信他们可以以最小的代价获取最适宜的医疗服务。在自主就医的模式下，居民对基层医疗机构的选择就意味着医疗资源最大、最合理地优化和利用。在疾病谱发生变化的背景下，疾病的预防和慢性病的管理才是最经济、最有效的健康策略，也是医疗卫生事业可以健康持续发展的最优解，而基层医疗机构是开展疾病预防和慢性病管理的托底机构，是完全契合各级医疗卫生机构的分类和功能定位的。双向转诊、急慢分治、上下联动则充分体现了对医疗资源的整合，既符合疾病治疗的特点，又能够使上级医疗机构致力于重点攻克疑难杂症，促进医学科学的进步与发展。近十几年来，国家一直致力于构建分级诊疗的格局，目前已经取得了较好的成效，基层首诊率逐步提升，居民就医成本下降的同时医疗服务的质量不断提高，医疗卫生服务更加优质可及，城乡居民就医更加便捷，城乡区域卫生资源配置更加均衡，"看病难"和"看病贵"问题得到极大缓解，医疗纠纷发生的动力机制被一定程度斩断，所以医疗纠纷发生的数量自然呈现出逐年下降的趋势。

（四）公共卫生服务能力的提升

1. 预防为主的方针

随着疾病谱发生变化，我国的疾病呈现出传染病和慢性病并存的局面，而这两大类疾病都是预防比治疗更重要。相较于治疗传染病和慢性病所付出的医疗成本，预防的成本要小很多，并且随着经济生活水平的提高，人们对医疗服务的需求也远远超出了疾病治疗的范畴，这对医疗提出了更高的要求：让我们生命延长、让我们健康、让我们改善容貌、让我们幸福。实际上，要做到这一切，预防起着十分重要的作用，而预防也是最经济、最有效的健康促进手段。长期以来，我们一直坚持预防为主的卫生工作方针，但是在一段时期内，由于坚持"以治疗为中心"，在一定程度上忽视了预防的作用，造成优质医疗卫生资源供应紧张，从而导致医患关系紧张等一系列问题。2016年8月19—20日召开的全国卫生与健康大会再次明确，坚定不移地贯彻预防为主的方针。随着健康中国战略的实施，"预防为主"方针得到了全社会前所未有的重视，特别是"公民作为健康第一责任人"观念的提出，让"预防疾病发生，防病于未然"成为大家的共识和亲身实践。拥有健康，意味着与疾病无缘，或者有病也是小病，现有的医疗卫生服务可以很轻松地"接住"小病患者，同时还能给健康的公民提供其他更个性化的服务，医疗卫生服务的效益就可以得到更大程度的提升，医患双方从疾病共同体迈向健康共同体。

2. 公共卫生服务能力的提升

公共卫生服务就是组织社会共同努力,改善自然环境和社会生活卫生条件,预防控制传染病、其他疾病流行和提供必要的医疗卫生服务,培养良好卫生习惯和文明生活方式,达到预防疾病、促进健康的社会公共事业。与治疗疾病不同,公共卫生服务主要是预防疾病,促进群体的健康,它几乎涵盖了我们生活的方方面面,在健康中国的建设进程中,公共卫生服务将一直发挥重大的作用。近十余年来,我们的公共卫生服务能力也得到了极大提升。

(1) 公共卫生服务体系建设得到加强

《中共中央、国务院关于深化医药卫生体制改革的意见》提出,要全面加强公共卫生服务体系建设。近十余年来,公共卫生服务体系建设得到了加速推进,公共卫生服务体系的供给规模不断增加,公共卫生服务体系中各类机构和人员数量均增速较快,公共卫生服务能力得到增强。公共卫生服务体系是由各级各类公共卫生机构和医疗机构组成的系统,具体来说,提供公共卫生服务的机构主要有专业公共卫生服务机构和医疗机构。目前,我国已经建立起覆盖城乡的公共卫生服务体系。各类公共卫生机构按照其功能为大众提供公共卫生服务。表4-1呈现了1950—2021年我国专业公共卫生机构数量情况。

表 4-1　1950—2021 年我国专业公共卫生机构数量

单位：所

年份	疾病预防控制中心	专科疾病防治院（所、站）	妇幼保健院（所、站）	卫生监督所（中心）	健康教育所（站）	急救中心（站）	采供血机构	计划生育技术服务机构
1950	61	30	426					
1955	315	287	3944					
1960	1866	683	4213					
1965	2499	822	2910					
1970	1714	607	1124					
1975	2912	683	2128					
1980	3105	1138	2745					
1985	3410	1566	2996					
1990	3618	1781	3148					
1991	3652	1818	3187					
1992	3673	1845	3187					
1993	3729	1872	3115					
1994	3711	1905	3190					
1995	3729	1895	3179					
1996	3737	1887	3172					
1997	3747	1893	3180					
1998	3746	1889	3191					
1999	3763	1877	3180					
2000	3741	1839	3163					
2001	3813	1783	3132					
2002	3580	1839	3067	571				
2003	3584	1749	3033	838				
2004	3588	1583	2998	1284				

续表

年份	疾病预防控制中心	专科疾病防治院（所、站）	妇幼保健院（所、站）	卫生监督所（中心）	健康教育所（站）	急救中心（站）	采供血机构	计划生育技术服务机构
2005	3585	1502	3021	1702				
2006	3548	1402	3003	2097				
2007	3585	1365	3051	2553				
2008	3534	1310	3011	2675				
2009	3536	1291	3020	2809				
2010	3513	1274	3025	2992				
2011	3484	1294	3036	3022				
2012	3490	1289	3044	3088				
2013	3516	1271	3144	2967				
2014	3490	1242	3098	2975				
2015	3478	1234	3078	2986	166	345	548	20092
2016	3481	1213	3063	2986				
2017	3456	1200	3077	2992	165	361	557	8088
2018	3443	1161	3080	2949	177	384	563	6276
2019	3403	1128	3071	2869	170	448	594	4275
2020	3384	1048	3052	2934	174	484	606	2810
2021	3376	932	3032	3010	184	526	628	1588

资料来源：国家卫生健康委员会：《2022 中国卫生健康统计年鉴》，http://www.nhc.gov.cn/mohwsbwstjxxzx/tjtjnj/202305/6ef68aac6bd14c1eb9375e01a0faa1fb.shtml，访问日期：2024 年 1 月 15 日。

注：1. 表中空白单元格表示数据无法获得。

2. 出于乡镇撤并，计划生育与妇幼保健机构合并等原因，计划生育技术服务机构数量减少较多。

3. 本表格中的数据为非连续年份数据，仅显示可以从《2022 中国卫生健康统计年鉴》中获得的有关数据。

公共卫生服务体系的完善，公共卫生服务能力的提升与公共卫生服务机构数量和人员的质量有密切的关系。从表4-1公共卫生机构的统计来看，我国公共卫生服务体系越来越完善，公共卫生服务机构特别是疾病预防控制中心、健康教育所、卫生监督所等三类主要的专业公共卫生机构数量总体呈上升趋势。这说明对疾病的预防控制、健康教育和促进，国家越来越重视。与此同时，近十几年来，对公共卫生体系的加强还表现在专业人员数量的增加和人员专业水平的提升方面，如表4-2所示。

表4-2 2003—2021年三类主要专业公共卫生机构卫生人员数量变化

单位：人

年份	疾病预防控制中心	妇幼保健院（所/站）	卫生监督所（中心）
2003	208177	177820	25420
2004	209970	178703	36675
2005	206485	187633	47549
2006	202377	192142	60070
2007	197209	206529	72732
2008	197106	219892	78893
2009	196687	232782	83677
2010	195467	245102	93612
2011	194593	261861	90110
2012	193196	285180	90330
2013	194371	308199	82485
2014	192397	326732	82395
2015	190930	351257	80710
2016	191627	388238	81522
2017	190730	426881	83002

续表

年份	疾病预防控制中心	妇幼保健院（所/站）	卫生监督所（中心）
2018	187826	454985	82103
2019	187564	486856	78829
2020	194425	514734	78783
2021	209550	542332	79736
年均增长率	0.04%	6.78%	6.96%

资料来源：袁蓓蓓：《2023年中国公共卫生事业发展报告》，载李培林、陈光金、王春光主编：《2024年中国社会形势分析与预测》，社会科学文献出版社，2023，第116页。

随着公共卫生服务体系的加强，我国公共卫生服务取得了较大成绩，公共卫生服务的地理和经济可及性得到双提升，公共卫生服务体系的均衡性得到加强。居民的人均预期寿命不断提升，2021年已上升到78.2岁，居民的健康素养也实现较大提升，健康指标持续向好，主要健康指标居于中高收入国家的前列，医防协同能力得到加强，公共卫生防护网网底更加牢固，传染病、慢性病、职业病、地方病防控取得较大成效，多种法定传染病感染率持续下降，消灭了丝虫病、孕产妇及新生儿破伤风、疟疾等疾病，部分地方病的病区不断缩小，重大疾病防控、救治能力不断增强，卫生应急处置能力明显提升，慢性病群体接受慢性病健康管理的数量不断增加，妇幼健康水平不断提高，孕产妇、新生儿、婴儿死亡率持续下降，公共卫生监测系统的信息化水平持续提升。

公共卫生服务不仅起到疾病预防的作用，还起到促进健康、提升生命质量的作用。随着国家越来越重视提升公共卫生的服务能力，基本公共卫生服务被当作公共产品向全社会提供，公民的健康水平、健康素养均得到较大程度提升。与健康水平的提高相伴随的是疾病发生率的减少，这对缓解医疗诊疗压力、释放优质医疗资源起到十分重要的作用。公共卫生服务能力水平的提升也对医患关系的改善起到间接作用。

（2）持续推进基本公共卫生服务均等化

基本公共卫生服务均等化是指每个公民，无论其个人情况如何，均能平等地获得基本公共卫生服务，促进基本公共卫生服务均等化是新医改的重要内容，也是政府重要的政策目标。2009年7月，卫生部等多部委联合印发的《关于促进基本公共卫生服务逐步均等化的意见》确定了行动的目标，即自2009年起国家实施基本公共卫生服务项目。《基本医疗卫生与健康促进法》明确规定，基本公共卫生服务由国家免费提供，该规定保障了居民利用基本卫生服务的可负担性。2009年至今，服务经费保障标准不断提高，2023年，基本公共卫生服务经费人均财政补助标准为89元，较2009年的人均15元，上涨了近六倍，补助标准持续提升，建立了逐年增长的筹资机制。为了兼顾公平，中央政府还给中西部地区和贫困地区设置了更高标准的补助，服务项目持续扩展、服务内容不断丰富，主要包括由基层医疗卫生机构提供建立居民健康档案、健康教育等的基本公共卫生服务项目和从2019年起从原重大公共卫生服务和计划生育项目中划入的服务项目，服务项目主要针对的就是影响城乡居民健康的主要问题，服务内容和服务流程在可提供范围内要求尽可能地做到同质性，服务内容不断规范，接受服务的群体不断扩大，覆盖率明显提升，对保障人民群众的健康水平起到了十分重要的作用。

第三节　持续优化健康保障体系

一、卫生服务筹资整合的加强

卫生服务筹资是医疗卫生费用的来源,充足的卫生费用是提高居民健康水平的基础。目前,我国卫生服务费用的来源包括:国家的财政拨款、各类形式的保险(基本医疗保险和私人购买的各种健康保险)、医疗收入、药品收入。新医改以来,政府的卫生支出逐年增加,政府卫生支出占财政支出的比重逐年上升,卫生费用增长总体快于经济增长。如表4-3、表4-4、表4-5所示。

表4-3　2009—2021年政府卫生支出情况

单位：亿元

年份	合计	医疗卫生服务支出	医疗保障支出	行政管理事务支出	人口与计划生育事务支出
2009	4816.26	2081.09	2001.51	217.88	515.78
2010	5732.49	2565.60	2331.12	247.83	587.94
2011	7464.18	3125.16	3360.78	283.86	694.38
2012	8431.98	3506.70	3789.14	323.29	812.85
2013	9545.81	3838.93	4428.82	373.15	904.92
2014	10579.23	4288.70	4958.53	436.95	895.05
2015	12475.28	5191.25	5822.99	625.94	835.10
2016	13910.31	5867.38	6497.20	804.31	741.42

续表

年份	合计	医疗卫生服务支出	医疗保障支出	行政管理事务支出	人口与计划生育事务支出
2017	15205.87	6550.45	7007.51	933.82	714.10
2018	16399.13	6908.05	7795.57	1005.79	689.72
2019	18016.95	7986.42	8459.16	883.77	687.61
2020	21941.90	11415.83	8844.93	1021.15	660.00
2021	20676.06	9564.18	9416.78	1048.13	646.97

资料来源：国家卫生健康委员会：《2022中国卫生健康统计年鉴》，http://www.nhc.gov.cn/mohwsbwstjxxzx/tjtjnj/202305/6ef68aac6bd14c1eb9375e01a0faa1fb.shtml，访问日期：2024年1月15日。

注：政府卫生支出是指各级政府用于医疗卫生服务、医疗保障补助、卫生和医疗保险行政管理事务、人口与计划生育事务支出等各项事业的经费。

表4-4　2009—2021年政府卫生支出所占比重

年份	政府卫生支出/亿元	占财政支出比重/%	占卫生总费用比重/%	占国内生产总值比重/%
2009	4816.26	6.31	27.46	1.38
2010	5732.49	6.38	28.69	1.39
2011	7464.18	6.83	30.66	1.53
2012	8431.98	6.69	29.99	1.57
2013	9545.81	6.81	30.14	1.61
2014	10579.23	6.97	29.96	1.64
2015	12475.28	7.09	30.45	1.81
2016	13910.31	7.41	30.01	1.86
2017	15205.87	7.49	28.91	1.83
2018	16399.13	7.42	27.74	1.78
2019	18016.95	7.54	27.36	1.83
2020	21941.90	8.41	30.40	2.16

续表

年份	政府卫生支出/亿元	占财政支出比重/%	占卫生总费用比重/%	占国内生产总值比重/%
2021	20676.06	8.35	26.91	1.81

资料来源：国家卫生健康委员会：《2022 中国卫生健康统计年鉴》，http://www.nhc.gov.cn/mohwsbwstjxxzx/tjtjnj/202305/6ef68aac6bd14c1eb9375e01a0faa1fb.shtml，访问日期：2024 年 1 月 15 日。

表 4-5　2010—2020 年城乡居民医疗保健支出情况

年份	城镇居民 人均年消费支出/元	城镇居民 人均医疗保障支出/元	城镇居民 医疗保健支出占消费性支出/%	农村居民 人均年消费支出/元	农村居民 人均医疗保障支出/元	农村居民 医疗保健支出占消费性支出/%
2010	13471.5	871.8	6.5	4381.8	326.0	7.4
2015	21392.4	1443.4	6.7	9222.6	846.0	9.2
2016	23078.9	1630.8	7.1	10129.8	929.2	9.2
2017	24445.0	1777.4	7.3	10954.5	1058.7	9.7
2018	26112.3	2045.7	7.8	12124.3	1240.1	10.2
2019	28063.4	2282.7	8.1	13327.7	1420.8	10.7
2020	27007.4	2172.2	8.0	13713.4	1417.5	10.3

资料来源：国家卫生健康委员会：《2022 中国卫生健康统计年鉴》，http://www.nhc.gov.cn/mohwsbwstjxxzx/tjtjnj/202305/6ef68aac6bd14c1eb9375e01a0faa1fb.shtml，访问日期：2024 年 1 月 15 日。

注：本表格中的数据为非连续年份数据，仅显示可从《2022 中国卫生健康统计年鉴》中获得的有关数据。

对卫生服务的筹资进行整合，直接关系到卫生服务的公平性和医患合法权益的保障。国家通过采取措施降低就医成本、降低药品费用占比，将医院的收入主要通过医疗服务来获取，再将提高的医疗服务费用纳入医保范畴，在降低药品费用占比的同时又不提高群众就医的成本。如此，医务人员医疗服务的价值能够得到体现，患者的就医成本又有所下降，医患之间的矛盾自然可以缓解。一段时期内，我国卫生费用不断持续过高增长，所以要控制卫生费用的过高过快增长，但是这种控制要建立在群众少生病、少住院，健康水平提高，医疗资源配置更合理，个人卫生支出不断减少的基础上。如果居民个人健康水平不断提升的同时个人卫生支出却在不断减少，使卫生服务负担减轻，这也是卫生事业高质量发展的一个重要体现。

二、医疗保障体系的建立

经过几十年的发展，我国目前形成了以城镇职工基本医疗保险、城乡居民基本医疗保险为主体，以医疗救助为托底，以重大疾病保险、商业健康保险、医疗互助等为补充的医疗保障制度体系。我国建成了世界上最大的基本医疗保障网，基本医疗保险制度是为患病居民提供基本医疗服务的基础性经济制度，对患病居民起到了托底的作用。"十三五"以来，基本医疗保障水平逐步提高，医疗保障的范围不断拓展。自2015年至今，我国基本医疗保险参保率稳定在95%以上，2023年居民医疗保险人均财政补助标准提到了640元，医疗保险目录已经实现"一年一调"，目录内药品数增加到3088种，基本上覆盖了公立医疗机构用药金额90%以上的品种，品种已经涵盖临床治疗的所有领域，定点医院和药店配备目录谈判药品的数量增大，进一步保障了患者用药的可及性，有效地减轻了患者的用药负担，住院费用跨省直接结算率超70%，全国超九成统筹地区开展按病组（DRG）或病种分值（DIP）支付方式改革。①

　　作为基本医疗保障制度的拓展和延伸，大病保险也是医疗保障制度的综合保障构成部分。目前，大病保险已经纳入补充医疗保险的制度范畴。与基本医疗保险保障的是基本就医的需求不同，大病保险解决的是足以让家庭出现"灾难性医疗支出"的问题，对于许多家庭而言，一旦家庭成员罹患大病，往往会给整个家庭带来沉重的经济负担，甚至可能导致家庭陷入困境，大病保险就是在基本医疗保障的基础上解决高额医疗费用保障问题的一项制度。近年来，居民大病患者的起付线不断降低，报销水平不断提高，对特殊困难群众的倾斜支付持续加大，大病患者高额医疗费用的负担得到降低，"因病致贫""因病返贫"的风险大大降低，大病保险进一步发挥了减负保障的功能。

　　与基本医疗保险和大病保险相比，重特大疾病医疗保险和救助制度起到了托底的作用。医疗救助主要是公平覆盖医疗费用较重的困难职工和城乡居民。其救助范围主要是农村易返贫致贫人口和因病返贫致贫重病患者。2022年，全国医疗救助支出626亿元，医疗救助基金资助参加基本医疗保险8186万人，实施门诊和住院救助11829万人次。② 医疗救助托底保障功能的发挥成为托住困难群众高额医疗费用的基础，医疗救助托底功能的不断夯实是筑牢民生底线的重要支撑。经过三重梯次的保障，患者的费用负担可以得到较大的减轻，当疾病不再是人们致贫或返贫的原因时，患者的生命

---

① 国家医疗保障局：《国家医疗保障局2023年法治政府建设情况》，http://www.nhsa.gov.cn/art/2024/3/29/art_123_12264.html，访问日期：2024年1月15日。

② 国家医疗保障局：《2022年全国医疗保障事业发展统计公报》，http://www.nhsa.gov.cn/art/2023/7/10/art_7_10995.html，访问日期：2024年1月15日。

可以延续，患者及其家庭的生活可以持续，他们与医疗机构之间产生纠纷的可能性就会下降，因为他们对医疗充满期待，对明天充满期待。

在医疗保险制度的支持下，个人卫生支出占全国卫生总费用的比重明显下降，参保人员可以享受更高水平的医疗服务、更大范围的保障，居民看病就医的负担明显下降，高血压、糖尿病门诊用药纳入居民医疗保险范围，慢性病居民的就医负担进一步减轻。心脏支架等高值医用耗材大幅度降低价格，部分抗癌药、罕见病用药也纳入医保，为这部分患者带来了生的希望。提高基层就医报销比例和降低基层就医起付线，异地就医结算更加便利，切实让患者降低就医成本，让老百姓看得起病。总之，医疗保障最主要的目的：一是切实减轻患者的就医负担，二是实现医疗机构高质量发展的同时通过医疗保险的激励约束机制规范医疗行为，三是在医药领域促进医药技术的创新。经过十余年的发展，医疗保障制度确实在这三个方面都发挥了比较重要的作用，居民的就医负担得到了切实减轻，但前已述及，由于个人缴费水平仍呈上涨的态势，这在一定程度上还是给部分城乡居民造成一定的压力。这种负担的存在，仍会加剧医患关系的紧张程度，特别是大病带来的医疗费用的负担，如果通过发挥医疗保障制度等的综合作用，使患者不用体验"人财两空""因贫弃医""因病返贫"等苦痛时，医疗纠纷的发生就会大大减少，冲突也不会因疾病之外的苦痛的加深而加深。

三、药品供应保障体系的建立

药品供应保障体系是基本医疗卫生制度的支柱体系之一，它涉及药品的生产、流通、零售、招标采购、配送、监管等全过程。在十余年的新医改进程中，药品供应保障体系不断完善，建立健全药品供应保障体系也是深化医改的重要组成部分。

(一) 基本药物制度

基本药物制度是全球化的概念，基本药物是指适应医疗卫生需求，剂型适宜，价格合理，能够保障供应，公众可公平获得的药品。我国基本药物制度的建立经历了一个历史过程，1979年，我国政府成立了"国家基本药物筛选小组"，并于1982年公布了第一个《国家基本药物目录》，后于1996年、1998年、2000年、2002年、2004年、2009年、2012年、2018年进行了八次调整。2009年公布了第一版《国家基本药物目录（基层医疗卫生机构配备使用部分）》，此目录于2012年和2018年进行了两次修改。2009年，《中共中央 国务院关于深化医药卫生体制改革的意见》提出：建立国家基本药物制度，城乡基层医疗卫生机构应全部配备、使用基本药物，其他各类医疗机构也要将基本药物作为首选药物并确定使用比例。基本药物全部纳入基本医疗保障药物报销目录。2013年3月，国家食品药品监督管理总局组建，参与制定国家基本药物目录。2014年，《国家卫生和计划生育委员会关于进一步加强基层医疗卫生机构药品配备使用管理工作的意见》发布，该意见规定：推进村卫生室实施基本药物制度，采取购买服务的方式将非政府办基层医疗卫生机构纳入基本药物实施范围，鼓励县级公立医院和城市公立医院优先使用基本药物，逐步实现各级各类医疗机构全面配备并优先使用基本药物。

1990—2013年有统计的年份，门诊药费占门诊医疗费的比率均在50%以上，住院药费占住院医疗费比率为40%以上。当然1990—2000年门诊医药费占门诊医疗费的比率接近60%，住院病人药费占住院医疗费有的年度超过50%，大部分接近50%。2003—2014年，住院病人人均医疗费用占城镇居民人均可支配收入比例为世界卫生组织定义的灾难性卫生支出的比例40%；对农村居民家庭而言，这一比例远远超过灾难性卫生支出的比例，并且药费占农村居民家庭人均收入的比例也接近灾难性卫生支出的比例。[1] 基本药物制度建设滞后对群众就医负担产生了重要影响。新医改以来，基本药物的动态调整机制得到进一步完备，基本药物的可及性明显提高。此外，全国各省份还制定了省级基本药物增补目录，基本药物的采购、配送机制进一步健全，质量得到保证，基本药物的制度化水平大大提升，基本药物的主导地位得到突出，数量不断增加，能够覆盖临床的主要疾病病种，群众的基本用药需求得到极大满足，中央财政对基本药物实施补助，药品加成销售被取消，公立医院门诊患者基本药物处方使用占比不断提升，国家药品零差率销售使居民用药的负担明显降低。因此，作为国家药品供应保障体系的基础，国家基本药物制度对保障人民群众安全用药、合理用药、可负担性用药发挥了十分重要的作用。

---

[1] 方鹏骞主编：《中国医疗卫生事业发展报告（2014）》，人民出版社，2015，第280页。

（二）药品审评审批制度

2015年8月，国务院颁布了《国务院关于改革药品医疗器械审评审批制度的意见》，为药品审评审批制度改革指明了方向。在此之前，在药品审评审批中存在一些问题，如审评审批效率不高、临床急需药审批时间长、药品创新动力不足等问题影响着居民的用药，但随着药品审评审批制度的不断完善，药品审评审批体系的科学性和效率得到提升，包括优先审评审批制度、药物临床试验到期默认制等制度的实施，提升了药品评审的审批标准，优化了审批程序，注册申请积存的情况得到改善。实施短缺药品清单管理制度，一批临床急需的用药优先获准上市，使临床用药得到保障，儿童用药和罕见病治疗药品纳入优先审评审批的范围，鼓励企业加大对这些药品投入更多的研发，保障这些药物的供应，有效地保护儿童群体和罕见病群体的权益。加大了对防治重大疾病药品的研制和生产，有效应对公共卫生事件。重新定义了仿制药的内涵，对已批准上市的仿制药进行一致性评价，控制低水平重复仿制药的生产和申报，解决低水平仿制的问题，提升仿制药的质量，确保公众的用药安全。对药物制剂的原料、辅料等进行关联性评价，更有效地保障材料的安全性。对急需药品和重特大疾病有效药品进行并联方式审批，提高了审批效率。实施临床试验数据的自查核查，对临床试验实行60日默示许可制度，鼓励药物创新，促进新药研发。这些改革的实施，有效提升了患者用药的可及性，药品不仅供得上，而且可负担。

（三）完善药品追溯体系

药品是非常特殊的产品，直接关系到公民的生命健康。安全性是药品重要的属性之一，保障药品的安全是公众的期盼，是药品研发、生产、流通、使用全过程各环节参与人必须履行的法定义务，也是政府监管部门必须履行的法定职责。从 2006 年开始，药品监管部门开始推进药品追溯工作，对药品进行电子监管。自 2015 年以后，国家明确要求建设药品追溯体系。药品追溯体系是基于药品追溯码，相关软硬件设备和通信网络，获取药品追溯过程中相关数据的集成，用于实现药品生产、流通和使用全过程追溯信息的采集、存储和共享。2017 年以后，药品追溯体系的信息化建设更加完善。药品信息化追溯体系是指药品上市许可持有人、生产企业、经营企业、使用单位、监管部门、消费者等药品追溯参与方，通过信息化手段，对药品生产、流通、使用等各环节的信息进行追踪、溯源的有机整体，如图 4-2 所示。

药品追溯监管系统

| 国家级追溯监管系统 | 省级追溯监管系统 |

国家和各省药品追溯监管系统,根据各自监管需求采集数据,监控药品流向,包括追溯数据获取、数据统计、数据分析、智能预警、召回管理、信息发布等功能。

药品追溯协同服务平台

| 追溯协同模块 | 监管协同模块 |

追溯协同模块服务企业和消费者,监管协同模块服务监管工作,可提供准确的药品品种及企业基本信息、药品追溯编码规则的备案和管理服务以及不同药品追溯系统的地址服务,辅助实现不同药品追溯系统互联互通。

药品追溯系统

| 企业自建追溯系统 | 第三方追溯系统 |

药品上市许可持有人和生产企业可以自建药品追溯系统,也可以采用第三方技术机构提供的药品追溯系统。

药品经营企业和药品使用单位应配合药品上市许可持有人和生产企业建设追溯系统,并将相应追溯信息上传到追溯系统。

药品各级销售包装单元具有唯一追溯标志,同一药品追溯码,只允许在同一追溯系统中实现追溯。如企业要变更追溯码或追溯系统,可按照要求在协同平台进行变更。在生产入库时,应在追溯系统中保存入库信息,在销售药品时,应通过追溯系统向下游相关企业或医疗机构提供相关追溯信息,以便下游企业或医疗机构验证反馈。

进口药品上市许可持有方可委托进口药品代理企业履行追溯系统建设责任。药品经营企业在采购药品时,应通过追溯系统向上游企业索取相关追溯信息,在药品验收时进行核对,并将核对信息通过追溯系统反馈至上游企业;在销售药品时,应通过追溯系统向下游企业或有关机构提供追溯信息。

图 4-2　药品信息化追溯体系

资料来源:国家药品监督管理局:《药品信息化追溯体系建设导则》(NMPAB/T 1001—2019),https://www.nmpa.gov.cn/xxgk/ggtg/zhggtg/20190428164801603.html,访问日期:2024 年 1 月 20 日。

随着对药品"四个最严"的实施,药品追溯体系的信息化建设成效十分显著,药品追溯有关的标准共发布了12个,以保证药品上市许可持有人,药品生产、经营、使用机构均主动建立药品追溯制度并有效实施,药品追溯制度各环节实施主体的行为均可以被正向追踪和逆向溯源。与此同时,这种追溯还可以实现信息共享,药品生产、流通、使用等全过程的信息均可以实现采集、存储和交换,信息均可互联互通,可以有效打通各环节主体之间的壁垒。药品的使用者、公众均可以对药品的全过程实现便捷的查询。药品追溯系统的数据是不可篡改的,所以可以保留药品全过程各环节的真实情况。药品的这种全程可追溯,由于来源可查,一旦药品在使用过程中出现问题,可以迅速准确地追溯到来源,可以严把药品生产、流通和使用各个环节的每一道防线,因此,药品各环节的主体均得高度重视,以免事后承担最严格的责任。可见,药品的全程可追溯是对药品进行规范化、法治化管理的有效举措。当然,药品追溯体系的目标在于药品的全品种、全过程均可以实现电子化追溯,在信息化建设的过程中,作为承载药品追溯数据信息的药品追溯码的建设尚存在一些问题,需要进一步完善,相信随着药品追溯码的不断完善,对药品全过程全周期的定位会更加准确,更能发挥药品追溯体系的作用。

(四)加大短缺药品和特殊人群用药的保障,药品集中采购进一步常态化、制度化

1. 短缺药品的保障

短缺药品是指我国药品监督管理部门批准上市,临床必需且不

可替代或者不可完全替代，在一定时间或一定区域内供应不足或不稳定的药品。药品作为保障人民群众生命健康权益的一种特殊商品，不仅在日常状态下应具有可及性。更关键的是，在急需、常用的情况下更要具有可及性，因药品的短缺而"用不上"，对急需、常用的患者来说是严重影响其生命健康权益的大事，其治疗质量和效益将得不到保障。实践中，往往是疗效好、价格低而销量大的好药品更容易出现短缺。为了保障人民群众的用药需求，国家采取了各种措施防止药品短缺。

（1）加强监测预警，分级应对

2014年以来，国家完善了针对药品短缺的相关预警监测体系。2016年后，全国范围短缺药的上报工作开始。2017年，初步建成基于大数据应用的药品供应保障综合管理平台和短缺药品监测预警信息平台。2019年，短缺药品直报系统得到进一步完善。2020年，实现药品供应保障综合管理和短缺监测预警信息共享共用。通过药品供求监测体系，及时收集和汇总药品注册和生产、采购等方面的信息，对药品生产、流通和使用等情况进行动态监测预警并定期公布相关信息。通过加强信息公开和共享，可以防止药品短缺的情形出现，一旦出现药品短缺，则在全国范围内实施分级应对，启动会商联动工作机制。该工作机制由国家和省级两级九部门建立，如果省级相关单位发现药品出现短缺或不合理涨价的情形时，应首先在省级范围内进行协调解决，如果省级不能解决的，要在规定的时限内向国家相关单位报告，国家相关单位收到报告后，在规定的时限内协商解决。但是由于短缺药品监测系统最重要的功能在于灵敏和及时，监测系统的及早预警是解决药品短缺的前哨环节，如果药品监测系统不灵敏，就会出现直到药品停产、断供时才发现药品短缺的情形,同时,对预警信息的分析研判是制定应对措施的重要依据,预警系统的科学性和有效性还决定了制定应对措施的有效性,因此,药品监测系统应覆盖研发、原料供应、生产、流通、使用等全过程,在全过程实现信息共享共用,才能尽早发现短缺风险,研判短缺原因以及时应对。

(2)实行清单管理、分类评估和停产报告等制度

国家实行短缺药品清单管理制度,包括两个清单:国家短缺药品清单和国家临床必需易短缺药品重点监测清单。第一批列入《国家短缺药品清单》的共有6个注射剂品种。国家卫生健康委员会承担短缺药品监测工作的部门根据以下信息形成国家临床必需易短缺药品重点监测基础清单:①纳入省级临床必需易短缺药品重点监测清单的药品;②省级报告的短缺药品信息;③国家短缺药品多源信息采集平台监测信息;④部门共享信息;⑤生产企业数量少、临床需求量小且不确定的基本药物,急(抢)救、重大疾病、公共卫生、特殊人群等用药信息。短缺清单的制定可以对清单中的药品进行重点监测,防止易短缺药品真正出现短缺。

短缺药品短缺的原因各有不同,既有共性的原因,也有个性的原因,为应对不同原因而导致的药品短缺,国家实施分类处置。对替代性差但企业生产动力不足、无企业生产或者短时期无法恢复生产研发以及因其他因素企业需要停产整治的三类短缺药品进行分类处置。实际上,如果有替代性的短缺药品相对容易解决短缺问题,但临床必需且不可替代,甚至包括非临床必需但不可替代药品,则需要特殊予以关注进行分类处置。

短缺药品停产报告主要分为省级联动机制牵头单位认为需要停产的和药品上市许可持有人停止生产短缺药品的两种情形的报告。

第一种，省级联动机制牵头单位应按规定及时报告国家联动机制牵头单位，由其会同相关部门进行综合论证，论证结果确实需要进行停产报告的短缺药品，向社会发布公告并动态调整。第二种，药品上市许可持有人停止生产短缺药品的，应按照规定向国务院或省级药监部门报告。接到报告后，卫健部门应及时研判停产药品短缺的风险。

除国家层面出台相应的措施应对药品短缺的问题外，各省也结合本省的情况，制定了相应的措施。基于国家和各省这些措施的实施，药品短缺情况得到极大缓解。药品短缺的情况目前呈现的特点主要是暂时、局部的短缺。综上所述，近年来，人民群众药物的可及性进一步得到保障。

2.特殊人群用药的保障

由于处于不同的生理机能和生长发育时期，孕妇、哺乳期妇女、儿童和老年患者相对一般群体而言是特殊人群。有些药可能会对孕妇胎儿造成危害，有些药对哺乳期女性绝对禁用，有些药会对儿童的生长发育造成严重影响，而有些药会对生理机能处于衰退的老年患者产生影响，除此之外，特殊用药人群还包括罕见病患者等特殊用药群体。这些特殊人群的用药安全应得到充分保障，这种保障体现在两个方面：一方面，对这些特殊群体临床急需和必需的药品应保障供应；另一方面，对这些特殊群体容易造成危害的药品要确保用药安全。

目前，国家对儿童用药实行优先审评，鼓励儿童用药的研制和创新，聚焦儿科用药需求，多举措保障儿童药品供应，在国家基本药品中更加关注儿童用药。开展儿科医疗服务的二级以上医疗机构遴选儿童用药时，可不受"一品两规"和药品总品种数限制，为了保障儿童用药安全，国家发布了多项儿童用药专项指导原则，完善儿童用药临床试验和安全性评价，加强儿童用药不良反应的监测，完善已上市药品说明书中儿童用药信息，要求医疗机构加强管理，保证儿童用药临床的合理使用、提供规范的儿科药学服务。除加强儿童用药的保障外，国家还进一步加强对罕见病人的用药保障，鼓励对罕见病用药的研发，对罕见病用药优化了审评审批的流程，压缩临床急需已在境外上市的罕见病治疗药的审评时限，制定罕见病目录并实行动态更新，进一步提高罕见病用药的可及性。为保障老年人的用药安全，国家药品监督管理局根据药品不良反应监测结果，统一修订相关药品的说明书，专门对老年人的用药进行提示。同时，为了解决老年人药品说明书"看不清"的问题，国家药品监督管理局还开展了药品说明书适老化的试点工作，满足老年人的用药需求。

3. 药品集中采购进一步常态化、制度化

我国药品采购从20世纪90年代开始，经历了从最初的分散采购到以地市为单位的集中，再到以省为单位的集中，至今发展到国家组织、联盟采购的常态化和制度化阶段，所有的医疗机构均参加药品集中带量采购。2018年开始，国家在11个城市试点药品集中采购制度，2019年9月扩大到25个省（自治区、直辖市）和新疆生产建设兵团，首批国家集中采购品种的采购和使用覆盖全国，同时，以省级或省际联盟为单位的联盟主体招采的品种越来越多，成为主流趋势。目前，国家层面已经完成多批多轮次的集中带量采购工作。药品集中采购的重点范围是基本医保药品目录内用量大、采购金额高的药品，对国内上市的临床必需、质量可靠的各类药品逐步覆盖。目前，我国药品集采呈现出分层级、多模式的特点，除国家组织的带量采购项目外,省级层面药品集采制度的典型模式主要有公开招标采购、集团采购、跨区域联合采购等,如表4-6所示。

表4-6 我国药品集中采购模式及相关特点

采购模式	典型地区	主要特点
公开招标采购	江苏	省级分类评审确定入围,市级带量议价采购,市间最低价联动
	湖北	省级"采购准入",分类管理、医院自由选择
	山西	省级中标价变限价,"二次议价"可参考"三明联盟"价
	甘肃	分类采购,"省级技术标+医联体商务标"双信封评审模式
	福建	医保与招标结合,区分药物属性,省级形成采购最高限价,片区带量议价采购
	浙江	"三流合一",全面二次议价,全国最低价联动
	陕西	分类采购,省级限价或参考挂价网,医院(医联体)带量议价,持续动态管理
集团采购	深圳	全市公立医院,第三方组织,承诺降幅,与省级平台平行,数据对接
跨区域联合采购	三明联盟	共享信息,同质低价,价格联动,价格外延
	沪苏浙皖闽	明确分工,共享价格信息,结果互认,连片谈判
	京津冀	河北直接确认京津最低价,挂网资审结果互认
药品交易所模式	广东	分类采购,季度竞价,比价交易规则,鼓励集团化采购和跨区域联合采购
	重庆	电子挂牌,会员制,三级价格管理,联合体采购
医保药品招标采购	上海	医保部门负责,医保目录内药品利用议价、竞价等招标方式采购,非医保药品直接挂网采购,并结合医保总额预付方式,根据医保药品用量来采购药品,体现量价挂钩原则

资料来源:王琬:《2020年中国药品集中招标采购发展报告》,载郑功成、申曙光、中国社会保障学会:《中国医疗保障发展报告(2020)》,社会科学文献出版社,2020,第164-165页。

2018年以来，药品集中采购的品种不断增加，覆盖的领域也不断扩大，不仅药品集中带量采购，还逐步扩展到高值医用耗材，药品集中带量采购的常态化和制度化对降低药品价格、提升药品质量、降低医保负担发挥了十分重要的作用，无论国家组织药品集中带量采购，还是各省份以独立或联盟形式开展带量采购，药品价格降低的幅度均十分明显，药品价格回归合理水平，显著减轻了群众的用药负担。药品监督管理部门将带量采购中选的药品列入重点监管的品种，对其按照"四个最严"的要求进行监管，保证企业生产的药品和耗材质量一致性，所以集采中选的药品的质量可以得到良好保证，同时，集中采购使企业节省了拼渠道和拼营销等的费用，使企业可以将这些费用投入研发，提升企业的创新水平，推进新药研发的进程和力度。从长远来看，对新药的研发起到十分重要的作用。为了使带量采购可以持续良性发展，卫生健康部门还致力于畅通中选药品合理使用的政策通道，促进药品在医疗机构能得到合理使用，减少浪费。药品集中采购的进一步常态化和制度化是切实降低群众医药费用负担，解决"看病贵"，实现一切为了人民群众的健康的有效途径。

健康是个人、家庭美好生活的基础，也是一个国家兴旺发达的基础，没有健康，幸福美好的生活都无从谈起。从古至今，健康都是人民共同的愿望，但从个体来说，健康不仅是个人的事情，个体的健康受许多因素的制约，包括医疗服务、环境、食品、个人健康素养等。从全社会来说，健康更是一个综合的系统工程，必须坚持政府主导，统筹社会、行业和个人，实现人人参与、人人尽力。健康中国建设是从国家战略层面统筹解决关系健康的重大和长远问题的国家战略，在全民共享健康的目标之下，医疗卫生行业也实现了"以治疗疾病为中心"向"以人民健康为中心"的转向,这种转向对医患关系产生了重大影响,也重新塑造着医患双方的关系。总体而言,这种塑造是一种正向的塑造,正是因为人人参与、人人重视健康,疾病才得以少发生,即使疾病发生,也可以早诊断、早治疗、早康复。基于此,近几年,医疗纠纷的发生率呈现出了逐年下降的趋势,并且可以确定的是,随着一切为了健康的各种制度的不断完善和不断发展,医疗纠纷不会再回到成为"社会热点"的状态。

结　语

愿天下无病，人间无痛，这是我们最美好的愿望，正因为是愿望，所以并不是现实。疾病损害的生命和健康，需要医务人员去救治，所以医患是对抗疾病的共同体。社会发展到今天，医患双方不仅应该是对抗疾病的共同体，更应该是保持健康、促进健康的共同体。鉴于此，今天的医患关系应该有新的面向，面向未来的医患关系应该呈现出新的样貌。

一、医患关系的新面向

根据国家卫生健康委员会的统计数据，截至 2022 年 7 月，全国已建成互联网医院超过 1700 家，7000 家二级以上公立医院接入区域全民健康信息平台，远程医疗协作网已覆盖所有地级市的 2.4 万余家医疗机构。建成面向边远脱贫地区的远程医疗协作网 4075 个，实现 832 个脱贫县的远程医疗全覆盖。① 从上述数据可以看出，最近几年我国与互联网有关的医疗服务发展得十分迅猛，人们对互

---

① 国家卫生健康委员会：《关于政协第十三届全国委员会第五次会议第 02428 号（医疗卫生类 221 号）提案答复的函》，http://www.nhc.gov.cn/wjw/tia/202209/5843ceaa983a44cebeafe6af8c438908.shtml，访问时间：2023 年 2 月 13 日。

联网诊疗的熟悉程度已经不亚于实体医疗机构的诊疗。从 2014 年互联网医疗元年至今，远程医疗服务、"互联网＋医疗健康"、"互联网＋"医疗、"互联网＋"医疗服务、互联网医疗服务、互联网诊疗、互联网医院、智慧医院发展得如火如荼。尽管目前，互联网诊疗只能开展部分常见病、慢性病复诊和"互联网＋"家庭医生签约服务，但在实践中，与互联网有关的医疗服务还包括线上问诊、预约挂号（体检）、心理咨询、慢病管理、疫苗预约、在线购药和药品配送、医学科普、互联网健康保险等互联网医疗服务，并且可以预见的是，随着人工智能技术的发展，"人工智能＋医疗"将更加深刻地影响医疗行业。互联网诊疗、"人工智能＋医疗"改变了传统上医患之间必须在一个固定场域面对面开展诊疗活动的实践，医患双方的诊疗活动在网络空间中展开，没有挂不到号的焦虑，医生的态度总是很好，检查结果往往一目了然，医生对患者总是提供建议，由患者自己来作相应的决定。而在实体医疗机构的诊疗过程中，小病不出乡，大病不出县，似乎又回归到了既往的熟人之间的诊疗关系中，但这种诊疗关系并不仅是单纯的熟悉，而是一种医生对疾病接得住，患者治得起的诊疗关系，这种医患关系的新面向必将深刻地改变医患双方之间的关系，医患双方相携共同过河亦可期。

二、面向未来的医患关系

在社会变迁的过程中，医患关系受到多种因素的影响，有制度的因素、有社会的因素、有医患双方的因素等。由于这些因素的影响，不同历史阶段的医患关系也呈现出不同的特点，有杏林春暖，也有相互防御，甚至挥拳相向。但是，医患关系并不单纯是医患关系，它根植于社会关系中，和谐或者冲突都只是一种表象。可以肯定的是，当我们的社会做到"看病不再难，看病不再贵"时，医患相揖自然水到渠成，可这并不是我们努力的终点，在健康已经成为国家战略的今天，我们对医患双方关系的期待并不仅是战胜疾病的共同体，更应该是共同承载起健康的责任，实现健康的共同体。为此，患者首先应是自己健康的第一责任人，医生也不应该仅是那个在最后阶段艰难地背患者过河的人。医患双方应该在生命的全周期全过程共同护佑彼此的健康，共同为承载生命诸多美好的那个"前提 1"而努力。

参考文献

一、著作类

［1］刘振声.医疗事故纠纷的防范与处理［M］.北京：人民卫生出版社，1985：23-28.

［2］李仁，等.爱国卫生运动标准化管理手册［M］.沈阳：辽宁科学技术出版社，1992.

［3］陈海锋.中国卫生保健史［M］.上海：上海科学技术出版社，1993.

［4］朱克文，等.中国军事医学史［M］.北京：人民军医出版社，1996.

［5］张自宽.卫生改革与发展探究［M］.哈尔滨：黑龙江人民出版社，1999.

［6］邓铁涛，程之范.中国医学通史：近代卷［M］.北京：人民卫生出版社，2000.

［7］贺雪峰.新乡土中国：转型期乡村社会调查笔记［M］.桂林：广西师范大学出版社，2003.

［8］张晓丽.爱国卫生的发展与挑战［M］.合肥：安徽大学出版社，2006.

[9]李华.中国农村合作医疗制度研究[M].北京：经济科学出版社，2007.

[10]林文学.医疗纠纷解决机制研究[M].北京：法律出版社，2008.

[11]赵旭东.纠纷与纠纷解决原论：从成因到理念的深度分析[M].北京：北京大学出版社，2009.

[12]韩俊，罗丹，等.中国农村卫生调查[M].上海：上海远东出版社，2007.

[13]谭克俭，丁润萍，颛慧琳，等.新型农村合作医疗理论与实践研究[M].北京：中国社会出版社，2007.

[14]胡宜.送医下乡：现代中国的疾病政治[M].北京：社会科学文献出版社，2011.

[15]张有春.医学人类学[M].北京：中国人民大学出版社，2011.

[16]卢小宾.咨询导论[M].北京：中国人民大学出版社，2012.

[17]常林.司法鉴定专家辅助人制度研究[M].北京：中国政法大学出版社，2012.

[18]曹普.新中国农村合作医疗史[M].福州：福建人民出版社，2014.

[19]汪建荣.让人人享有基本医疗卫生服务：我国基本医疗卫生立法研究[M].北京：法律出版社，2014.

[20]刘鑫.医疗损害技术鉴定研究[M].北京：中国政法大学出版社，2014.

[21]邓海娟.健康权的国家义务研究[M].北京：法律出版社，2014.

[22] 罗芳芳. 专家意见中立性问题研究：美国法之理论与实务 [M]. 北京：中国政法大学出版社，2015.

[23] 尹口. 健康权及其行政法保护 [M]. 北京：中国社会科学出版社，2015.

[24] 顾培东. 社会冲突与诉讼机制 [M]. 3版. 北京：法律出版社，2016.

[25] 徐胜萍. 人民调解制度研究 [M]. 北京：北京师范大学出版社，2016.

[26] 张颖春. 中国政府决策专家咨询制度建设研究 [M]. 北京：中国社会科学出版社，2016.

[27] 余新忠. 清代卫生防疫机制及其近代演变 [M]. 北京：北京师范大学出版社，2016.

[28] 李洪河. 往者可鉴：中国共产党领导卫生防疫事业的历史经验研究 [M]. 北京：人民出版社，2016.

[29] 李彦宏，等. 智能革命：迎接人工智能时代的社会、经济与文化变革 [M]. 北京：中信出版集团股份有限公司，2017.

[30] 王晓波. 患者权利论 [M]. 北京：社会科学文献出版社，2017.

[31] 汪建荣. 中国医疗法 [M]. 北京：法律出版社，2018.

[32] 吴英旗. 医疗纠纷多元解决机制研究：以患者安全为视角 [M]. 北京：中国政法大学出版社，2018.

[33] 杜志淳，洪冬英，孙大明，等. 医患纠纷解决机制与立法研究 [M]. 北京：法律出版社，2019.

[34] 王学成，侯劭勋. 互联网医疗：规制、市场与实践 [M]. 上海：东方出版中心，2019.

[35] 邵华，严文广. 医患纠纷调解的技巧与实例 [M]. 北京：中

国人民大学出版社，2019.

[36] 张宗久，王振江.医疗纠纷预防和处理条例释义［M］.北京：中国民主法制出版社，2019.

[37] 健康中国行动推进委员会办公室.健康中国行动文件解读［M］.北京：人民卫生出版社，2019.

[38] 房保国.专家证人制度研究［M］.北京：中国政法大学出版社，2020.

[39] 健康报社有限公司，国家卫生健康委统计信息中心.健康为民信息化技术发展实践："互联网＋医疗健康"示范服务优秀案例集［M］.北京：人民卫生出版社，2020.

[40] 申卫星.《中华人民共和国基本医疗卫生与健康促进法》理解与适用［M］.北京：中国政法大学出版社，2020.

[41] 王晨光，等.健康法治的基石：健康权的源流、理论与制度［M］.北京：北京大学出版社，2020.

[42] 赖红梅.医疗损害责任纠纷研究［M］.武汉：武汉大学出版社，2021.

[43] 舒德峰.健康权新论［M］.济南：济南出版社，2021.

[44] 李广德.共济与请求：健康权的司法展开［M］.北京：北京大学出版社，2022.

[45] 科塞.社会冲突的功能［M］.孙立平，等译.北京：华夏出版社，1989.

[46] 棚濑孝雄.纠纷的解决与审判制度［M］.王亚新，译.北京：中国政法大学出版社，1994.

[47] 植木哲.医疗法律学［M］.冷罗生，陶芸，江涛，等译.北京：法律出版社，2006.

[48] 罗芙芸. 卫生的现代性：中国通商口岸卫生与疾病的含义[M]. 向磊，译. 南京：江苏人民出版社，2007.

[49] 娜嘉·亚历山大. 全球调解趋势[M]. 2版. 王福华，等译. 北京：中国法制出版社，2011.

[50] 西蒙·罗伯茨，彭文浩. 纠纷解决过程：ADR与形成决定的主要形式[M]. 刘哲玮，李佳佳，于春露，译. 北京：北京大学出版社，2011.

[51] 埃里克·托普. 颠覆医疗：大数据时代的个人健康革命[M]. 张南，魏巍，何雨师，译. 北京：电子工业出版社，2014.

[52] 克莱顿·克里斯坦森，杰罗姆·格罗斯曼. 创新者的处方：颠覆式创新如何改变医疗[M]. 朱恒鹏，张琦，译. 北京：中国人民大学出版社，2015.

[53] 埃里克·托普. 未来医疗：智能时代的个体医疗革命[M]. 郑杰，译. 杭州：浙江人民出版社，2016.

[54] 吴章，玛丽·布明·布洛克. 中国医疗卫生事业在二十世纪的变迁[M]. 蒋育红，译. 北京：商务印书馆，2016.

[55] 赫塔拉·麦斯可. 颠覆性医疗革命：未来科技与医疗的无缝对接[M]. 大数据文摘翻译组，译. 北京：中国人民大学出版社，2016.

[56] 卡鲁姆·蔡斯. 人工智能革命：超级智能时代的人类命运[M]. 张尧然，译. 北京：机械工业出版社，2017.

[57] 道格·沃杰切什扎克. 医疗纠纷预防与解决方案[M]. 蔡亲宜，译. 武汉：华中科技大学出版社，2019.

[58] 艾媞捷，琳达·巴恩斯. 中国医药与治疗史：插图版[M]. 朱慧颖，译. 杭州：浙江大学出版社，2020.

二、期刊类

[1] 贺诚. 在第一届全国卫生会议上的总结报告 [J]. 中医杂志, 1951（1）: 8-15.

[2] 徐运北. 爱国卫生运动的辉煌成就 [J]. 云南医学杂志, 1959（4）: 6-8.

[3] 黄明耀. 审理医疗民事纠纷案件的几个问题 [J]. 人民司法, 1995（2）.

[4] 樊静, 姜潮. 医疗纠纷的现状及对医院和医务人员的影响 [J]. 中国医院管理, 2003（1）: 29-31.

[5] 肖爱树. 1949—1959 年爱国卫生运动述论 [J]. 当代中国史研究, 2003（1）: 92-102.

[6] 戴志澄. 中国卫生防疫体系五十年回顾: 纪念卫生防疫体系建立 50 周年 [J]. 中国预防医学杂志, 2003（4）.

[7] 张斌. 对医院工作场所暴力事件的思考 [J]. 中国医院管理, 2006（3）: 21-24.

[8] 冯洁菡. 公共健康危机、药品的可及性及其平行进口 [J]. 法律适用, 2004（12）: 15-18.

[9] 龚向前. 论《国际卫生条例》在中国的适用 [J]. 河北法学, 2006（4）: 62-65.

[10] 林文学. 医疗纠纷协商解决机制的完善 [J]. 中国医院管理, 2008（7）: 22-24.

[11] 肖柳珍. 当前医疗损害鉴定制度存在问题与对策 [J]. 证据科学, 2010（4）: 425-433.

[12] 陈如超, 马兵. 中国法庭审判中的专家陪审员制度研究 [J].

湖南社会科学, 2011（2）: 106-109.

［13］高尚, 罗潇, 孙建. 人民调解介入医疗纠纷处理的背景、现状与发展［J］. 中国司法, 2012（5）: 35-39.

［14］常健, 殷向杰. 近十五年来国内医患纠纷及其化解研究［J］. 天津师范大学学报（社会科学版）, 2014（2）: 67-71.

［15］侯怀霞. 医患纠纷"多发"与"激化"的原因二元论［J］. 苏州大学学报（哲学社会科学版）, 2015（2）: 43-49.

［16］陈特, 刘兰秋, 范贞. 北京市2013年诉讼医疗纠纷大样本研究［J］. 中国医院, 2015（1）: 3-4.

［17］荆慧兰, 林木. 解放战争时期东北解放区的卫生防疫工作探析［J］. 江西社会科学, 2017（4）: 151-159.

［18］闻庆柱, 尹文强, 黄冬梅, 等. 213例网络医疗投诉分析及启示［J］. 中国卫生事业管理, 2017（8）: 570-572.

［19］王利明. 人格权的属性: 从消极防御到积极利用［J］. 中外法学, 2018（4）: 845-861.

［20］马辉. 互联网时代医疗告知制度研究: 兼评《医疗纠纷预防和处理条例》第十三条［J］. 中国卫生法制, 2019（2）: 24-29.

［21］张宇清. "互联网+医疗服务"体系下患者隐私权保护研究［J］. 医学信息学杂志, 2019（1）: 6-11.

［22］刘默滢, 申昆玲, 刘兰秋. 我国医疗纠纷人民调解机制的法制化评析［J］. 中国医院, 2019（8）: 54-57.

［23］雷红力. 对国内医调委开展专家咨询状况的调查［J］. 医学与法学, 2019（4）: 72-75.

［24］王晨光. 疫情防控法律体系优化的逻辑及展开［J］. 中外法学, 2020（3）: 612-630.

[25] 晋继勇. 美国全球卫生安全战略及其对世界卫生安全体系的挑战[J]. 国际安全研究，2020（3）：76-95.

[26] 杨立新，李怡雯. 论《民法典》规定生命尊严的重要价值[J]. 新疆师范大学学报（哲学社会科学版），2020（6）：100-108.

[27] 陈羽诗，陈迎春. 互联网医院在重大公共卫生事件背景下的应用[J]. 医学信息学杂志，2021（4）：2-6.

[28] 曹博林. 互联网医疗：线上医患交流模式、效果及影响机制[J]. 深圳大学学报（人文社会科学版），2021（1）：119-130.

[29] 张瑞利，王刚. "互联网"医疗服务供给：模式比较及优化路径[J]. 卫生经济研究，2022（3）：32-37.

[30] 刘梦祺. 我国互联网医疗发展的现实困境及立法对策探析：兼评《互联网诊疗管理办法（试行）》等三份文件[J]. 西南大学学报（社会科学版），2022（2）：37-48.

[31] 陈莉俐. 医疗器械网络销售的监管现状与对策探讨[J]. 中国食品药品监管，2022（4）：63-68.

[32] 刘霞，马莉丽，杨风，等. 我国互联网医院规范发展研究[J]. 医学信息学杂志，2022（5）：21-24.

[33] 罗涛，赵越，徐婷，等. 试论互联网医疗纠纷在线解决机制的构建[J]. 中国医院，2022（5）：64-67.

[34] 张鸿文，曹艳林，刘立飞，等. 北京市属医院互联网诊疗利用情况及需求调查[J]. 中国医院，2022（1）：35-37.